王爱莲 著

高校思想政治理论课
内涵式发展研究

RESEARCH ON THE CONNOTATIVE DEVELOPMENT OF
IDEOLOGICAL AND POLITICAL THEORY COURSES
IN COLLEGES AND UNIVERSITIES

社会科学文献出版社
SOCIAL SCIENCES ACADEMIC PRESS (CHINA)

　　本书为教育部青年基金项目"新时代高校思政课程体系的内在逻辑与科学优化研究"（22YJC710063）、吉林省教育厅 2023 年度思政专项项目"习近平思政课本质定位研究"的成果

序

我国高校思想政治理论课经历从新中国成立以来的70多年发展，积累了丰富的建设经验和稳固的规模基础，在当前整个高等教育课程体系中占有明显的规模优势，是名副其实的第一大课。但"大"不是课程建设的目的，作为"国家课程"，高校思想政治理论课建设自然要体现国家级的质量与水平，以建设同我国的综合国力和国际地位相称的马克思主义理论学科体系、学术体系、话语体系为基石，推进课程教育教学的高水平发展，在"大"的基础上向"强"的目标迈进。而这要求课程在自我做强的基础上，还要其主流价值引领高等教育的发展建设，培养一代代社会主义建设者和接班人，彰显出中国特色社会主义大学的本质特色与中国自信。

新时代，以习近平同志为核心的党中央一如既往地关心和支持高校思想政治理论课建设，立足"思想政治理论课是落实立德树人根本任务的关键课程"的新定位，提出"推动思政课建设内涵式发展"的战略部署，这为高校思想政治理论课程的建设指明了方向与目标。结合国家的战略部署与课程建设的实践需求，从学理层面推进对高校思想政治理论课内涵式发展的理论研究不仅必要，而且非常迫切。

我指导的博士研究生王爱莲，当初选择高校思想政治理论课内涵式发展的博士毕业论文题目，我非常赞成和支持。作者既具有高校思想政治理论课教育教学的工作经历，又有扎实的专业基础知识，进行这一题目的研究于她而言"身份适合"。但这并不意味着题目确定后的研究道路就会一直平坦，研究过程中的种种"磨难"也是必然经历的。作为集理论研究与实践探索于一体的综合性研究题目，需要研究者兼备前沿性的学科意识、抽象化的理论思维和深刻的实践感悟能力、敏锐的问题洞察力与判断力，必须经过深入的思考、系统的总结、观点的凝练和持续的修改完善。值得欣慰的是作者以顽强的毅力克服各种困难并最终完成了论文创作，在毕业答辩时获得专家的好评。作者在毕业后继续推进对这一选题的深入思考和理论研究，据此获立教育部人文社会科学研究青年基金项目"新时代高校思政课程体系的内在逻辑与科学优化研究"（22YJC710063），在毕业论文基础上增加了新的理论思考，形成了当前这本颇有分量的研究成果。

著作立足于对办好思想政治理论课"三个事关"重要定位的高度认识、思想政治理论课内涵式发展重要部署的思想解读和高校思想政治理论课质量提升非常迫切的现实思考，聚焦高校思想政治理论课内涵式发展的主题，集中回答"何为高校思想政治理论课内涵式发展""以何实现高校思想政治理论课内涵式发展""如何实现高校思想政治理论课内涵式发展"三个方面的理论问题，进行了详细的理论阐释。著作研究思路清晰、观点鲜明，经过了深入的思考和打磨，对思想认识的误区进行了有效的澄清，推进了对高校思想政治理论课发展趋势的理论研判和战略分析，促进人们对课程建设思想共识的形成。

希望这一著作对增进学界同仁对思想政治理论课发展的认识有所裨益，也希望它对于马克思主义理论学科发展起到一定的推动作用，同时希望作者继续深化对高校思想政治理论课建设的思考，在未来取得更大的成绩。

是为序！

康秀云

2022.12.10

目 录

导　论

2019 年 3 月 18 日，习近平总书记在北京主持召开学校思想政治理论课教师座谈会（以下简称"3·18"会议）并发表重要讲话。这是新中国成立以来，党中央首次专门针对学校具体课程举办的会议，体现了党对学校思想政治理论课的高度重视和对思想政治理论课教师的殷切期望，为新时代高校思想政治理论课发展建设指明了方向。习近平总书记指出："办好思想政治理论课，最根本的是要全面贯彻党的教育方针，解决好培养什么人、怎样培养人、为谁培养人这个根本问题。"① 围绕课程建设，习近平总书记做出了一系列重要指示，"要把统筹推进大中小学思政课一体化建设作为一项重要工程，推动思政课建设内涵式发展"② 的论断，具有统领建设思想的特殊意义，"内涵式发展"是新时代思想政治理论课建设的思想"主心骨"。为深入领会党中央会议部署的精神，在对课程重要性战略定位认知、"推动思政课建设内涵发展"科学论断理论分析和提高课程质量的现实思考中，本书进一步聚焦"高校思想政治理论课内涵式发展"问题，对问题进行了深入思考，尝试去阐释高校思想政治理论课内涵式发展的基础理论与实践策略，以期为业界相关研究和课程建设实践贡献绵薄之力。

一　研究缘起

（一）办好思想政治理论课"三个事关"的战略定位

作为落实立德树人根本任务的关键课程，高校思想政治理论课涉及根本、关系全局、影响深远。"事关意识形态工作大局，事关中国特色社会主

---

① 《习近平谈治国理政》第 3 卷，外文出版社，2020，第 328 页。
② 《习近平谈治国理政》第 3 卷，外文出版社，2020，第 331~332 页。

义事业后继有人，事关实现中华民族伟大复兴的中国梦"① 的定位将其置于中国特色社会主义全局的高度，是党和国家在新时代对高校思想政治理论课战略地位集中而深刻的表达。

办好思想政治理论课，事关社会主义意识形态工作大局。高校是国家意识形态建设的重要阵地，高校思想政治理论课是其主阵地，旨在通过关于国家意识、法治意识、社会责任意识、民族团结意识和国家安全意识等方面的专门教育，推进大学生对国家主流意识形态的认识与理解，提升大学生的"四个认同"、增强"四个意识"、坚定"四个自信"，提高大学生的政治敏锐性和政治鉴别力，引导大学生有效抵制各种错误思潮、同错误思想与观点做斗争，并通过大学生将主流价值传播和渗透到社会其他成员中去，从大局上切实维护国家意识形态的稳固与安全。

办好思想政治理论课，事关中国特色社会主义事业后继有人。中国特色社会主义是一项长期的事业，需一代代中国人努力而持续地推进建设，大学生人才是推进社会主义事业发展的栋梁。高校思想政治理论课坚持马克思主义为指导，贯彻新时代中国特色社会主义思想，推进落实立德树人根本任务，坚持"四个服务"，致力把大学生培养成为拥护中国共产党领导和中国社会主义制度、立志为中国特色社会主义奋斗终生的有用人才，源源不断地为中国特色社会主义事业的永续发展提供人才保障。

办好思想政治理论课，事关实现中华民族伟大复兴的中国梦。伟大的梦想需要坚定信念、执着追求，需要全体人民勠力同心。习近平总书记指出，中华民族在新时代"比历史上任何时期都更有信心、更有能力实现这个目标"②。青年大学生是实现民族复兴的脊梁，并作为榜样发挥着引领社会发展的作用。高校思想政治理论课为大学生厚植爱国情、强增报国志、坚定爱国心，并激发大学生报国行，积极引导大学生将个人奋斗与国家强胜、民族复兴统一起来，指引大学生朝着伟大目标迈进和前行，由此而为复兴梦想的实现提供思想动力、信念保证和人才支持。

可见，高校思想政治理论课作为事关意识形态大局稳固、社会主义事

---

① 中央宣传部、教育部：《普通高校思想政治理论课建设体系创新计划》（教社科〔2015〕2号），2015年7月27日。

② 习近平：《青年要自觉践行社会主义核心价值观——在北京大学师生座谈会上的讲话》，人民出版社，2014，第2页。

业发展与中华民族复兴目标实现的"大事",必须建设好、发展好。由是,开展高校思想政治理论课发展建设方面的理论研究不无必要。

(二)"推动思政课建设内涵式发展"的科学论断

"推动思政课建设内涵式发展"是习近平总书记在"3·18"会议讲话中提出的科学论断,体现着新时代高校思想政治理论课发展建设的新理念、新思路。会议的召开意味着向我们发起了新时代高校思政课改革创新与发展建设的总动员,"推动思政课建设内涵式发展"的科学论断是引导新时代高校思政课发展转型的根本指南。为了更好地领会会议精神、贯彻落实会议部署,有必要对科学论断进行理论内涵与发展思路的解析。

"推动思政课建设内涵式发展"既是一个理论问题,又是一个实践问题。从理论问题的维度看,须围绕主题进行基础理论研究,达成对高校思想政治理论课内涵式发展概念内涵、基本特点与发展意义的思想共识;须完成对高校思想政治理论课内涵式发展的历史认知和现实分析,由此确证"推动思政课建设内涵式发展"的历史必然性与现实可行性;须研判高校思想政治理论课内涵式发展中的基本问题,澄清认识误区,为"推动思政课建设内涵式发展"理清思路。从实践问题的维度看,须在对高校思想政治理论课内涵式发展理念原则的遵循中,统筹课程系统内外部环境的资源条件,探寻课程建设可行的优化策略与实施路径,为高校思想政治理论课内涵式发展的建设实践提供现实指导。概言之,"推动思政课建设内涵式发展"科学论断具有确切的理论内涵与实践意义所指,通过理论研究而对发展思路进行破解,有利于教育主管部门、高校和思政课教师准确领会中央部署的精神实质,有效推进课程发展建设。

(三)提高高校思想政治理论课质量的现实思考

新时代党和人民对教育质量的追求日益强烈。党的十八大报告在对教育发展的部署中明确提出要"着力提高教育质量"[①],党的十九大报告进一步强调要"努力让每个孩子都能享有公平而有质量的教育"[②]。近几年教育

---

① 《十八大以来重要文献选编》(上),中央文献出版社,2014,第27页。
② 《习近平谈治国理政》第3卷,外文出版社,2020,第36页。

部也特别指出"要打一场提高思政课质量和水平的攻坚战",并对高校思想政治理论课质量提升问题作了重要指示和具体部署,为提升思政课"金课"含金量提供了重要的价值参考。我们须看到,高校思想政治理论课在取得重大成绩、完成重要使命的同时,在质量建设方面存有一些差强人意,甚或让人担忧的问题。对此,时任教育部长陈宝生明确指出,"主要可能是'配方'比较陈旧,'工艺'比较粗糙,'包装'不那么时尚",所以出现"亲和力"差、"抬头率"低的问题①。

学界同仁通过理论研究和实际调查也发现,目前高校思想政治理论课在提高质量方面依然存有以下四类问题。

一是教学效果不理想。从讲授的层面看,表现为"教学内容不够完整、价值引领不够、教学方法单一等问题"②,或是"游离于教学目标,片面地追求教学方法创新"③等问题。从学习的层面看,表现出学生学习主动性差,抬头率不高,"有学生上课迟到、瞌睡,听课很不认真"④,课程内容不能入脑入心。

二是课程内生动力不足。如"教师自信不足""亲和力、针对性不够"⑤"学科建设中形成的科研成果对教学支撑力不够,有用性不强等现象比较普遍地存在着"⑥"一些高校教师队伍建设不适应思想政治理论课改革发展需求,改革创新的手段不多"⑦等。

三是课程发展不平衡。如研究生教育、部分院校课程、个别课程力量、某些建设环节相对薄弱。例如,"当前少数研究生思政课教学还存在着讲不

---

① 陈宝生:《今年要打一场提高思政课质量和水平的攻坚战》,新华网,http://www.xinhuanet.com/politics/2017lh/2017-03/12/c_129507901.htm,最后访问日期:2017年3月12日。
② 王炳林:《提升"中国近现代史纲要"课教学质量的调研与建议》,《思想理论教育导刊》2017年第9期。
③ 吴潜涛:《提升"思想道德修养与法律基础"课教学质量的几点思考》,《思想理论教育导刊》2017年第9期。
④ 逄锦聚:《提高质量是思想政治理论课教学的生命线——以"马克思主义基本原理概论"课为例》,《思想理论教育导刊》2017年第9期。
⑤ 艾四林:《新时代如何办好思想政治理论课》,《光明日报》2019年4月19日。
⑥ 任晓伟:《论新时代高校思想政治理论课的内生能力建设》,《学术论坛》2020年第2期。
⑦ 王建新:《"从心开始",提高思政课教师引领力与影响力》,《思想政治课研究》2019年第1期。

准、讲不透、讲不活以及讲不对等问题"① "在个别地区、个别学校，思政课不扎根时代、不扎根实践的现象依然存在"②，"形势与政策"课则体现出"内容上大多不够权威、准确、及时"、"误差较多"和"滞后性"的问题③，以及"课程的评价体系建设尚不够完善，课程效果测评的标准和方式方法相对滞后。"④

四是人才培养质量有待提高。我们认为，贯彻"教育事业必须把人才培养的质量和效果作为检验一切工作的根本标准"的要求，高校思想政治理论课应以大学生人才的思想政治理论素养提升水平作为检验自身质量的根本依据，包括思想政治理论素养在知、情、意、行各方面的总体提升，并以培养担当民族复兴大任的时代新人、德智体美劳全面发展的社会主义建设者和接班人作为评判课程发展水平的最高标准。然而，从大学生担当意识与思想道德素质的现实状况来看，诚然他们是"可爱、可信、可贵、可为"的新一代，但亦在部分大学生身上表现出令人痛惜与担忧的具体问题。例如，个别学生在大是大非面前缺乏政治敏锐性与基本立场；少数学生盲目追求过高的物质享受，摒弃艰苦奋斗的优良传统；部分学生轻信网络信贷，透支个人信用；等等。毋庸讳言，这些问题的产生应是主客观维度多重原因作用的结果，但从高校思想政治理论课教育效果方面看，可将一些问题归结为："学是一套，做是一套""卷面成绩合格、思想行动不合格""到课抬头易，入脑入心难"。这些问题反映出，高校思想政治理论课仍需加强和改进，而且必须就大学生思想道德与政治素养方面存在的具体问题进行针对性地教育、引导与解决，进而充分发挥课程在回应大学生发展需要、提升大学生思想政治理论素养、满足党和国家的人才需求方面的作用与功能。总而言之，课程质量问题是课程发展亟待解决的重要问题，如何有效地回应现实，以更加科学的发展观、质量观、价值观指导高校思想政治理论课建设，既是思想政治教育中的重大的理论命题与实践难题，

---

① 靳诺：《深入贯彻落实全国高校思想政治工作会议精神进一步提升研究生思想政治理论课教学质量》，《思想理论教育导刊》2017 年第 9 期。
② 光明日报评论员：《理直气壮开好思政课》，《光明日报》2019 年 3 月 20 日。
③ 高德毅：《高校"形势与政策"课质量提升：规范化建设与综合改革》，《思想理论教育导刊》2017 年第 9 期。
④ 宇文利：《思想政治教育课程论：现状、问题与发展》，《思想理论教育》2014 年第 4 期。

亦是高校思想政治理论课发展研究必须破解的核心问题。

本书正是基于上述高校思想政治理论课"很重要"的发展定位、高校思想政治理论课内涵式发展"很必要"的现实部署、高校思想政治理论课质量提升"很迫切"的现实问题三方面考虑，试图从高校思想政治理论课内涵式发展的理论含义、历史沿革、问题研判、现实基础与优化策略等方面进行综合思考与探索，推进完成"高校思想政治理论课内涵式发展"的系统研究。

二　研究综述

目前已掌握文献资料来源主要包括：中国知网输入"高校思想政治理论课"并含"内涵式"主题检索到 39 篇文献；国家图书馆文津搜索输入"高校思想政治理论课建设"的主题检索到 79 部图书文献；国家出台的课程指导意见和纲领文献、高校图书馆所藏文献与实时更新的期刊文献等。

（一）研究成果梳理

1. 研究论文

就检索到的 39 篇主题性文献来看，有 15 篇是就"高校思想政治理论课内涵式发展"主题直接检索的结果，与选题的关联性较强；其余则是"高校思想政治理论课"并含"内涵式发展"的检索结果，其中的部分成果对本书研究具有一定的启发意义。

若以时间进行分组则：2021 年（5 篇）、2020 年（2 篇）、2019 年（8 篇）、2018 年（3 篇）、2017 年（2 篇）、2016 年（2 篇）、2015 年（2 篇）、2014 年（5 篇）、2013 年（1 篇）、2012 年（1 篇），等等。可见"高校思想政治理论课内涵式发展"是新时代开启的一项研究命题，发展刚刚起步；若从主题排序（见图 1）方面进行分析，则"内涵式发展"是立题的关键，除了"思想政治教育"和"思想政治理论课"本身因素外，主要与教学、学科、建设、质量，以及思政课、习近平总书记等主题词高度契合，是该选题不可忽视的重要研究内容。

基于文献数量较少、可借鉴理论资源为数不多的事实，还需通过扩大主题词范围的方式继续找寻可利用的资源，若单单进行"高校思想政治理论课"的主题检索，则文献数量非常可观，显示有 18632 条。从显示数据可

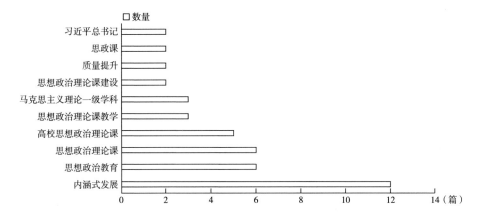

图 1 "高校思想政治理论课内涵式发展"研究论文的主题分布

知（见图 2），2004 年是研究升温的拐点，翌年的研究成果数目突破百位数字，显示出强劲的发展势头，尤其进入新时代以来，研究成果数量每年都在千位数字以上。这其中的部分成果对本书研究具有重要参考价值。

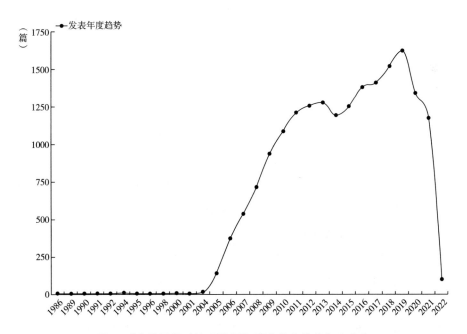

图 2 "高校思想政治理论课"研究论文发表年度分布

2. 学术著作

目前，还未检索到专门就高校思想政治理论课内涵式发展研究的理论著作。就高校思想政治理论课而展开研究的著作则比较丰富，大体划分出课程基本要素研究、课程整体发展研究、课程发展历史研究和课程具体建设研究的四类著述。

一是围绕"教师""教材""教学方法"等基本要素的研究，该方面成果颇丰。例如，"教师"方面研究的成果有：艾四林的《思想政治理论课新体系与教师队伍建设研究》（清华大学出版社，2008）进行了课程"新体系"及与之相适应的教师队伍建设研究，许东波等的《高校思想政治理论课教师队伍发展报告（2015—2016）》（高等教育出版社，2018）是就教师队伍发展的现状、面临的机遇挑战、重要问题和年度影响力人物等方面的工作报告研究；"教材"方面研究的成果主要体现为不同时期教辅类用书的编写，如邱正福的《思想政治理论课学习指南》（红旗出版社，2007）以简明扼要的学习提示和大量的综合练习来帮助大学生掌握《思想道德修养和法律基础》和《马克思主义基本原理概论》两门课的基本知识，徐艳玲等的《〈毛泽东思想和中国特色社会主义理论体系概论〉学习导读》（山东大学出版社，2013）是对具体课程理论的解读；"教学方法"方面研究的成果有：顾钰民等的《高校思想政治理论课教学方法研究》（复旦大学出版社，2012）是关于高校本科生和研究生思想政治理论课教学方法的研究，佘双好的《思想政治理论课程教学方法探析》（中国人民大学出版社，2018）探讨了思想政治理论课作为一门特殊课程的基本教学理论与方法。

二是从课程全局进行的整体研究，如张玉玲等的《"思想政治理论课"教学价值论》（中央文献出版社，2008）就思想政治理论课在高校育德、育人中所凸显的时代价值与重大作用进行了整体研究；李庆霞等的《整体性视野下思想政治理论课教学建设研究》（黑龙江大学出版社，2016）从学生、教学团队、教学模式、教学内容、教学方法、教书育人模式等多个维度对思想政治理论课进行了整体研究；刘力波的《新时代高校思想政治理论课程建设研究》（陕西师范大学出版社，2019）分别从指导思想、课程观念、立德树人效果、教法与手段、内容与机制等维度对新时代高校思想政治理论课进行了研究；郭凤至的《高校思想政治理论课程建设研究》（北京师范大学出版社，2020）则从课程性质与历史、"05方案"课程体系、教学体系、队伍建设、建设标准与教学评价、条件保障体系等维度进行了较为系统的理论研究。

三是关于课程发展历史的研究，主要包括：石云霞的《高校思想政治理论课程建设史研究》（武汉大学出版社，2006）、王展飞的《亲历与思考——高校思想政治理论课建设与改革研究》（中国人民大学出版社2017），都是以新中国成立作为建设起点的研究；冯刚主编的《改革开放以来高校思想政治教育发展史》（人民出版社，2018）则是以改革开放作为起点的研究。

四是针对具体某门课程或某些院校的课程建设研究。针对具体课程的研究有：贾立平等的《社会主义核心价值观融入思想政治理论课教学研究——〈马克思主义基本原理概论〉篇》（知识产权出版社，2018），王习明的《思想政治理论课教学体系建设成果集》（光明日报出版社，2017）是以"思想道德修养与法律基础"课程为例开展的研究；针对地域院校的研究有：艾四林等的《北京高校马克思主义理论学科与思想政治理论课建设发展报告（2016）》（人民出版社，2017）、叶天放对上海地区的《高校思想政治理论课教学管理初探》（复旦大学出版社，2010）研究、赵月峰的《民族地区高校思想政治理论课教学探析》（光明日报出版社，2016）；还有针对高职高专和军事院校的研究：吕春艳的《供给侧改革思维下高职高专思想政治理论课实践教学模式研究》（西北工业大学出版社，2017）、傅智勇等的《"三个代表"重要思想与军校政治理论课教学研究》（解放军出版社2004）等。

3. 指导意见和纲领文件

目前已出版多部高校思想政治理论课文献选编。如《普通高校思想政治教育课程文献选编（1949—2003）》、《普通高校思想政治理论课文献选编（1949—2006）》及其修订本《普通高校思想政治理论课文献选编（1949—2008）》、《加强和改进大学生思想政治教育重要文献选编（1978—2014）》。这些选编对与课程相关的指导意见和纲领文件进行了集成，但还缺乏对新时代以来相关文件的收录与整理。

梳理新时代以来国家出台的高校思想政治理论课的纲领性文件，代表性文献主要有：《普通高校思想政治理论课建设体系创新计划》（教社科〔2015〕2号）、《高等学校思想政治理论课建设标准》（教社科〔2015〕3

号）、《关于加强和改进新形势下高校思想政治工作的意见》（中发〔2016〕
31号）、《高等学校马克思主义学院建设标准（2017年本）》（教社科
〔2017〕1号）、《新时代高校思想政治理论课教学工作基本要求》（教社科
〔2018〕2号）、《普通高等学校马克思主义学院建设标准（2019年本）》
（教社科函〔2019〕9号）、《普通高等学校思想政治理论课教师队伍培养规
划（2019—2023年）》（教社科函〔2019〕10号）、中共中央办公厅国务
院办公厅《关于深化新时代学校思想政治理论课改革创新的若干意见》
（2019-08-14）、《新时代高等学校思想政治理论课教师队伍建设规定》（中
华人民共和国教育部令第46号）等。另外，习近平总书记曾在多次重要会
议上提出了课程发展和建设相关的指导性意见，如在全国高校思想政治工
作会议上的《把思想政治工作贯穿教育教学全过程　开创我国高等教育事
业发展新局面》讲话、全国宣传思想工作会议上的《举旗帜聚民心育新人
兴文化展形象　更好完成新形势下宣传思想工作使命任务》、全国教育大会
上的《坚持中国特色社会主义教育发展道路　培养德智体美劳全面发展的
社会主义建设者和接班人》，以及"3·18"会议重要讲话内容等。

（二）研究内容综述

1. 国内关于高校思想政治理论课的研究

（1）习近平关于高校思想政治教育的重要论述

内涵式发展是高校思想政治理论课在新时代的新论题。正是以习近平
总书记提出"推动思政课建设内涵式发展"①的论断为契机，学界着力开始
了对该方面的理论与实践研究。而除此次会议及与之相关的理论内容外，
习近平总书记还曾在其他场合多次提出过与高校思想政治理论课建设、高
校思想政治教育相关的论述，回顾这些重要论述及其思想内容，有利于从
整体上领会党和国家对新时代高校思想政治教育的发展期待与总体要求、
深刻理解高校思想政治理论课在服务经济社会发展中的任务与使命。总体
而言，可将习近平关于高校思想政治教育重要论述的思想观点概括为："根
本问题"论、"两个关键"论、基本规律论和改革创新论。

"根本问题"论是指"办好思想政治理论课，最根本的是要全面贯彻党

---

① 《习近平谈治国理政》第3卷，外文出版社，2020，第332页。

的教育方针，解决好培养什么人、怎样培养人、为谁培养人这个根本问题。"① 高校思想政治理论课究其根本就是通过集中而系统的思想政治教育对大学生人才进行专门的培养，尤其针对大学生的思想政治理论素养进行有效的教育、引导和提升。在"培养什么人"的问题上，一方面继续肯定"培养德智体美劳全面发展的社会主义建设者和接班人"② 的人才总目标，另一方面又增加了"培养担当民族复兴大任的时代新人"③ 的新内涵；在"怎样培养人"的问题上，则指明要在学校教育中努力构建"德智体美劳全面培养的教育体系"和"更高水平的人才培养体系"，在体系化的基础上发挥各个环节、各门课程、各方资源要素的作用与优势，共同推进人才培养工程，如"要把立德树人融入思想道德教育、文化知识教育、社会实践教育各环节"④ "使各类课程与思想政治理论课同向同行，形成协同效应"⑤，并且指明在教育人方面，其实"家庭、学校、政府、社会都有责任"⑥；在"为谁培养人"的问题上，高校思想政治理论课作为上层建筑建设的一部分，"要坚持马克思主义指导地位，贯彻新时代中国特色社会主义思想，坚持社会主义办学方向"⑦，切实推进思政课程"四个服务"的实践，尤其发挥在"推进马克思主义中国化时代化大众化，建设具有强大凝聚力和引领力的社会主义意识形态"⑧ 方面的积极作用。

就"两个关键"论的判定而言，一方面是对"关键课程"的判定，指出"思想政治理论课是落实立德树人根本任务的关键课程"⑨，这有利于科学地认识高校思想政治理论课在贯彻落实立德树人根本任务方面不可替代的关键性作用，保证课程发展始终聚焦自身的任务与使命；另一方面是对"办好思想政治理论课关键在教师，关键在发挥教师的积极性、主动性、创

① 《习近平谈治国理政》第3卷，外文出版社，2020，第328页。
② 《习近平谈治国理政》第3卷，外文出版社，2020，第328页。
③ 《习近平谈治国理政》第3卷，外文出版社，2020，第328页。
④ 《十九大以来重要文献选编》（上），中央文献出版社，2019，第653~654页。
⑤ 《习近平谈治国理政》第2卷，外文出版社，2017，第378页。
⑥ 《习近平关于注重家庭家教家风建设论述摘编》，中央文献出版社，2021，第69页。
⑦ 《习近平谈治国理政》第3卷，外文出版社，2020，第328页。
⑧ 习近平：《决胜全面建成小康社会　夺取新时代中国特色社会主义伟大胜利——在中国共产党第十九次全国代表大会上的报告》，人民出版社，2017，第41页。
⑨ 《习近平谈治国理政》第3卷，外文出版社，2020，第329页。

造性"① 的判定，"双关键"的提法确证了高校思想政治理论课发展建设的主要矛盾及其主要方面，指明了高校思想政治理论课内涵式发展的着力之处。

基本规律论则是指思想政治理论课作为高校思想政治工作的中心环节，既要遵循思想政治工作的规律，坚持"因事而化、因时而进、因势而新"，又要"遵循教书育人规律，遵循学生成长规律"②；同时，还要坚持"八个相统一"的规律，如"坚持政治性和学理性相统一""坚持价值性和知识性相统一"③ 等。

改革创新论则包括高校思想政治理论课改革创新的目标、原则与基础等各个方面。从目标的角度看，是为了"不断增强思政课的思想性、理论性和亲和力、针对性"④，通过"提升思想政治教育亲和力和针对性"，来"满足学生成长发展需求和期待"，并"为学生一生成长奠定科学的思想基础"⑤；从原则的角度看，要遵循"守正创新"的原则，以保证课程发展的重大使命及其教育实现；从基础的角度看，则包含有"根本保证""有力支撑""深厚力量""思政课建设长期以来形成的一系列规律性认识和成功经验"⑥，为思政课的不断改进和创新提供了重要基础。

总之，习近平总书记关于高校思想政治教育的相关论述，以"根本问题"的明确内涵来立足，由"关键课程"而找准发展定位，以"双关键"指明问题和矛盾所在，以"基本规律"阐明课程发展应依循的原则，并由"改革创新"点明高校思想政治理论课发展的必然选择，为开展高校思想政治理论课内涵式发展研究提供了总的思想指导。

（2）学界关于高校思想政治理论课的研究现状

第一，关于"高校思想政治理论课内涵式发展"的理论观点。目前，学界关于该主题的研究主要包括：质量定位的观点、过程定位的观点、转型定位的观点和发展策略观点几个方面。

---

① 《习近平谈治国理政》第3卷，外文出版社，2020，第330页。
② 《习近平谈治国理政》第2卷，外文出版社，2017，第378页。
③ 《习近平谈治国理政》第3卷，外文出版社，2020，第331~332页。
④ 《习近平谈治国理政》第3卷，外文出版社，2020，第330页。
⑤ 《习近平谈治国理政》第2卷，外文出版社，2017，第377页。
⑥ 《习近平谈治国理政》第3卷，外文出版社，2020，第329~330页。

　　质量定位的观点指明内涵式发展的目的就是提升质量，如"思想政治理论课内涵式发展就是通过调整要素、优化结构、改善方式以达到质量的提升。"① 过程定位的观点认为内涵式发展是实现课程作用的过程，认为它"是促进思政课设定的作用功能完满实现的过程"，并指明要从"道、学、术"三个维度推进实现思想政治理论课的"本质要求"②。转型定位的观点认为应实现由"规模"向"内涵"的发展转型，"需要实现从规模扩张向内涵发展的战略转型"，以求内涵式发展能够革除"老化"与"不成熟"、力量上的"群体区隔""自我分化"与"后劲不足"③ 等发展的老问题。从发展策略的观点来看，目前已有研究集中体现在要素推进论、发展路径论、改革创新论等方面。其中，要素推进论坚持"以教师、课程内容、教学实施方式以及学生"四个核心要素建设推动高校思想政治理论课内涵式发展④；发展路径论则坚持"与各类课程的协同效应""打造品德高尚、素质过硬的教师人才队伍""加强党的领导，建立全员育人的管理机制"⑤ 等维度的路径，或"优选'食材'""改进'配方'""完善'工艺'"⑥ 的具体路径；改革创新论观点则是以"推动高等教育内涵式发展"为理论依据，认为要"结合高校思政理论教学中出现的问题"去推进课程的创新与改革⑦。

　　第二，关于高校思想政治理论课程概念内涵的研究。学界一般从纲领性文献中的性质定位出发，对课程的概念内涵进行理论解读，具体而言，已围绕"主渠道""主阵地""重要载体""重要使命""根本任务""标志性""关键性""不可替代"等性质定位而进行了论述。例如，骆郁廷认为

---

① 杨关玲子：《新信息条件下思想政治理论课内涵式发展的思考》，《传播与版权》2019 年第 4 期。
② 高国希：《思想政治理论课内涵式发展的三个维度》，《马克思主义理论学科研究》2019 年第 3 期。
③ 李辽宁：《内涵发展：新时期思想政治教育学科建设的思考》，《思想政治教育研究》2013 年第 6 期。
④ 王宗礼：《推动思政课建设内涵式发展》，《甘肃日报》2019 年 4 月 9 日。
⑤ 黄建军：《高校思想政治理论课内涵式发展的模式探索》，《中国高等教育》2019 年第 11 期。
⑥ 陈锡喜、张濠：《推动高校思想政治理论课建设内涵式发展的要义和路径》，《思想理论教育》2019 年第 11 期。
⑦ 汪志国：《高校内涵式发展视域下的思政理论课教学改革研究》，《四川省干部函授学院学报》2017 年第 4 期。

它"是社会主义大学的本质特征，是高校思想政治教育的主渠道"①；宇文利认为它是"中国共产党领导下的意识形态教育的重要载体"②；戴钢书认为它是"对大学生进行思想政治教育的主渠道，承担着用马克思主义理论武装当代大学生的重要使命，承担着教育立德树人的根本任务"③；夏晋祥、陈忠宁指出，思政课"在实现立德树人过程中，发挥着十分关键且不可替代的核心作用"④。还有一种观点是从学科视角进行的概念界定，如顾海良、余双好认为高校思想政治理论课是以"直接的（而不是间接的）、学科课程（即把课程当成一门学科或是所有学科的总和）形式呈现的思想政治教育课程，是学校为进行思想政治教育而专门设立的、体现在课表上的、有组织、有计划、有目的开设的课程"⑤。

第三，关于高校思想政治理论课发展历史与经验的研究。关于改革开放以来课程史的划分包括有"四阶段论"⑥"五阶段论"⑦；新中国成立以来课程史划分包括有"三阶段论"⑧"四阶段论"⑨"五阶段论"⑩。基本经验总结大体涉及有课程地位、教学内容、教材建设、教师队伍、教学方法、教学原则、教学规律、马克思主义理论与"三进"等方面内容。

第四，关于高校思想政治理论课教学及其建设现状的研究。沈壮海指出，既有近八成的大学生对思想政治理论课教学的总体状况给予"好评"，

---

① 骆郁廷：《高校思想政治理论课程论》，武汉大学出版社，2006，第1页。
② 宇文利：《思想政治教育课程论：现状、问题与发展》，《思想理论教育》2014年第4期。
③ 戴钢书：《高校思想政治理论课实践教学论》，中国人民大学出版社，2015，第4页。
④ 夏晋祥、陈忠宁：《深入学习贯彻习近平总书记在思政课教师座谈会上重要讲话精神准确把握思想政治理论课的定位》，《深圳特区报》2019年4月9日。
⑤ 顾海良、余双好：《高校思想政治理论课程教学改革研究》，武汉大学出版社，2006，第77页。
⑥ 冯刚：《改革开放以来高校思想政治教育政策设计与发展展望》，《国家教育行政学院学报》2018年第9期。
⑦ 陈占安：《改革开放以来高校思想政治理论建设的回顾与展望》，《思想理论教育》2018年第10期。
⑧ 韩振峰、李辰洋：《新中国成立70年来高校思政课课程建设的发展历程及经验启示》，《北京交通大学学报（社会科学版）》2019年第4期。
⑨ 石云霞：《高校思想政治理论课程建设史研究》，武汉大学出版社，2006（前言），第13页；骆郁廷：《高校思想政治理论课程论》，武汉大学出版社，2006，第52~78页。
⑩ 胡华、卢诚：《新中国70年来高校思想政治理论课建设的历史演进与现代审视》，《理论导刊》2019年第12期。

又有近两成（19.6%）大学生对思政课教学评价"一般"①；王岩、殷文贵认为在课程发展中，既呈现出涌现了一大批高校思政课教学能手、教学标兵、教学名师等的大好形势，又出现了"泛娱乐化"或"大水漫灌"② 的现象；孙蚌珠指出，高校思想政治理论课的教学现状呈现出"研究式教学、实践性教学、参与式教学、智慧型课堂等"③ 教学模式创新不断的良好形势；冯刚、郑永廷指出课程发展不平衡的突出问题，表现为"社会需要与个体需要的平衡，意识形态教育与知识教育的平衡，课堂教学与实践教育的平衡，特别是教材统一性与大学生需求差异性的平衡等"④ 方面的问题没有得到根本解决。

第五，关于高校思想政治理论课建设基本要素的研究。在教师队伍建设方面，包含：教师素养三个方面研究⑤、综合性素质研究⑥；教师队伍建设三方路径研究⑦、四维度措施研究⑧；教师队伍建设历程与经验的研究，将改革开放以来的建设历程主要划分为四个阶段、包含有八个方面经验⑨；大中小学思想政治理论课教师队伍一体化研究⑩。在教材建设方面，学界多以历史线索为依据总结教材发展历程，主要形成了以黄蓉生和杨挺⑪、宋俊

---

① 沈壮海：《讲出思想政治理论课应有的精彩》，求是网，http://www.qstheory.cn/dukan/qs/2019-08/16/c_1124874609.htm。
② 王岩、殷文贵：《思想政治教育的春天与阻碍发展的八大因素》，《思想理论教育导刊》2019 年第 6 期。
③ 孙蚌珠：《理论为本·内容为王·因材施教——提升思想政治理论课教学质量的思考》，《思想理论教育导刊》2017 年第 9 期。
④ 冯刚、郑永廷：《思想政治教育学科 30 年发展研究报告》，光明日报出版社，2014，第 426 页。
⑤ 陈伟宏：《论新时代高校思想政治理论课教师的素养》，《思想理论教育》2019 年第 12 期。
⑥ 颜叶甜、黄蓉生：《高校思想政治理论课教师应具有宽广的国际视野》，《思想教育研究》2019 年第 8 期。
⑦ 张雷声：《改革开放以来思想政治理论课教师队伍建设论析》，《思想理论教育》2018 年第 10 期。
⑧ 廖金香：《高校思想政治理论课教师能力提升的四个维度》，《江苏高教》2019 年第 9 期。
⑨ 骆郁廷：《改革开放 40 年来高校思想政治理论课队伍建设的历史发展》，《思想理论教育导刊》2018 年第 10 期。
⑩ 石书臣：《关于大中小学思想政治理论课教师队伍一体化建设的思考》，《思想理论教育》2019 年第 11 期。
⑪ 黄蓉生、杨挺：《高校思想政治教育课程教材与师资队伍政策 30 年发展论略》，《高等教育研究》2014 年第 4 期。

成①为代表的"三阶段"观点；以丁国浩②、陈占安③、杨换宇④为代表的
"四阶段"观点；以石云霞⑤、李梁⑥为代表的"五阶段"观点。在教学方
法方面，高校思想政治理论课具体教学方式方法的创新总体上包括有"课
堂教学""实践教学""以慕课、翻转课堂为代表的网络教学"三个维度⑦；
当前，现代信息技术的教学应用已成为课程改革发展的客观趋势，佘双好
从改革开放以来高校思想政治理论课与现代技术结合的轨迹中梳理出"从
多媒体运用、教学资源库建设，到精品视频资源建设、网络 E 班，到微视
频、微电影、微课程，到 MOOC（大规模开放在线课程），再到 SPOC（小
规模限制性在线课程）平台建设和混合式教学模式探索等"⑧ 模式与方法。
在马克思主义理论学科建设方面，张雷声认为新时代学科建设从规模式提
升转向学科合理布局、从外延式发展转向内涵式发展、从学科的自我发展
转向开放发展⑨；顾钰民提出马克思主义理论学科需随着实践、时代的变化
而发展，学科内涵和重点内容必须实现新拓展⑩；韩喜平提出要以问题导向
推动马克思主义理论学科发展⑪；佘双好认为要在服务思想政治理论课建设

---

① 宋俊成：《高校思想政治教育学科建设研究 以学科政策内容分析为视角》，社会科学文献
出版社，2017，第 124～126 页。

② 丁国浩：《改革开放以来高校思政课教育方法改革的基本经验与趋势》，《前沿》2013 年第
1 期。

③ 陈占安：《改革开放以来高校思想政治理论课教材建设的回顾与展望》，《思想理论教育导
刊》2018 年第 10 期。

④ 杨换宇：《任重道远 开启新时代高校思想政治理论课建设新征程——"改革开放四十年高
校思想政治理论课建设的回顾与展望"学术研讨会综述》，《思想理论教育导刊》2018 年
第 7 期。

⑤ 石云霞：《新中国思想理论教育 60 年（1949—2009）》，华中科技大学出版社，2009，
第 1～2 页。

⑥ 李梁：《新中国成立以来高校思想政治理论课教材建设的探索历程和基本经验》，《思想理
论教育导刊》2010 年第 1 期。

⑦ 胡凤琴：《党的十八大以来思想政治教育方法的理论与实践创新》，《湖北社会科学》2018
年第 3 期。

⑧ 佘双好：《改革开放以来高校思想政治理论课教学方法的创新发展》，《思想理论教育导刊》
2018 年第 10 期。

⑨ 张雷声：《站在新的历史起点上建设马克思主义理论学科》，《理论与改革》2019 年第 3 期。

⑩ 顾钰民：《新时代马克思主义理论学科内涵和重点内容的新拓展》，《理论与改革》2019 年
第 3 期。

⑪ 韩喜平：《以问题导向推动马克思主义理论学科发展》，《理论与改革》2019 年第 3 期。

中实现马克思主义理论学科发展①。

第六，关于高校思想政治理论课的比较研究。我国许多学者都认为国外虽然没有相应的学科与课程名称，但是具有"思想政治教育"这一事实，也以各自的形式开设有类似的"思想政治理论课程"，并对其进行了关注与考察、比较与借鉴。王瑞荪认为，与中国普遍设置的专门思想政治教育课程相对应的是，"日本则设立'特设道德时间'；新加坡一度通过《儒家伦理》来实施；美国则主要通过学校教育全过程来进行；德国开设宗教课；法国开设道德课；英国则既开设宗教课也开设道德课。"② 骆郁廷、陈立思、李忠军③等也赞同该类观点，认为外国虽没有"高校思想政治理论课"这一概念，却存在与之相同或相近的公民教育、通识教育、道德德育、宗教教育、法律教育、爱国教育、共同价值观教育、民族振兴教育、传统文化教育、历史地理教育、国情教育、政治思想教育等课程。概言之，他国亦通过各自的课程和方式进行着与我国思想政治理论课功能相同的主流价值教育活动，这点于我国而言，具有可资借鉴之处。

2. 国外的高校思想政治理论课相关研究

应当看到，国外既没有"思想政治教育"这一学科和专业，也没有高校思想政治理论课这一课程设置，因此，国外理论界鲜有专门人员开展对中国高校思想政治理论课"对等"的比较与借鉴研究。与之相对应的是，国外开设有公民教育、道德教育、价值观教育、意识形态教育等方面的课程，但理论界在关于课程设置及其教育实施方面存有认识态度上的分歧。基于此，本书主要梳理了国外理论界对国外开设道德教育、价值观教育等方面课程的思想态度与基本观点，以及国外对中国高校思想政治理论课相关研究的代表性观点与研究内容，以期为推进新时代我国高校思想政治理论课建设研究提供"他者视域"的思维视野。

一方面，西方理论界在对与思想、政治、道德和价值观念等内容相关

① 佘双好：《在服务思想政治理论课建设中实现马克思主义理论学科发展》，《理论与改革》2019 年第 3 期。

② 王瑞荪：《比较思想政治教育学》，高等教育出版社，2001，第 211 页。

③ 骆郁廷：《高校思想政治理论课程论》，武汉大学出版社，2006，第 308 页；陈立思：《比较思想政治教育》，中国人民大学出版社，2011，第 27 页；李忠军：《用习近平新时代中国特色社会主义思想铸魂育人》，《中国高校社会科学》2019 年第 3 期。

的"德育""价值观教育""意识形态教育",可否以课程方式实施的问题上存有分歧,大体有如下三种观点。

一是否定的观点。代表人物是美国的实用主义哲学家和教育家约翰·杜威,他指出教育即是直接的道德知识传授,即使学校设置专门的课程也只能是进行道德伦理的知识层面传授而已,极有可能变成"道德说教",而真正的道德教育应是"一切能发展有效地参与社会生活的能力的教育"①,它应在社会和生活中得以培养,即在"做中学"。

二是中立的观点。该观点认为完整的德育不仅包括道德知识的传授,也包括道德推理能力和选择能力的培养,代表人物是加拿大教育家克里夫·贝克。他指明单独的专门性价值教育课是把价值教育作为学校的一门正式学科课程,以课程表的方式鲜明地标示出且在固定时间进行与价值相关问题的处理和教学,单独价值教育课与偶发性课程、整合性课程有机统一,是价值教育的基础。该种思想承认了"道德教育"客观存在的事实,并且意味着"当代西方道德教育理论从分化到整合的趋势"②。

三是肯定的观点,认为开设德育或价值观教育类的课程很有必要,如英国的分析哲学家、道德符号流派代表人物约翰·威尔逊指出,"把道德作为一门附加外围的课程看待必将招致灾难"③,并指出"要使学校清楚地感受到自己正在从事道德教育",而其"对有关学科材料的处理必须服务于道德思维课的目的。"④ 学者朱迪思和约翰指出:在任何国家中,异质文化的存在必然要求各国政府进行关于"一系列核心价值观念的教育"(a short list of core values to be taught)⑤。美国教育学家迈克尔·W. 阿普尔指出以课程的方式进行意识形态教育的必要性,认为"课程的设计,适合于学生的教育性环境的创造,天生就是一个政治和道德的过程。它涉及有价值教育活动的竞争性意识形态、政治和强烈的个人概念。而且,它的主要部分之一就是影响别人——即学生——的事实。"⑥ 可见,虽然存有分歧,但国外理

---

① 〔美〕约翰·杜威:《民主主义与教育》,王承绪译,人民教育出版社,1990,第377页。
② 〔加〕克里夫·贝克:《民主主义与教育》,詹万生译,中央编译出版社,1997,第1页。
③ 朱永康、苏振芳:《中外学校道德教育比较研究》,福建教育出版社,1998,第310~311页。
④ 顾海良、佘双好:《高校思想政治理论课程教学改革研究》,武汉大学出版社,2006,第78页。
⑤ Judith Torney - Purta & John Schwille. Civic Values Learned in School: *Policy and Practice in Industrialized Nations* [J]. *Comparative Education Review*, 1986, 30 (1): 30-49.
⑥ 〔美〕阿普尔:《意识形态与课程》,黄忠敬等译,华东师范大学出版社,2003,第129页。

论界对道德教育、价值观教育的研究由来已久，这可为我国高校思想政治理论课研究提供"他者视域"的思维视野。

另一方面，国外理论界鲜有专门人员开展对中国高校思想政治理论课"对等"的比较与借鉴研究，但有教育、政治、历史、文化等领域的研究者从各自研究的视域及其所关注问题的方面进行相关性的研究。例如，从教育视角研究我国青少年道德教育；从政治视域关注我国的意识形态发展与维护以及公民意识培养；从历史视域研究我党的历史发展、政策演进、发展成就等；从跨文化视角关注我国的文化发展与价值传播等。在关于中国高校思想政治理论课的相关研究中，一则表现出对中国高校思想政治理论课的肯定性态度与借鉴性研究，如越南的范诚忠博士在越南高校思想政治理论课程建设研究中，包含有对中国高校思想政治理论课程建设经验借鉴的积极态度，明确指出中国的经验对越南具有"非常重要的启示"，例如，"课程设置中的灵活性与创新性、教学方法的多样性与实践性、队伍建设中的科学性与发展性和评估标准的公平性与客观性"[1]，并就具体方面展开了论述；二则表现出质疑与否定性评价的思想观点，如新西兰惠灵顿维多利亚大学的 Limin Bai 对 20 世纪 90 年代中国大学生的职业选择问题进行了实证分析，她认为市场经济和消费主义"消解了中国高校传统的政治控制和道德使命"，中国德育可能面临"特定性格缺陷"（Certain Character Deficiencies）的特殊问题，在改革开放打破中国的封闭环境后，一些中国人就会"迷失方向""思想也自然陷入困惑"[2]。总的来说，国外学者或隐或显、或褒或贬的研究观点已是客观事实，尚需国内理论界对其进行理性反思、有效甄别，以供我国高校思想政治理论课发展建设的参考与借鉴。

（三）研究现状总结

综合上述内容可知，目前学界关于高校思想政治理论课的相关研究已取得丰硕的理论成果，其中不乏关于高校思想政治理论课内涵式发展方面颇有见地的思想观点，给本书研究提供了重要基础，但也存在研究的薄弱

---

① 〔越〕范诚忠：《越南高校思想政治理论课课程建设研究》，湖南大学博士学位论文，2018，第 101 页。

② Limin Bai, "Monetary Reward Versus the National Ideological Agenda: Career Choice Among Chinese University Students", *Journal of Moral Education*, 1998（27）: 538-539.

环节和不足，为本书接续研究留有较大的探索空间。

一方面，高校思想政治理论课研究呈现出"四多四少"的特点。高校思想政治理论课的研究主题多元、内容丰富，包含高校思想政治理论课概念与内涵、整体与要素、历史与经验、问题与原因、现状与对策、质量与实效、比较与借鉴等主题，总体上呈现出"四多四少"的特点：要素研究多，整体研究少；形式方法研究多，内容特性研究少；现实策略研究多，基础理论研究少；我国对他者的比较借鉴多，他者对我国"对等"的研究少。并且，已有研究成果存在对高校思想政治理论课内涵式发展重视不够、研究不到位的问题。毫无疑问，基于党的十九大报告明确提出实现"内涵式发展"的高等教育战略转型目标，则高校思想政治理论课作为高校落实立德树人根本任务的关键课程，非但不能脱离高等教育内涵式发展的轨道，还应发挥"灵魂课程"的作用，领航高等教育内涵式发展。若内涵式发展的视角缺失、研究不够及时与深入，则必然导致高校思想政治理论课理论与实践的狭隘性与滞后性，遑论领航高等教育发展，遑论让党放心、让人民满意。因此，在高校思想政治理论课的发展建设与理论研究中，尚需继续推进完成课程发展方向调适与研究视角的同步转换：一是从内外因混合动力中，尤其从依赖党和国家的外力扶持转向到内生动力为主的课程自增长与自发展；二是从广泛而分散的教学改革研究，聚焦到抓内因的主要矛盾及矛盾主要方面上来；三是从对内涵式发展的研究不足转换到重视内涵式发展的研究上来。

另一方面，高校思想政治理论课内涵式发展研究呈现"三重三轻"的特点。从整体来看，目前学界关于高校思想政治理论课内涵式发展的直接相关研究成果十分鲜见，已有的一些研究成果主要表现出以下几点研究特征。一是偏重点位研究，轻视系统研究。目前已有的质量定位观点、过程定位观点、转型定位观点以及发展策略的观点，主要是对高校思想政治理论课内涵式发展主题下具体"点位"的研究，关于系统性的研究还很薄弱。二是偏重"自上而下"的研究，轻视"自下而上"的研究。主要是侧重于将"内涵式发展"作为推进高校思想政治理论课建设的时代背景与政策依据，是为响应国家号召、落实国家部署而推进的课程发展研究，缺乏对课程自觉发展与主动转型的研究。三是偏重发展策略研究，轻视基础理论研究。研究成果更多侧重于课程建设的具体策略，缺乏对高校思想政治理论课内涵式发展概念内涵、基本特征、发展意义、价值取向等方面的统一认识。笔者认为，高校思想政治理论课内涵式发展是一项系统工程，针对研究内容不充足、基础理论不扎实的问题，需围绕主题而进行全面且系统的研究，加大对"高校思想政治理论课"与"内涵式发展"所构成的融合性概念内涵的研究。高校思想政治理论课内涵式发展是复合型的整体概念，不是简单的逻辑相加，应将内涵式发展思想内嵌于高校思想政治理论课程系统要素及其整体发展之中，以内涵式发展作为思想主心骨引领高校思想政治理论课的建设实践，夯实高校思想政治理论课内涵式发展在概念原理等方面的基础理论，推进对课程自下而上的自觉性发展研究。

从上述研究现状特点及其薄弱处着眼，本书试图从整体上推进对高校思想政治理论课内涵发展的深入研究。

三　研究设计

（一）研究思路与方法

1. 研究思路

本书遵循"是什么—为什么—怎么办"的思路进行总体设计。

首先，从基本概念考证和原理分析出发，重点对高校思想政治理论课内涵式发展的概念内涵、基本内容、总体特点进行理论分析，阐明高校思想政治理论课内涵式发展"是什么"的理论问题，并在对新中国成立以来高校思想政治理论课发展史的梳理中，描述高校思想政治理论课内涵式发展的阶段性特征；其次，在对历史维度的发展诉求、现实维度的基本关系处理、主观维度的思想误区的理性审思中，阐释高校思想政治理论课内涵式发展中的基本矛盾问题，分析"为什么"要推进高校思想政治理论课内涵式发展；最后，在"是什么""为什么"的基础上，从党的思想保证、有力支撑、文化源泉和现实学情的维度，深刻地挖掘有利于推进高校思想政治理论课内涵式发展的现实条件，并从高校思想政治理论课内涵式发展的原则保证、内部重要环节建设，以及外部力量整合的维度，回答高校思想政治理论课内涵式发展究竟"怎么办"的实践问题。

2. 研究方法

高校思想政治理论课内涵式发展是一项系统工程，既需把握宏观的政治经济文化背景，又需掌握课程自身发展历程、规律、配套政策演进及具体现实问题，需使用多样化的研究方法，具体如下。

第一，文献资料法。高校思想政治理论课发展离不开党和国家所制定纲领文献的理论指导，围绕着课程建设和改革，党和国家在各个时期均出台了纲领性文件和指导意见，是课程建设和发展的规律总结与理论指南。加之马克思主义理论与时俱进的发展品质，不仅包括整体性马克思主义理论的发展成果，还包含有马克思主义中国化与时俱进的丰富内容，课程所承载的理论内容处于不断扩充之中。对纲领性指导文件和马克思主义理论文献进行充分的梳理、总结和学习，有利于洞悉课程内涵式发展的基本规律与走势。因此文献资料法是本研究的一项基本方法。

第二，历史研究法。高校思想政治理论课建设是一项长期的历史活动，若从源头萌芽开始进行历史追溯，则它比新中国 70 多年的历史还要久远。中国共产党在孕育时期和创建初期，就在高校、军校、工人夜校秘密进行马克思主义宣传教育，后来又在党校、陕北公学、抗日军政大学等学校继续开展马克思主义和革命思想的理论教育，这些都为新中国成立后我国高校的思想政治理论课建设积累了必不可少的先期经验。而这些共同的经验又为当下高校思想政治理论课建设内涵式发展提供了历史的参照和坐标。因此，运用历史分析和总结的办法，梳理高校思想政治理论课的基本脉络与发展走势成为本研究一项基础性的起步工作。

第三，系统研究法。采取系统分析与综合的研究方法，包括对高校思想政治理论课发展的全景扫描与个别关注，对 70 多年发展历程的整体梳理和具体阶段细化，对课程体系的系统综合与要素分解，涉及有党的领导、马克思主义学院、马克思主义理论学科、课程设置方案、思政课教师、大学生、教学内容、教学方法、课堂教学、实践教学等具体要素。概言之，既对构成整体的要素进行深入的剖解，又对由要素组成的系统进行整体的把握，以开展系统的理论研究。

第四，跨学科研究法。主要对逻辑学、经济学、教育学、政治学等学科中与主题相关的、具有启示和参考价值的相关理论知识进行了借鉴吸收，继而形成了"高校思想政治理论课内涵式发展"的基本概念。如从逻辑学的角度对"内涵"的概念进行了学理考证，对马克思主义政治经济学中内涵式扩大再生产的理论进行思想的挖掘，将此作为推敲高校思想政治理论课内涵式发展概念的理论资源，而高等教育内涵式发展理论则是本研究直接的理论依据。同时还运用统计的方法对课程发展的一些数据做了数量的统计与直观呈现。

（二）研究重点与难点

本书重点集中在对高校思想政治理论课内涵式发展的理论含义与优化策略两方面的阐释。一是对高校思想政治理论课内涵发展这一概念理论内涵的阐释。习近平总书记在"3·18"会议讲话中首次提出"推动思政课建设内涵式发展"科学论断与部署，预示着未来高校思想政治理论课发展的总体趋势。对这一问题进行学理探析与理论阐释，是实践展开的前提。因此，针对选题概念内涵的理论解读是本研究的重点，亦是研究工作的起点，是决定研究能否成立的逻辑思维前提。二是对高校思想政治理论课内涵式发展优化策略的研究。任何理论的研究都必须回应现实，对于"怎么办"的策略和路径问题分析是本研究的理论应用之处，也是学术价值的现实体现。

本书难点在于从高校思想政治理论课的历史发展与现实参照中，由感性经验上升为理性认知，厘析出高校思想政治理论课内涵式发展的价值诉求，破解高校思想政治理论课内涵式发展中的特殊关系、辨析认识上的各种误区，由此找准高校思想政治理论课内涵式发展的方向、目标、问题与症结，以此而进行科学设计，为高校思想政治理论课建设提供精准对策。因此，围绕高校思想政治理论课内涵式发展的实践而进行的理性反思和总体设计是论文研究的关键，也是难题所在。

（三）研究创新与不足

1. 创新之处

本书以高校思想政治理论课内涵式发展存在的现实矛盾为中心，开展了高校思想政治理论课内涵式发展的学理阐释、历史梳理、现实剖析和体系建构等内容的较为细致和深入的理性探究，创新之处主要有：第一，从对"内涵"的辨析和"内涵式发展"的理论挖掘入手，结合马克思主义政治经济学中关于内涵式扩大再生产理论的思想依据，从逻辑上界定了高校思想政治理论课内涵式发展的概念，阐释了高校思想政治理论课内涵式发展的内涵要义、基本特点与战略意义，以澄清对高校思想政治理论课内涵式发展的模糊认识；第二，立足于整体性，系统梳理了高校思想政治理论课的历史沿革，较为全面地勾勒出课程在不同发展阶段的背景、目标、内容、方法等方面建设的内容，概括总结了新中国70多年来课程建设的基本经验，同时，全面地分析了当下高校思想政治理论课内涵式发展的现实基础与条件，丰富和发展了学界现有的相关研究；第三，以问题为切入点，深入挖掘了高校思想政治理论课内涵式发展存在的深层次矛盾关系，系统剖析了高校思想政治理论课内涵式发展的价值诉求、基本关系和认识误区，深化了对高校思想政治理论课内涵式发展的矛盾和问题研究；第四，在高校思想政治理论课内涵式发展的优化策略方面，从原则入手，提出了具体改进的有效路径，由此从整体上完成对高校思想政治理论课内涵式发展的体系建构，丰富学界对该问题的理论认识。

2. 研究不足

当前学界对高校思想政治理论课内涵式发展的研究刚刚起步，相关研究成果数目较少，可供本研究有效参考、借鉴的思想理论观点尚显匮乏，研究基础较为薄弱。而且，必须承认，囿于本人学识和能力所限，在极尽可能完成本书预定目标的努力中，依然在一些具体方面未能完全达到预期的研究目标，尚存有研究不足的地方和需要深化的空间。比如，对新中国成立以来高校思想政治理论课建设的历史沿革的梳理过于"笼统"，还有待更清晰化地从内涵式发展维度加以历史的呈现；在对高校思想政治理论课内涵式发展现实基础的分析中，对现实有利条件的挖掘还不够深入；对高校思想政治理论课内涵式发展优化策略的分析，仅是从重要环节处着手，而没有对其他建设环节进行全面细致的探索，对外部资源只是从整体上进行了系统的整合，具体操作方面的研究还有待继续完善。针对这些方面研究的不足，有待在今后的接续研究中去完善和补充。

第一章　高校思想政治理论课内涵式发展的理论概述

高校思想政治理论课内涵式发展，是思想政治教育学界新近研究的重要论域，是思想政治理论课发展的一项重要命题，命题本身包含丰富的思想理论内涵。辨析、澄清和挖掘高校思想政治理论课内涵式发展的基础概念与理论资源，梳理、归纳高校思想政治理论课内涵式发展的概念内涵及其理论内容，是本书研究的逻辑起点。

一　高校思想政治理论课

高校思想政治理论课是学界非常熟知的研究对象，相关研究成果丰富，见仁见智；从课程发展史看，该课程拥有流变而多样化的概念名称。针对课程多重角度研究的复杂状况与不同称谓的发展变化，有必要对其概念内涵进行思想上的"统一"。

（一）高校思想政治理论课概念

高校思想政治理论课概念的形成经历了一个历史过程。通过对《普通高校思想政治理论课文献选编（1949—2008）》《加强和改进大学生思想政治教育重要文献选编（1978—2014）》等文本梳理发现，该课程先后使用"马列主义、毛泽东思想课程""共同政治理论课""公共必修课""政治课""政治理论课""社会主义教育课程""政治课""共同政治理论课""政治理论课""马列主义理论课""马列主义课""思想品德和政治理论课""马克思主义理论课（公共课）""马克思主义理论和思想品德课""两课""思想政治理论课"等名称。直到进入21世纪，我国高校才开始明确使用"思想政治理论课"的课程名称，2004年8月26日，中共中央、国务院《关于进一步加强和改进大学生思想政治教育的意见》（中发〔2004〕

16 号）开始提及这一概念，提出"高等学校思想政治理论课是大学生思想政治教育的主渠道"①，"05 方案"由此而直接使用"思想政治理论课"（以下简称"思政课"）的称谓。此后，关于高校思想政治理论课的提法在学界逐渐固定了下来。本书中的高校思想政治理论课，即涵盖上述课程的具体概念称谓，包含引用相关文献时其他研究者所使用的具体概念。在对课程发展史的梳理中，则一般采用不同时期的具体概念。

高校思想政治理论课概念的内涵具有丰富的内容所指。教育部印发的《新时代高校思想政治理论课教学工作基本要求》（教社科〔2018〕2 号）（以下简称《基本要求》）指出："思想政治理论课承担着对大学生进行系统的马克思主义理论教育的任务，是巩固马克思主义在高校意识形态领域指导地位、坚持社会主义办学方向的重要阵地，是全面贯彻党的教育方针、落实立德树人根本任务的主干渠道和核心课程，是加强和改进高校思想政治工作、实现高等教育内涵式发展的灵魂课程。"该文件在对课程已达成的"主渠道""主阵地"定位的基础上，深化了对课程落实立德树人根本任务作用的认识，并将其放置于高校思想政治工作大局与高等教育大循环中，扩展了课程教育可协同的环节、途径与人员、力量等要素，尤其凸显了课程在高等教育中的领航作用与特殊地位。习近平总书记强调："思想政治理论课是落实立德树人根本任务的关键课程"②，该论断进一步丰富了高校思想政治理论课的时代内涵。

学界对课程内涵的归纳主要包括三类。一是从学科维度界定。顾海良、佘双好认为高校思想政治理论课是以"直接的（而不是间接的）、学科课程（即把课程当成一门学科或是所有学科的总和）形式呈现的思想政治教育课程，是学校为进行思想政治教育而专门设立的、体现在课表上的、有组织、有计划、有目的开设的课程"③，这一认识从学科基础的角度体现了高校思想政治理论课与高校其他课程的"平等性"。二是围绕着"主渠道""主阵地""主课堂""重要载体""重要使命"的课程性质进行的内涵总结。石云霞认

---

① 教育部思想政治工作司组编《加强和改进大学生思想政治教育重要文献选编（1978—2014）》，知识产权出版社，2015，第 266 页。

② 《习近平谈治国理政》第 3 卷，外文出版社，2020，第 329 页。

③ 顾海良、佘双好：《高校思想政治理论课程教学改革研究》，武汉大学出版社，2006，第 77 页。

为它"是大学生思想政治教育的主阵地、主课堂、主渠道"①，宇文利认为它是"中国共产党领导下的意识形态教育的重要载体"②。三是以"立德树人"根本任务为核心内容的概括，将对课程内涵的认识推向了新的高度。戴钢书指出，它是"对大学生进行思想政治教育的主渠道，承担着用马克思主义理论武装当代大学生的重要使命，承担着教育立德树人的根本任务"③，冯刚、高静毅指出"思想政治理论课是高校落实立德树人根本任务的'关键课程'"④。

综合上述观点，我们可以从以下四个维度全面认识高校思想政治理论课的基本内涵：第一，它是思想政治教育课，是针对中国每一位大学生（包括专科生、本科生和研究生在内）开设的，主要进行马克思主义理论与思想道德教育的公共课程，是大学生思想政治教育的"主渠道"；第二，它以马克思主义为旗帜标示着高校的意识形态阵地，体现出社会主义大学应有的本质特色，是社会主义意识形态的"重要阵地"；第三，它是落实立德树人根本任务的关键课程，在提升大学生思想道德素质并由此引导大学生全面发展方面发挥着无可替代的作用；第四，它是党在高校的思想政治工作的中心环节和重心所在，思想政治工作的其他环节与渠道要积极配合、支持思政课建设与发展，反之，思政课要带动其他各门课程、各个部门、各条育人途径与思政课教育同向同行，以思政课的教育立场与导向领航高等教育的育人目标及其实践，彰显我国高等教育的本质特征。概言之，高校思想政治理论课以"主渠道"立足，以"重要阵地"彰显特色，由"关键课程"表明课程时代定位，据"中心环节"确定课程发展格局，是四者的有机统一。马克思主义是贯穿其中的精髓，高校思想政治理论课各个维度的内涵都是以马克思主义为核心具体展开的，"关键课程"定位则是时代发展赋予课程的新内涵，并统领课程发展的新趋向。

（二）高校思想政治理论课构成

当前，我国高校思想政治理论课在全国统一开设的基础上，在部分院

---

① 石云霞：《高校思想政治理论课程建设史研究》，武汉大学出版社，2006，第1页。
② 宇文利：《思想政治教育课程：现状、问题与发展》，《思想理论教育》2014年第4期。
③ 戴钢书：《高校思想政治理论课实践教学论》，中国人民大学出版社，2015，第4页。
④ 冯刚、高静毅：《中华人民共和国成立以来中国共产党对高校思想政治理论课的认识和探索》，《思想教育研究》2019年第9期。

校增加了新课程。统一开设的课程包括专科生课程、本科生课程、硕士研究生课程、博士研究生课程以及"形势与政策"课,并对其中的几门课程做出了选择设定。另外,在我国民族院校及民族地区还开设"民族理论与民族政策"课。2019 年 8 月 14 日,中共中央办公厅、国务院办公厅颁布的《关于深化新时代学校思想政治理论课改革创新的若干意见》指出,全国重点马克思主义学院率先全面开设"习近平新时代中国特色社会主义思想概论"课,各高校要重点围绕习近平新时代中国特色社会主义思想,党史、国史、改革开放史、社会主义发展史,宪法法律,中华优秀传统文化等设定课程模块,开设系列选择性必修课程,该部分课程的开设,将课程体系的内容进一步深化、规模进一步扩大。后续,教育部已选取若干地方和高校先行开展深化新时代思想政治理论课改革创新的试点建设,正在构建形成"必修课"加"选修课"模式的高校思想政治理论课课程体系。

2020 年 12 月 8 日,中央宣传部、教育部制定了《新时代学校思想政治理论课改革创新实施方案》,对课程体系进行了微调(见表 1-1),并从 2021 年秋季入学的新生开始在全国普遍实施。

表 1-1　新时代高校思想政治理论课课程体系①

学段(学生)	课目名称			
	必修课			选择性必修课
专科生	毛泽东思想与中国特色社会主义理论体系概论	思想道德与法治	形势与政策	围绕马克思主义经典著作,党史、新中国史、改革开放史、社会主义发展史,中华优秀传统文化、革命文化、社会主义先进文化,宪法法律等,开设选择性必修课程
本科生	同上	同上		
	马克思主义基本原理	中国近现代史纲要		
硕士研究生	新时代中国特色社会主义理论与实践			习近平新时代中国特色社会主义思想专题研究、马克思主义格斯列宁经典著作选读、马克思主义与社会科学方法论、自然辩证法概论等
博士研究生	中国马克思主义与当代			

---

① 依据中央宣传部、教育部制定的《新时代学校思想政治理论课改革创新实施方案》(2020 年 12 月 18 日)整理。

从表1-1可见，高校思想政治理论课不是一门课，而是由包含着相互联系的一系列课程构成的课程群。作为课程群，其鲜明的特点不仅表现为具有一定的课程数量与规模，更重要的是这些课程之间不是简单罗列或叠加，而从整体上表现出"关联性""育人性""整合性"的特点。事实上，高校思想政治理论课从设置之初即由若干门课程组合而成，但在很长一段时间内，由于缺乏相应学科的理论支撑而彼此关系松散，且处于经常变动的不稳定状态。"05方案"以来，在马克思主义理论一级学科的支撑下，高校思想政治理论课的课程群规模日益稳定、内涵联系更加紧密，所包含的课程稳步地固定下来，并迈向科学化、标准化与制度化发展的轨道。高校思想政治理论课从学科的整体视域进行教育内容的架构与设计，推进课程政治性特点与理论科学性的有效融合，充分组合各门课程而形成教育合力，实现课程整体育人的教育目的。进一步分析可知，高校思想政治理论课是由党和国家进行课程的顶层设计，在马克思主义理论学科指导下，于中国特色社会主义学科体系框架内，吸收政治学、历史学、法学、社会学等多学科知识而进行理论综合、系统筹划，整合形成的一套学科课程，发挥着对大学生进行思想政治教育的重要作用和职能。

高校思想政治理论课的教育实践比高校思想政治理论课概念的形成要早许多年。例如，北大在20世纪20年代开设的"唯物史观"和"工人的国际运动"课（由李大钊讲授）、黄埔军校政治课程中利用诸如"社会主义运动""中国革命"等课程的时机而进行的马克思主义理论宣传和教育、红色革命根据地和解放区高等教育性质学校中的马列主义理论教育等课程，本质上都是"高校思想政治理论课"在特殊历史时期的具体呈现形式。但显然，这些课程分布相对分散而零星，且课程发展受到各种各样的限制。从高校普遍开设的、系统性马克思主义理论教育的课程特征出发，则高校思想政治理论课是建立在新中国高等教育主权统一的历史前提下的，故本书中的"高校思想政治理论课"若无特殊所指，是以1949年为起点。

二 内涵式发展

现代社会，"内涵式发展"的思路广泛应用于经济、社会、教育等各个领域。从通俗意义上讲，"内涵式发展"就是重视事物内涵的发展、表达和彰显，或是加强事物内涵方面的建设。但这不足以解释"内涵式"发展思路普适于各个领域的思想精髓。若对此概念追本溯源，则马克思给出了经典的内容阐释，我国在经济社会发展过程中，将之进行中国化的应用和创新，不断衍生出"内涵式"新的发展意义，这是有效理解高校思想政治理论课内涵式发展概念的思路前提。

（一）内涵式发展的语义分析

由语义来看，"内涵式发展"是表述上的省略语，完整意思该是重视事物内涵的发展、表达和彰显，或是加强事物内涵方面的建设。由此，对"内涵"本身的理解则是剖析整体概念的关键。

在《现代汉语词典》中，"内涵"的词义包括三个方面：首先，作为逻辑学的术语，指一个概念所反映的事物的本质属性的总和；其次，用于物而言，则指"（语言、作品等）所包含的内容"；最后，用于人而言，则指"内在的修养"[①]。对高校思想政治理论课内涵式发展的概念认知，应尊重学理的一般意义，着重对逻辑学中"内涵"这一术语进行分析和阐释。

作为逻辑学术语，"内涵"是指一个概念所反映的事物的本质属性的总和，也就是概念的内容。但凡理性的认识，都需通过对一个个具体事物的分析和综合，抽离出事物与众不同的特质，推进对事物本质的准确把握，以在头脑中形成稳定性的概念，作为人们的话语共识与思想交流的中介。从此意义上说，内涵是对一事物区别于其他事物之特殊性的表达。与外延相比，"概念的内涵，就是概念所反映的事物的特有属性。概念的外延，就是具有概念所反映的特有属性的事物。"[②] 概念本身是"思维的细胞"，其内涵是对事物所特有属性的逻辑抽象与思维结果；外延则较为具体，由适用该概念的事物组成，更直接地说外延是概念所反映的客体事物本身。从二者的联系上看，内涵与外延相互依存。任何一个概念都有内涵和外延两个方面，内涵从产生之初，便与外延一起构成概念的最基本特征。而且，具有属种关系的两个概念，它们彼此的内涵与外延之间存在反变关系。即一个概念的内涵越多，则它的外延越小；一个概念的内涵越少则它的外延越

---

① 中国社会科学院语言研究所词典编辑室：《现代汉语词典（第六版）》，商务印书馆，2014，第938~939页。
② 金岳霖：《形式逻辑》，人民出版社，1979，第22页。

大。反之，一个概念的外延越大，则它的内涵越少；一个概念的外延越小，则它的内涵越多。

从其产生与发展的过程来看，内涵具有客观性、发展性和稳定性三方面的特点。一是来源的客观性。内涵源自客观事物固有的本质属性，是对事物客观本质属性的思维认知。二是思维的发展性，由于事物是发展变化的，而且"事物的本质是高深莫测的"①，人们对事物本质的掌握也需经历由少到多、由浅入深、由简单到复杂的过程。因此，所形成的关于事物概念的判断及其内涵也会不断地丰富，包括否定、修正和填新。三是相对的稳定性。内涵是对事物本质属性的理论概括，而本质是事物发展中贯穿始终的特有矛盾与基本规律的体现，故而内涵从确立之初即要慎重地去挖掘潜藏的本质线索，继而形成相对稳定的观点判断。对内涵特点的认知，有利于我们在理论研究中对具体事物的概念及其内涵进行科学的提取、概括和归纳。

（二）内涵式发展的概念探源

"内涵式发展"是一个历史性的概念。起先由马克思对"内涵式发展"进行了经典阐释，继而我国又在经济社会发展中对之进行了中国化的应用实践和内容创新，衍生出内涵式发展新的理论内涵。这些思想内容共同构成高校思想政治理论课内涵式发展的理论资源。

追本溯源，马克思是在政治经济学的社会再生产理论中对"内涵式"进行了学理上的经典阐释。马克思在研究扩大再生产的思维图示中，并没有直接使用内涵式（扩大再生产）的概念，但在相关论述中事实上包含"内涵式扩大再生产"与"外延式扩大再生产"两条线索。马克思指出："固定资本价值中这个转化为货币的部分，可以用来扩大企业，或改良机器以提高机器效率。这样，经过一段或长或短的时间，就有了再生产，并且从社会的观点看，是规模扩大的再生产。"② "如果生产场所扩大了，就是在外延上扩大；如果生产资料效率提高了，就是在内含上扩大。"③ 列宁发展了扩大再生产理

---

① 《列宁全集》第55卷，人民出版社，2017，第443页。
② 《马克思恩格斯文集》第6卷，人民出版社，2009，第192页。
③ 《马克思恩格斯全集》第24卷，人民出版社，1972，第192页。

论，尤其将"技术进步和生产有机构成的提高，引入马克思的扩大再生产图式，科学地论证了第一部类必须优先增长，也就是它在社会生产中的比重必须高的原理"①，即体现了内涵式扩大再生产的发展特征。

后续的研究者在对马克思扩大再生产理论继承和分析的基础上得出了"内涵式发展"的明确结论。例如，关于"马克思把社会资本扩大再生产区分为外延扩大再生产和内涵扩大再生产"的表述方式，并指明"后人在分析经济增长方式时，把'外延式'称为外延增长，'内涵式'称为内涵增长"。② 可见，内涵式发展与外延式发展是经济发展中的两条线索，外延式发展主要依靠增加生产要素投入和扩大生产场所来扩大生产；内涵式发展主要依靠生产技术进步、劳动效率提高和生产要素质量提升、结构优化来实现经济的增长。在实际的经济社会发展中，内涵式发展和外延式发展"你中有我、我中有你""相互结合在一起的"③，很难做出完全的区分。"在以内含的扩大再生产为主要特征的社会主义经济中，纯粹的外延的扩大再生产也是一个抽象。"④ 但在理论研究和经济发展部署时，则有必要从逻辑上对二者进行比较，以利于更加准确地理解内涵式发展战略的价值诉求。

我国在不断推进马克思主义理论中国化的过程中，历史地探索出一条走内涵式发展的经济路子，衍生出"内涵式发展"的新内容。新中国成立后，我国经历了工业化初期的大规模基础性建设，到了20世纪60年代，提出要探索内涵的发展道路，如"发展多种农业经济，走内涵式扩大再生产和集约经营的农业现代化道路"⑤。"七五"计划中明确提出"坚持把建设的重点转到现有企业的技术改造和改建扩建上来，走内涵型为主的扩大再生产的路子。"⑥ 并继续强调，要推进经济发展与其他领域发展相协调，扩大经济内涵式发展的影响范围。"要依靠市场机制与宏观调控相结合的调节力量，依靠集约式经营和内涵扩大再生产的模式，实现经济发展与人口、

---

① 刘国光：《社会主义再生产问题》，生活·读书·新知三联书店，1980，第25页。
② 刘思华：《生态马克思主义经济学原理》，人民出版社，2006，第375页。
③ 中国《资本论》研究会综合学术组编《〈资本论〉与社会主义经济》，人民出版社，1983，第167页。
④ 刘国光：《社会主义再生产问题》，生活·读书·新知三联书店，1980，第25页。
⑤ 李海文：《周恩来研究述评》，中央文献出版社，1997，第405页。
⑥ 房维中、桂世镛：《"七五"计划讲话》，人民出版社，1986，第290页。

资源和环境的协调。"① 党的十四大确立社会主义市场经济体制后，在继续解放和发展生产力的过程中，逐步探索将工作的着力点和重点放在调整结构、提高经济运行的质量和效益上，追求"实现规模与结构、数量与质量、速度与效益相统一，走内涵式和可持续发展的道路。"②

进入新时代，国内外经济形势发生了新变化，我国经济发展方式的转型日益紧迫并不断推进向前。党的十八大报告指出，"加快形成新的经济发展方式，把推动发展的立足点转到提高质量和效益上来"③。党的十九大报告指出，我国经济已由高速增长阶段转向高质量发展阶段，正处在转变发展方式、优化经济结构、转换增长动力的攻关期，此时对经济的内涵式发展模式提出了新的要求，"必须坚持质量第一、效益优先，以供给侧结构性改革为主线，推动经济发展质量变革、效率变革、动力变革，提高全要素生产率，着力加快建设实体经济、科技创新、现代金融、人力资源协同发展的产业体系，着力构建市场机制有效、微观主体有活力、宏观调控有度的经济体制，不断增强我国经济创新力和竞争力"④。这实质上是从供需结构着手，通过结构优化以激发经济动力，从而保证经济质量、效率和竞争力的内涵式发展新要求。从发展效果来看，内涵式比外延式具有更大的综合优势，我国在不断追求内涵式发展的过程中，尤其是在改革开放 40 多年来发生深刻变革的经济社会发展转型中，取得了经济总量世界第二的巨大成就，经济发展质量显著提升，综合国力明显增强。

（三）内涵式发展的理路拓展

我国在探索经济内涵式发展道路的同时，还将内涵式的发展理念贯彻到社会其他领域，如在教育领域不断推进形成了高等教育内涵式发展的战略思想。

党的十八大将"内涵式发展"的概念正式引入教育领域。"办好学前教

① 全国干部培训教材编审指导委员会组织编写《邓小平理论基本问题》，人民出版社，2002，第 183 页。
② 中共中央文献研究室编《江泽民思想年编（1989—2008）》，中共中央文献出版社，2010，第 388 页。
③ 《胡锦涛文选》第 3 卷，人民出版社，2016，第 628 页。
④ 习近平：《决胜全面建成小康社会　夺取新时代中国特色社会主义伟大胜利——在中国共产党第十九次全国代表大会上的报告》，人民出版社，2017，第 30 页。

育，均衡发展九年义务教育，基本普及高中阶段教育，加快发展现代职业教育，推动高等教育内涵式发展，积极发展继续教育，完善终身教育体系，建设学习型社会。"① 由此确立了高等教育内涵式发展的重大战略，对高等教育提出了新的发展要求。党的十九大报告进一步指出："加快一流大学和一流学科建设，实现高等教育内涵式发展。"② 意在提高我国高等教育的影响力与核心竞争力。实现高等教育内涵式发展，是基于高等教育的外延已有相当规模的增长，而需聚焦内涵提升的具体发展战略。新中国成立70多年来，高等教育发展成就巨大，教育体量居世界第一，已经实现了高等教育大众化。新时代，建设教育强国，必须扎根中国大地，建设世界一流大学。

高等教育作为精神性的生产、交流与传播活动，其内涵实现的程度很难用直观的数据衡量，虽说诸如高校排名、高校规章制度制定、高校科学研究成果、高校培养合格毕业生等方面可进行数据的量化统计，但这些不足以呈现高等教育内涵的全部内容，而且诸如校园文化、大学精神等软实力内容根本无法量化。所以，内涵式发展从经济的物质生产领域扩展到教育的精神文化生产与传播领域，就不能简单地采用效率和质量的量化分析，而应转移到质性分析的思维方式上来。

目前，关于高等教育内涵式发展的质性认识，主要包括五个方面：一是对发展必然性的认可，"走内涵式发展道路是我国高等教育发展的必由之路"③；二是对立德树人根本任务的认同，如有学者指出，"坚守'立德树人'之本才是大学的正道，是每一个教育工作者的天职，是全体师生应有的自觉"④；三是对发展质量的内在规定性认识，尤其体现高等教育服务于人民的宗旨，如"大力提升发展质量和效益，办好人民满意的教育"⑤"提高质量是内涵式发展的第一要义"⑥；四是包含有科学性、公平性、均衡性

---

① 《胡锦涛文选》第3卷，人民出版社，2016，第641页。
② 习近平：《决胜全面建成小康社会 夺取新时代中国特色社会主义伟大胜利——在中国共产党第十九次全国代表大会上的报告》，人民出版社，2017，第46页。
③ 习近平：《在北京大学师生座谈会上的讲话》，人民出版社，2018，第4页。
④ 龚克：《立德树人、素质教育与内涵式发展》，《中国高等教育》2013年第2期。
⑤ 郝平：《深入学习贯彻习近平新时代中国特色社会主义思想加快"双一流"建设实现高校内涵式发展》，《中国高教研究》2017年第12期。
⑥ 龚克：《立德树人、素质教育与内涵式发展》，《中国高等教育》2013年第2期。

的发展要求，在党的部署中具体提出了"推进高等教育又好又快发展""实现高等教育科学发展"① 等思想内容；五是体现为法治性、文化性与高校特色，需完善高校的治理体系和治理能力建设，实现依法治校，突出高校的文化内涵与发展特色。例如，"治理现代化本身也是高等教育内涵式发展的构成要素"②，大学"要提升文化品位""要有定力"③。

通过上述对"内涵"与"内涵式"的概念梳理及其内容的分析发现，每一概念的意义所指分别适用于特定的领域。在将"内涵式发展"引介于教育领域时，需立足教育本身特点进行适切性地引介和使用，切不可对概念进行僵化和教条的套用。

三　高校思想政治理论课内涵式发展

2019 年 3 月 18 日，习近平总书记在北京主持召开了思想政治理论课教师座谈会，并发表了重要讲话。在这个讲话中，总书记第一次明确提出了思想政治理论课内涵式发展的问题，为新时代高校思想政治理论课建设指明了发展目标和方向。从学理意义上对高校思想政治理论课内涵式发展进行概念思辨、要义总结和特点分析，有利于进一步明确高校思想政治理论课内涵式发展主题部署的理论内涵。

（一）概念反思

高校思想政治理论课内涵式发展这一概念，建立在"高校思想政治理论课"与"内涵式发展"的基础概念之上，但绝不是概念的简单相加，作为引领课程发展的新概念新思路，有其特殊的内涵。为了合理界定高校思想政治理论课内涵式发展的概念内涵，本书先对几种代表性的认识疑惑进行观点的澄清与理性反思。

第一，高校思想政治理论课内涵式发展是否等于"上好"一门（堂）思政课。对高校思想政治理论课内涵式发展的理解，人们往往会简单地认为就是一种"好的"教学，如某位老师的思政课讲得好，成为抢手课，并

---

① 《习近平在第十七次全国高校党建工作会议上强调在新的历史起点上努力开创高校党建工作新局面》，《人民日报》2008 年 12 月 20 日。
② 王希普：《高等教育内涵式发展的意蕴及其实践》，《山东高等教育》2018 年第 2 期。
③ 邱勇：《坚定不移走内涵发展道路》，《光明日报》2019 年 3 月 4 日。

有研究者从"教师、课程内容、教学实施方式以及学生"① 的教学基本要素出发，将之视为推动思想政治理论课建设内涵式发展的核心要素。应该说，高校思想政治理论课内涵式发展必然包含对具体某门课程教学效果的积极追求，但不是充要条件。高校思想政治理论课是一套课程，作为课程群，须整体发力以求实现培养时代新人的教育目标，不能仅停留于对某堂课"好"与"坏"的感性认知层面。高校思想政治理论课内涵式发展，不止于是这套课程本身或者具体一堂课上得好不好的"小论题"，而需放在课程发展的大空间与大格局上来，是统筹与课程相关的教材、教师、教学（方法、内容、手段、目标）、学科、组织机构、大学生发展需求、育人目标，乃至与中小学衔接的课程螺旋上升发展和同高校"十大"育人体系协力建设的"大文章"。

第二，高校思想政治理论课内涵式发展是否与外延式发展对立，不能并存。在提及内涵式发展时，若不对其进行审慎的思考，就会陷入二者对立和排斥的思维谬区。就外延式发展与内涵式发展的对比而言，前者重在追求规模与数量的扩大，后者重在质量和效益的提高；前者更多地表现为粗放式的总量增长，后者表现为集约化的质量发展；前者多是同一化建设模式，后者彰显的是特色化发展；前者的发展路径多为依赖模仿移植，后者的发展则强调凭借创新去推动；前者的发展主要依靠外力的扶持和资源的投入，后者的发展则强调内因动力与内在要素的提质增效。但在实际中，内涵与外延发展贯穿于事物发展的始终。若因为对二者概念的理论区分，而在高校思想政治理论课内涵式发展中排斥对课程规模与要素数量的建设和投入，显然是走向了思维对抗的极端。从发展事实来看，内涵与外延始终伴随高校思想政治理论课发展的全程。其中，内涵是根本，外延是基础；内涵"有神"，外延有形，内涵式发展作为科学的发展理念，在强调内涵的同时不否定外延的基础性作用，内涵式发展应是融合性发展。

第三，高校思想政治理论课内涵式发展可否自发实现。高校思想政治理论课内涵式发展是课程发展到一定阶段下的自我觉醒与发展转型，并在大格局中不断提升自我的核心竞争力与发展引领力，课程内部要素动力提升是发展的关键，但绝不是自发的过程。内涵式发展是表述上的省略语，

---

① 王宗礼：《推动思政课建设内涵式发展》，《甘肃日报》2019 年 4 月 9 日。

完整的意思应是事物内涵得以表现、展现、彰显并被广泛认可的发展过程，同时也是为了更好地丰富、充实和展现事物的内涵而对其进行人为的加强和重视的建设过程。虽然经济的内涵式发展之路和高等教育的内涵式发展战略具有历史的必然性和客观趋势，但内涵式发展不是事物自发的过程。内涵本就是人类思维认知的产物，重视内涵的发展，本就是人类思维干预和建设推进的过程，是在人为的发展理念与人的参与支持下，不断推进事物建设和发展的过程。其中必然夹杂着人们对事物本身内涵及其发展的理解与预期，但又必须尊重事物本身的内在属性与客观的发展规律。质言之，高校思想政治理论课内涵式发展是主观能动性发挥与客观实践的有机统一，而且人的要素、观念的要素在这其中非常关键。

第四，高校思想政治理论课内涵式发展是否等同于课程功能的实现。对该问题的反思源自内涵与功能之间无法割舍的紧密关系。就二者的关系来看，内涵属内，功能属外；内涵是根本，功能是其作用表现的结果。学界将思想政治教育的功能界定为"思想政治教育本质的外在体现和集中表露"[①]。功能属于实体范畴，是事物的内在属性的外部表现，属于客观存在。高校思想政治理论课内涵式发展，是课程实体建设与质性内涵不断彰显的过程，内涵彰显通过课程功能发挥得以实现。"所谓内涵式发展，是相对于外延式的规模、数量、指标增长而言，指内在质性的丰富与提升，是促进思想政治理论课设定的作用功能完满实现的过程"[②]，该种观点就反映出高校思想政治理论课内涵式发展具有的课程功能实现的理论含义。从功能实现的角度看，高校思想政治理论课内涵式发展就是课程内部要素活力、效力得以激发和提升，内在潜能充分激活的过程；又是课程要素与外部环境之间发生联系和关系时自身特性与功能得以实现的过程，功能实现的结果就意味着课程潜能由此而得以释放。概言之，内涵实现的过程必然是功能发挥的过程；反之，功能的发挥则不能尽显内涵式发展的全部内涵。

高校思想政治理论课作为"主渠道""主阵地""关键课程""中心环节"的内涵定位，须是课程功能在大学生思想政治教育、社会主义意识形

---

① 张耀灿等《思想政治教育学前沿》，人民出版社，2006，第 155 页。

② 高国希：《思想政治理论课内涵式发展的三个维度》，《马克思主义理论学科研究》2019 年第 3 期。

态建设、教育事业发展以及高校思想政治工作不同领域的具体发挥与实现。但是，高校思想政治理论课内涵式发展的理论内涵不止于此，应在与前述反思的综合中，从思政课建设的"大文章"出发，坚持内涵与外延相统一、主观能动性发挥与客观实践相统一，以达成对高校思想政治理论课内涵式发展概念的综合界定。

（二）理论内涵

综上，基于对基础概念的分析和对各种认识疑惑的澄清与反思，本书认为，高校思想政治理论课内涵式发展，是以马克思主义为指导、聚焦立德树人根本任务、以激发课程发展的内生动力为主，同时协调外部力量形成建设合力的课程发展模式，是课程发展思路与建设实践的有机统一。

课程的发展与革新必然以理念为先导，高校思想政治理论课内涵式发展作为新时代特定课程的建设理念，站在为中国特色社会主义培养建设者和接班人的战略高度，坚持以马克思主义为指导，聚焦立德树人根本任务，注重提升课程主体的积极性、主动性、创造性，坚持内生动力作为课程发展的根本动力，关注课程的教育教学实效。高校思想政治理论课内涵式发展作为新时代特定课程的建设模式，旨在通过系列举措以激发课程内生动力，并自觉统合来自党和国家的发展扶持、社会环境的包容支持、学校的配套资源与条件，以及课程自身要素提质增效等内外部力量，以推进形成课程建设合力，是具有系统性和前瞻性的课程建设实践。

通过对概念含义的综合分析，可得出高校思想政治理论课内涵式发展的主要内容有：坚持以马克思主义为指导、聚焦立德树人根本任务、激发课程发展的内生动力、协调外部力量推进课程建设。四个方面内容包含课程发展导向与课程教育实践的统一、课程发展目标与课程建设过程的统一、课程发展的内生动力与外力驱动的统一、育人主力与合力的统一，总体上贯通了课程建设的全局，并推进课程建设的内外互动，是高校思想政治理论课内涵式发展必不可少的基本要素。

第一，坚持以马克思主义为指导。这是高校思想政治理论课内涵式发展的灵魂。高校思想政治理论课是针对大学生而进行的系统的马克思主义理论教育活动。在课程的教材内容、教学话语、思想立场、教育实践和课程建设的各个环节中，必须高扬马克思主义的精神旗帜，坚定马克思主义的理论导向。一方面，须旗帜鲜明地坚持以马克思主义理论为指导的课程教材与教学内容建设。整套课程坚持以马克思主义原理的知识、马克思主义中国化的理论知识、中国近现代历史发展的基本规律，以及共产主义思想道德情感与社会主义公民资格素养等方面的理论与知识规范为基础，螺旋地推进对中国特色社会主义理论与实践、马克思主义的自然辩证法和社会科学方法论的内容拓展，以及对中国马克思主义的当代研究、经典原著的理论挖掘。课程内容从总体上由马克思主义理论原理与中国特色社会主义理论体系有机联系的两大部分构成，并及时融入马克思主义中国化最新成果、中国特色社会主义最新经验，坚持以习近平新时代中国特色社会主义思想铸魂育人。另一方面，通过一级学科建设进一步强化马克思主义理论的指导地位。在马克思主义理论学科的平台基础之上，推进马克思主义学院、马克思主义理论学科与高校思想政治理论课的"三位一体"的发展建设，将课程发展严格地限定在马克思主义理论学科视域内，不断强化马克思主义的学科意识、马克思主义学院的工作职责与高校思想政治理论课的核心内涵，遵循马克思主义的基本原则、立场和方法，增强马克思主义理论教育的思想性、理论性和亲和力、针对性，推进新时代高校思想政治理论课的科学化建设与发展。

第二，聚焦立德树人的根本任务。这是高校思想政治理论课内涵式发展的主脉。高校思想政治理论课是高校落实立德树人根本任务的关键课程，这是从课程教育的基本属性出发，对课程有别于其他课程或其他育人渠道、环节的特殊性定位。内涵式发展必须牢牢抓住课程的特殊属性，发挥好在立德树人方面不可替代的关键性作用。德乃立国之基、为政之要、立身之本，国之大德、社会公德、职业道德、家庭美德、个人品德，是个人发展、家庭和谐、社会稳定、国家稳固之基石，都是通过"教化"养成的。大学生"德"之养成关键在教育引导。思想政治理论课是育德育心、培育思想情感意志的课程，"立德树人是思想政治理论课的价值所在。"① 课程立德树人的作用，体现为通过专业的思想政治教育，培养一代又一代具备高尚思想道德素质和先进科学文化素质的社会主义有用之才。因此，课程需在传道授业解惑中，施加对学生的思想引领、价值引导、情感启发和意志培育的影响，主要完成对大学生头脑、思想和心灵的塑造。立德树人作用的实现，既要在德育中开展

---

① 王树荫：《守正创新立德树人》，《社会主义核心价值观研究》2019 年第 2 期。

专门的思想政治教育，又要在思想政治教育过程中坚持德育的导向功能，推进实现大学生个体的思想政治品质、高尚道德人格与科学文化素质的有机统一，是传统社会道德修身、以德立身的人格境界与现代社会对个体民主政治素养要求的有机结合，是个人全面发展的必然要求，亦是课程发展的一条主脉。

第三，激发课程发展的内生动力。高校思想政治理论课发展的内生动力源自课程系统的内部要素，课程内部要素既包含师生等"人"的要素，也包含教材、教学（目标、内容、方法）、课堂（包括延伸出的网络教学、实践教学、第二课堂教学）、学科、评价体系、教学机构等"物"的要素。高校思想政治理论课内涵式发展，既包括课程要素的提质，也包括系统要素之间结构优化、关系协调、彼此互动的高效运行，目的是保证课程建设的良好效果，这就需要激发课程的内生动力。一方面，要激发思政课教师的积极性、主动性和创造性，增加大学生对课程的好奇度、求知欲和学习动力；另一方面，要从人的需求出发，做足"物"的要素方面的基础建设和协调保障，服务于师生的教育教学活动，整体推进课程要素的协调配合与良性互动。

从第一个方面的动力来看，高校思想政治理论课教师队伍建设是关键要素。作为教育主体，思政课教师的教育"作为"直接影响和决定着思想政治理论课建设的效果。关于人的重要性，马克思早就说过："思想本身根本不能实现什么东西。思想要得到实现，就要有使用实践力量的人。"[①] 在思政课的马克思主义理论教育中，思政课教师就是"掌握思想""使用力量"的人。习近平总书记也强调："办好思想政治理论课关键在教师，关键在发挥教师的积极性、主动性、创造性。"[②] 在一定程度上可以说，这"三性"决定着课程的教学面貌与作用发挥的大小、决定着课程改革的创新程度与课程思想理论武装的实现程度。因此，建设一支乐为、敢为、能为的思想政治理论课教师队伍，成为当下高校思想政治理论课内涵式发展"链条"中的关键环节，是课程发展的"引擎动力"。同时，教师动力与学生动力是有机统一的，思政课教师要主动地了解和满足学生成长成才的需求与期待，教师动力的发挥包含激发大学生课程理论学习的兴趣与热情，增加

---

① 《马克思恩格斯文集》第 1 卷，人民出版社，2009，第 320 页。
② 《习近平谈治国理政》第 3 卷，外文出版社，2020，第 330 页。

大学生对课程的好奇度、求知欲和学习动力，推进主动学习。在师生的教学互进中，不断地满足学生成长的精神需要，解答人生发展的各种困惑，将思想教育做到学生的心坎里去，为学生心灵埋下真善美的种子，扣好理想信念的第一粒扣子。总之，思政课教师教育教学的积极性、主动性、创造性与学生的主动学习是课程的内生动力的关键与核心，高校思想政治理论课内涵式发展应是师生教学的良性互动和精神的共同成长。只有在教学互动、教学相长中，才能进一步提升马克思主义理论教育的实效，推进高校思想政治理论课持续而健康的发展。

从第二个方面的动力来看，要做好课程体系建设的发展规划，从整体上提升课程要素的发展动力，推进课程要素的协调配合与均衡发展。《普通高校思想政治理论课建设体系创新计划》（教社科〔2015〕2号，以下简称《创新计划》）指出，要从七个方面要素着手以推进课程体系的整体建设与创新发展，具体包括：一是建设思想性、科学性和可读性统一的立体化教材体系；二是建设专兼结合、结构合理的人才体系；三是建设理念科学、形式多样、管理有效的课堂教学体系；四是建设与课堂教学相互促进的第二课堂教学体系；五是建设以马克思主义理论学科为引领、相关学科为补充的学科支撑体系；六是建设导向明确、系统完善的综合评价体系；七是建设包括马克思主义学院建设在内的、有利于形成工作合力的条件保障体系。《创新计划》不仅将课程各个要素的发展推上新的台阶，而且从全局着眼，协调了人与物两方面要素的发展，重在增进要素间的发展配合力和互相支撑力，有利于从总体上提升课程发展的内生动力。高校思想政治理论课内涵式发展须落实课程建设体系创新计划，切实推进高校思想政治理论课的创新发展。推进课程体系内部革新是高校思想政治理论课内涵式发展的动力源泉，高校思想政治理论课只有在改革创新中，才能与时俱进地发挥出课程应有的作用与功能，并发挥对其他育人环节的引领作用，因此要统筹七大要素的协调发展，并深入地推进高校思想政治理论课在发展理念、教育内容，以及教学技术、方法、途径、手段和体制机制等方面的集成创新。从一定意义上说，高校思想政治理论课内涵式发展就是课程在新时代的综合性改革与创新发展。

第四，协调外部力量形成课程建设合力。一方面，外部力量相对于系统内部要素而言，主要包括党和国家领导力量、社会环境力量和高校建设力量三个维度，外部环境与力量为高校思想政治理论课发展建设提供必不可少的条件支撑。从党和国家角度看，主要是从顶层设计的维度为课程建设提供必不可少的发展政策、指导意见、改革规划、纲领文件等制度方面的保障与支撑；从社会角度看，社会大环境为课程建设提供必然依赖的经济政治文化基础和舆论氛围等方面的现实保障；从高校角度看，高校丰富的育人资源为课程建设提供文化、平台、机构、途径和人力等资源条件的保障。另一方面，从高校思想政治理论课内涵的维度看，其作为大学生思想政治教育的"主渠道"、社会主义意识形态的"前沿阵地"、落实立德树人根本任务的关键课程、党的高校思想政治工作的"中心环节"的发展定位，体现出高校思想政治理论课与外部环境之间千丝万缕的客观联系与相互作用关系，由此可进一步地断定，高校思想政治理论课绝不是"单曲独奏"和"单打独斗"，须打破课程建设的"孤岛效应"和思政课教师"孤军奋战"的局面，以形成同各类课程的"交响合奏"、同各个育人环节的教育合力。因此，高校思想政治理论课程建设，须同时代发展和外部环境"同频共振"、同党的发展政策步调一致，不断地争取外力支持，积极利用外力和外部资源是高校思想政治理论课内涵式发展的基本生存之道。

（三）基本特点

从总体上看，高校思想政治理论课内涵式发展是守正创新的统一、教书育人的统一、内外因的统一，同时也是学生成长成才与教师发展的有机统一，这是高校思想政治理论课内涵式发展的基本特点。

首先，高校思想政治理论课内涵式发展是守正创新的统一。一方面，守正是高校思想政治理论课内涵式发展的根本。高校思想政治理论课内涵式发展，必须深刻把握课程历经时代发展、实践考验而始终不变的精华之本，守正的具体内容包括对课程使命、职责、立场、态度和规律、内容的正确坚持，如坚守"立德树人的使命之正""服务党和国家事业的立场之正""思政课教师的人格之正""教学的规律之正"[①]。另一方面，创新是高校思想政治理论课内涵式发展的重要动力，包括理念创新、内容创新、方

---

① 冯秀军：《守正创新：让思政课"时时在线、永不掉线"》，《社会主义核心价值观研究》2019 年第 2 期。

法创新、体制创新、技术创新等各个方面。高校思想政治理论课内涵式发展是守正与创新的有机统一，在课程的建设和发展中，须以客观规律为指导，在保证课程性质不变、教育基本内容稳定的前提下，推进课程改革创新，目的是提升课程教育教学的质量与实效，培养担当民族复兴大任的时代新人，以推进落实立德树人的根本任务。

其次，高校思想政治理论课内涵式发展是教书育人的统一。高校思想政治理论课承担着培育大学生的重要职责，育人的总目标是提升大学生的思想道德素质，同时引导大学生以马克思主义的世界观与方法论为指导去学习先进的科学文化知识，促进大学生全面发展，将大学生培养成为担当民族复兴大任的时代新人，是教书育人的有机统一。同时，又要在高校思想政治理论课内涵式发展的大格局中，将思想价值引领贯穿于高等教育教学的全过程和各环节，坚持习近平新时代中国特色社会主义思想铸魂育人的主线，把实现民族复兴的理想和责任、社会主义核心价值观的要求、做人做事的基本道理融入各类课程教学之中，融入科研育人、实践育人、管理育人、服务于人、文化育人、组织育人等各环节，使各类课程与思政课同向同行，形成在思政课教书育人引领下、其他各环节协同育人的工作机制。思政课教师，作为高校思想政治理论课教书育人的主体，尤其要深刻领会和贯彻执行党的教育方针，坚持立德树人为己任，努力成为先进思想文化的传播者、党执政的坚定支持者，担负起学生健康成长的指导者和引路人的责任，坚持传道授业解惑相结合、坚持教书育人相统一。

再次，高校思想政治理论课内涵式发展是内外因的统一。高校思想政治理论课内涵式发展是以内因为主要动力的发展，但是并不排斥外因的积极作用。高校思想政治理论课是国家意识形态课程，从创建之初，就是依靠党和国家的外力扶持而建立起来的一套全国性统一要求的政治课程。在后续改革发展的各个时期，都离不开党的领导、国家政策扶持、社会环境与高校育人资源的支持，是内外因的有机统一。但是，高校思想政治理论课内涵式发展和外延式发展的区别在于，在内外因动力中，内因是主要动力，被赋予很大的发展权重和定位优先性，外力必须通过扶持和推动课程内部要素动力的方式来发挥作用。这点是教育的内涵式发展与外延式发展的最大不同。因此，对于课程内涵式发展而言，要不断地激发课程发展的内生动力，同时又要协调外部力量以形成育人的合力。

最后，高校思想政治理论课内涵式发展，是学生成长成才与教师发展的有机统一。教师和学生是高校思想政治理论课内涵式发展中最为关键的人为要素。一方面，大学生是高校思想政治理论课的教育接受主体，是教育过程的参与者、教育内容的习得者、思想政治素养提升的主体，高校思想政治理论课内涵式发展是推进课程立德树人的教育过程，须从学生实际出发，解决大学生的发展困惑，促进大学生成长成才。"大学生是我们的教学对象和教育对象，我们应该欢迎他们并适应他们的思想、心理特点和成才需求，为他们解疑释惑。"① 课程教育的目标，是努力培养大学生成为担当民族复兴大任的时代新人、德智体美劳全面发展的社会主义建设者和接班人。另一方面，思政课教师是高校思想政治理论课的教育实施主体和建设主体，是"使用实践力量的人"，建设一支乐为、敢为、能为的思政课教师队伍是高校思想政治理论课内涵式发展"链条"中的关键环节，思政课教师队伍是课程发展的"引擎动力"。因此，高校思想政治理论课内涵式发展须同时关注思政课教师的发展需求与不足，遵循"教育者本人一定是受教育的"② 规律，不断提升思政课教师队伍的综合素养，规范、支持、激励和引导思政课教师队伍发展，促进思政课教师的职业成长与身心健康，建设一支符合"六要"标准的新时代思政课教师队伍。综合而言，高校思想政治理论课内涵式发展是学生成长成才与教师发展的有机统一，既包括对大学生的成长成才引导，也包括对教师队伍的发展建设，是师生共同的成长过程。

四 高校思想政治理论课内涵式发展的战略意义

习近平总书记在"3·18"会议上提出"推动思政课建设内涵式发展"的科学论断，并指出，办好思想政治理论课，最根本的是要全面贯彻党的教育方针，解决好培养什么人、怎样培养人、为谁培养人这个根本问题。办好思想政治理论课，"事关意识形态工作大局，事关中国特色社会主义事业后继有人，事关实现中华民族伟大复兴的中国梦，必须始终摆在突出位

---

① 王永和：《围绕"认知、认可、认同"构建思想政治理论课课堂教学方法体系》，《思想理论教育导刊》2013 年第 10 期。
② 《马克思恩格斯选集》第 1 卷，人民出版社，2012，第 134 页。

置，持之以恒、常抓不懈"①"思政课建设只能加强、不能削弱"②。高校思想政治理论课内涵式发展，不论是对社会主义意识形态大局的稳固、"培养什么人、怎样培养人、为谁培养人"根本问题的解决，还是对课程本身的发展取向，都具有重要的现实意义。

（一）关乎社会主义意识形态大局的稳固

高校思想政治理论课内涵式发展，坚持以马克思主义理论为指导，并将之作为具体的教育内容而进行大力传播，致力于提升理论教育的针对性与实效性，有利于捍卫高校的主流意识形态阵地，并不断提升中国特色社会主义话语体系的解释力和传播力。

一方面，社会主义主流意识形态在新时代面临各种各样的风险和挑战，诸如马克思主义指导思想面临多样化社会思潮的挑战，社会主义核心价值观面临市场逐利性的挑战，传统教育引导方式面临网络新媒体的挑战，培养社会主义事业建设者和接班人面临敌对势力渗透争夺的挑战等。高校思想政治理论课内涵式发展坚持以马克思主义为指导，将马克思主义活学活用，集中性地针对大学生进行马克思主义的理论教育与思想武装。"理论创新决定了意识形态的活力，理论武装决定了意识形态工作的能力。"③ 在课程建设发展中，紧抓课堂教学的基础环节作为理论教育和思想武装的主渠道，在课堂上主动同错误思潮做斗争，通过横纵的比较，大力揭露意识形态偏见和历史短见，摒弃"外国的月亮比中国圆"的发展不自信，理直气壮地讲好、讲透中国特色社会主义的必然性、特殊性和科学性，帮助学生在比较中全面认识当代中国、客观看待外部世界，坚定中国特色社会主义"四个自信"，坚信社会主义"风景这边独好"。

另一方面，高校思想政治理论课是针对主流意识形态的理论发展、话语传播和思想传导而开设的。在意识形态领域诸多建设环节和渠道中，高校思想政治理论课的特殊性在于，通过稳定的科研与教学形式，集主流思想与理论的发展创新和教育传播于一身，针对专门的人群进行思想理论教

---

① 中央宣传部、教育部：《普通高校思想政治理论课建设体系创新计划》，2015 年 7 月 27 日。

② 中共中央办公厅、国务院办公厅：《关于深化新时代学校思想政治理论课改革创新的若干意见》，2019 年 8 月 14 日。

③ 侯惠勤：《意识形态的历史转型及其当代挑战》，《马克思主义研究》2013 年第 12 期。

育，继而波浪式扩展推广至社会其他公众范围，推进主流意识形态理论研究、思想传导、话语传播的有机统一，是彰显我国意识形态内涵与特色的重要途径。高校思想政治理论课主要是在思政课教师和大学生群体中开展，其目的是促成大学生的思想成熟、理性发展和集体的精神成长，坚定决心矢志不渝地听党话跟党走，并为日后能够立身工作岗位、胜任国家社会主义现代化建设打下坚实的思想基础。同时，高校大学生通过系统的理论学习与内化，将社会主义核心价值观等国家主流思想内容一代代、一层层地推及更为广泛的群体和社会成员，发挥对全社会思想发展的榜样引领作用，有效巩固国家主流意识形态的安全与稳定。而且，随着我国高校思政课建设格局的扩大和发展视野的拓展，该领域内的国际学术交流、人员访问、留学生教育愈加频繁，著作译介更加丰富，可在国际的思想文化交流中，进一步实现我国意识形态的话语表达与思想传播。

（二）关切"培养什么人、怎样培养人、为谁培养人"根本问题的解决

高校思想政治理论课内涵式发展坚持以立德树人为根本任务，始终围绕学生、关注学生、关心学生，关切着"培养人"的根本问题。"培养什么人、怎样培养人、为谁培养人"是教育的根本问题。从"培养什么人"的问题上看，高校思想政治理论课是要培养担当民族复兴大任的时代新人、德智体美劳全面发展的社会主义建设者和接班人；从"为谁培养人"的问题上看，高校思想政治理论课是为党育人、为国育才。在厘清两大问题的基础上，最重要的是落实到"怎样培养人"的实践策略上来。大学所培养的人才，必须具备较高的科学文化素质和思想道德素质，是"又红又专"的人。在"德智体美劳"的人才素质要求中，以"德"为首，这就决定高等教育要扎实推进立德树人的工作安排，扎扎实实地培养全面发展的时代新人，高校思想政治理论课的作用就至为关键。

高校思想政治理论课内涵式发展将重心聚焦到大学生的思想引导和塑造上来，关系着大学生的思想政治理论素养水平。学生在大学所接受的教育影响和熏陶，将会对其一生的发展产生至关重要的影响。此时储备的知识理论、思维方式和价值原则，决定着他日面对人生选择、职业发展、社会问题和国家大事时，将以怎样的态度、方法和行动去看待与解决，即决定着其将是一个"什么人"的问题。高校思想政治理论课是塑造思想塑造

灵魂塑造生命的课程，对大学生的世界观人生观价值观产生直接的作用和影响。思政课教师是先进思想文化的传播者、党执政的坚定支持者，是学生健康成长的指导者和引路人，在课程教育中潜在地为学生心灵埋下真善美的种子、扣好人生理想的第一粒扣子，通过课程的思想引导、价值教育、情感熏陶和行为指导，引导大学生立志成才、服务社会、报效祖国，争做社会主义的建设者和接班人，勇做时代的奋斗者和追梦人。

（三）关系高校思想政治理论课发展建设的方向

在高校思想政治理论课发展历程中，始终贯穿内涵式发展与外延式发展两条线索，且二者交错掺杂，"你中有我、我中有你"，共同推动高校思想政治理论课的发展与建设。依据经济社会发展的经验，外延规模的增长须以效率和质量的提高为目的，课程外延的扩张要以对内涵的发展与提升为目的。在以外延式特征为主的发展阶段，课程发展主要体现为总体数量与规模的积累与扩张，如马克思主义学院等教学与科研机构的组建扩建、课程门数的合并与增加、教育内容与知识面的扩展、师生人数的绝对增长、课堂教学的时空延伸等，即在总的方面体现为要素规模与数量的绝对增长。当发展积累到一定阶段后，若无限制地扩展规模与体量，则未必与质量的提升构成正相关，乃至过犹而不及，可能产生适得其反的效果，导致资源浪费、人员冗余，甚至事倍功半。尤其在新时代，我国社会生产力水平与物质条件大幅提高，高校思想政治理论课外延的扩张更加易得，则非常有必要将规模增长限制在合适的范围，有效地协调好与质量实效的关系。高校思想政治理论课内涵式发展，即强调质量发展与规模扩展的有机统一，有利于推进高校思想政治理论课质量化与节约化发展。

从现实发展来看，在国家高度重视和大力推进课程发展建设的背景下，高校思想政治理论课涌现出实际建设中的各类问题，如向国家"伸手要钱"的依赖型建设、沉浸于开会部署的"口号式"建设、"形式大于内涵"的表面建设、以一次讲课比赛"论英雄"的攀比型建设等。虽然这只是个别院校在不同程度上表现出的一些问题，但是值得我们去研究和反思。因此，高校思想政治理论课建设必须要协调好课程建设的内外因关系、形式与内容关系、短期目标与长期目标的关系。高校思想政治理论课内涵式发展，即立足课程本身，围绕课程建设与发展中的现实问题，坚持以内因动力为主、外因动力为辅，坚持形式改革服务于理论教育的需要，并紧紧抓住主要矛盾的主要方面——大力调动思政课教师的积极性、主动性、创造性，有利于推进高校思想政治理论课建设的针对性与发展的可持续性。

总之，高校思想政治理论课内涵式发展，坚持质量与规模的协调发展，并将发展的重心转移到课程内生动力上来，同时统筹利用内外部资源，强调协调内外部力量以形成课程建设合力，在推进课程质量化与可持续发展方面具有明显的优势，代表着新时代课程发展建设的新方向。

第二章　新中国成立以来高校思想政治理论课建设的历史沿革

高校思想政治理论课的建设历史，就是高校思想政治理论课内涵与外延既相矛盾又相统一的辩证发展史。在70多年的建设与发展历程中，高校思想政治理论课既不断获取党和国家的外力扶持，又不断增强自我的发展能力；既不断地积累壮大课程系统要素的数量与规模，又日益增强系统内部各要素的活力与动力；既走向与其他课程同向同行的"大思政"化模式，又不断提升着课程自身的发展引领力。梳理高校思想政治理论课的发展史，既需立足宏观的思维视野，又要聚焦到课程自身的基础要素及课程内涵发展上来。

依据党和国家在各个时期颁布的课程指示与方案，总体上可将高校思想政治理论课建设的历史划分为五大阶段。五大体系或方案更迭的总体历程，反映出课程在改革创新中不断增强内生动力、提高课程质量的发展诉求。相较而言，前两次"体系"主要出自教育部对课程及其改革做出的"指示"和"意见"，由于受内外因条件的限制，未能做到全国完全统一地普及实施，而且教育内容与形式极不稳定，仅大体地形成了若干门课程组合而成的课程群"体系"；后三次"方案"是由中共中央、中央宣传部、教育部以正式"通知"方式发起的课程改革，经历了从调研到方案具体的制定、部署、执行，以及总结、反馈与新方案的改进实施等一系列流程，方案发展日益规范成熟、执行力度明显增强，并显现出方案连续升级的继承性和发展性。

一　"52体系"阶段

"52体系"是高校思想政治理论课在全国推行的第一套课程方案。在建立新政权并扫除旧政权遗留的历史背景下，高校思想政治理论课程建设亦在一定程度上承担着思想文化"破旧立新"的任务。在扫除"封建的、买办的、法西斯主义"教育思想的过程中，高校思想政治理论课坚持"为人民服务"，通过课程讲授以提高大学生的马列主义水平，为国家培养合格的建设人才。在"破"与"立"的形势中，高校思想政治理论课应势而建，承担着从根本上改变高等学校"反动性质"[①]的任务，并采取向苏联学习的方式，构建起课程发展的雏形。

（一）"52体系"的课程雏形

新中国成立伊始，在没有学科和专业支撑的前提下，高校的思想政治理论课率先在华北地区进行实验探索继而在全国开设，这得力于党和国家对课程建设的大力扶持，以及我党在革命时期形成的课程传统和办课的有利经验。中国共产党成立初期，就曾在有限范围开讲和开办过马列主义理论课程，如李大钊于20世纪20年代在北大讲授"唯物史观"和"工人的国际运动"、瞿秋白于上海大学讲授"社会科学概论""新经济政策之意义"，以及延安时期，在当时的中国人民抗日军政大学、陕北公学和鲁迅艺术学院等"高等学校"开设的与马列主义理论相关的课程，这些课程都非常有效地发挥了用革命理论"武装青年""武装干部"作用。新中国的政治课程，逐步具备了在全国推行的基础和条件，由对新民主主义革命理论的教育武装转变为对新民主主义政权建设思想和社会主义改造思想的理论武装，并与各类政治运动紧密联系且相互配合，课程体系逐现雏形，并在探索中推进完善。

1949年10月8日，由华北人民政府高等教育委员会通过的《华北专科以上学校一九四九年度公共必修课过渡时期实施暂行办法》，确立了包括"辩证唯物论与历史唯物论（包括社会发展史）""新民主主义论（包括近代中国革命运动史）""政治经济学"在内的公共必修课的课程体系，并首先在华北地区各大专院校的文、法学院开设。1950年6月，全国高等教育会议通过的《关于实施高等学校课程改革的决定》指出，废除政治上的反动课程、开设新民主主义的革命政治课程。1951年9月，教育部进一步指出"政治课"名称应予取消，具体以"辩证唯物论与历史唯物论"（取代原先的"社会发展史"）、"新民主主义论"、"政治经济学"[②]三门课目的名

---

① 谈松华、陈芙泉：《大学思想政治教育简史》，上海交通大学出版社，1989，第70页。

② 段忠桥：《建国以来普通高校马克思主义理论课和思想品德课课程设置及教学内容历史沿革资料汇编（上编）》，高等教育出版社，2004，第4页。

称替代，该指示孕育了课程教学体系的雏形。

1952 年 10 月 7 日，教育部发出的《关于全国高等学校马克思列宁主义、毛泽东思想课程的指示》（以下简称《指示》）标志着"52 体系"的确立，它是总结新中国成立前三年已有工作经验基础上形成的具体方案，是第一份全国性的课程指导文件。此时，政治课通过对不同院校分门别类的课程要求而在全国推行，并日益建设成为一套具有思想性、教育性的制度化课程体系。如《指示》提出要在全国的综合性大学及财经艺术等学院普遍开设"新民主主义论""政治经济学""辩证唯物论和历史唯物论"（见表 2-1），对于其他的专科院校则可依据学校的具体情况择一、两门开设，不做统一要求。同时提出，可在有条件的高校搞试点，设立专门性政治工作机构——"政治辅导处"，以指导马克思列宁主义理论课的教学，指导并服务于课程建设。总体而言，党和国家从课程方案与具体内容设置、工作机构确立、教学研究指导组设立等方面对高校思想政治理论课进行了总体规划。

表 2-1　高校思想政治理论课的课程体系与方案①

课程设置情况						
项目		课目 1	课目 2	课目 3	课目 4	课目 5	备注
52 体系	专科生	新民主主义论	政治经济学	—	—	—	课目 2 三年制开设
	本科生	同上	同上	辩证唯物论与历史唯物论	—	—	课目 1 次年改为"中国革命史"，包括上述专科生
	研究生	学习内容：辩证唯物主义和历史唯物主义					1955 年《中国科学院研究生暂行条例》规定

---

① 主要依据教育部办公厅关于印发《深化新时代学校思想政治理论课改革创新先行试点工作方案》的通知（教社科厅函〔2020〕2 号），中共中央办公厅、国务院办公厅印发《关于深化新时代学校思想政治理论课改革创新的若干意见》，《新时代高校思想政治理论课教学工作基本要求》（教社科〔2018〕2 号）和《加强和改进大学生思想政治教育重要文献选编（1978—2014）》《普通高校思想政治教育课程文献选编（1949—2003）》等资料整理。

课程设置情况						
项目	课目1	课目2	课目3	课目4	课目5	备注
61体系 · 专科生	—	—	—	马克思列宁主义概论	—	课目1在二年制学校开设
61体系 · 本科生	中共党史	政治经济学	哲学	马克思列宁主义基础	—	非文科专业及院校只开设课目1和课目4
61体系 · 研究生	马克思列宁主义理论	思想政治教育报告	—	—	—	1963年《试行"关于高等学校研究生政治理论课的规定"(草案)的通知》规定
85方案 · 专科生	中国革命史(三年制)	中国社会主义建设(三年制)	—	—	—	两年制大专开设"中国革命和建设的基本问题"
85方案 · 本科生	同上	同上	马克思主义原理	世界政治经济与国际关系	法律基础	①课目4文科开设 ②大学生思想修养、人生哲理、职业道德学校自主开设
85方案 · 硕士研究生	科学社会主义的理论与实践	马克思主义经典著作选读	自然辩证法概论	—	—	①课目2为文科开设 ②课目3为理工农医科开设 ③称作研究生"87方案"
85方案 · 博士研究生	马克思主义与当代社会思潮	现代科学技术革命与马克思主义	—	—	—	①课目1为文科开设 ②课目2为理工农医科开设
98方案 · 专科生	马克思主义哲学原理	—	毛泽东思想概论(三年制)	邓小平理论概论	—	①同时开设"思想道德修养""法律基础" ②课目4于2003年调整为"邓小平理论和'三个代表重要思想'概论"
98方案 · 本科生	同上	马克思主义政治经济学原理	同上	同上	当代世界经济与政治	①同上1 ②课目5文科开设
98方案 · 硕士研究生	科学社会主义的理论与实践	马克思主义经典著作选读	自然辩证法概论	—	—	①课目2文科开设 ②课目3理工类开设
98方案 · 博士研究生	马克思主义与当代社会思潮	现代科学技术革命与马克思主义	—	—	—	①课目1文科开设 ②课目2理工类开设

课程设置情况						
项目		课目 1	课目 2	课目 3	课目 4	课目 5	备注

		课目 1	课目 2	课目 3	课目 4	课目 5	备注
05 方案	专科生	—	毛泽东思想、邓小平理论和"三个代表重要思想"概论	—	思想道德修养与法律基础	—	课目 2 于 2008 年调整为"毛泽东思想和中国特色社会主义理论体系概论"
	本科生	马克思主义基本原理	同上	中国近现代史纲要	同上	当代世界经济与政治	①同上 ②课目 5 为选修
	硕士研究生	中国特色社会主义理论与实践研究	自然辩证法概论	马克思主义与社会科学方法论	—	—	①从课目 2、3 中择一选修 ②称作研究生"10 方案"
	博士研究生	中国马克思主义与当代	马克思主义经典著作选读	—	—	—	课目 2 为公共选修课
	新时代新变化	①设置"马克思主义基本原理概论"替代"05 方案"的"马克思主义基本原理"、设置"马克思恩格斯列宁经典著作选读"替代"05 方案"的"马克思主义经典著作选读"。 ②从本科生思想政治理论课学分中划出 2 个学分、专科生思想政治理论课学分中划出 1 个学分，用以开展思想政治理论课实践教学。 ③2019 年，全国重点马克思主义学院率先全面开设"习近平新时代中国特色社会主义思想概论"课。各高校要重点围绕习近平新时代中国特色社会主义思想、党史、国史、改革开放史、社会主义发展史，宪法法律，中华优秀传统文化等设定课程模块，开设系列选择性必修课程。形成必修课加选修课的课程体系。 ④2020 年，"习近平新时代中国特色社会主义思想概论"课在试点地方全面启动、试点学校全面开课。 ⑤2021 年秋季入学的新生开始推行《新时代学校思想政治理论课改革创新实施方案》（见表 1-1）。					

补充：①"61 体系"还开设了"形势和任务"，从 1987 年开始则统一设置为"形势与政策"；
②在我国民族院校及民族地区高校开设"民族理论与民族政策"课。

（二）"52 体系"的课程发展

从高校思想政治理论课自身发展的维度看，尽可能地在全国范围内推进马列主义理论课的开设，并且课程模式以苏联为榜样，课程方案随着教育形势的整体发展而有所调整。课程建设的具体内容主要包括如下四个方面。

一是在全国高校范围内推进课程建设。社会主义改造时期的课程建设全面学习苏联的经验，将马列主义教育当作一切专业教育的基础，依据大学门类而设置具体课程，课程建设几乎覆盖了全部的高等学校。此时，也重视对研究生的马克思列宁主义的理论学习与教育，"从我国的研究生培养工作一开始，就被纳入了正常的轨道。"[①] 1955 年 8 月 5 日，由国务院批准的《中国科学院研究生暂行条例》指出，研究生的马克思列宁主义理论学习由中科院统一领导，为公共必修课，学习的主要内容是"辩证唯物主义和历史唯物主义"。这意味着，研究生培养工作从一开始就高度重视对研究生进行马列主义理论教育，但此时关于研究生的课程方案还不成熟，研究生的思想政治理论课程建设进程明显晚于本、专科生。

二是关于课程设置的更新与调整。1953 年 6 月 17 日，由中央人民政府高等教育部颁布的《关于改"新民主主义论"为"中国革命史"及"中国革命史"的教学目的和重点的通知》（〔53〕政生杨字第七一号），提出将高等学校一年级开设的"新民主主义论"一律改为"中国革命史"[②]。1956 年 9 月 9 日，《中华人民共和国高等教育部关于高等学校政治理论课程的规定（试行方案）》（〔56〕政载字第 298 号），又将课程方案增订为四门，分别是：马列主义基础、中国革命史、政治经济学、辩证唯物主义与历史唯物主义[③]。依据形势发展与教育规律要求适时地进行课程方案内容的调整，这也发展成为日后课程建设的一般做法。

三是关于课程建设的丰富内容。在教学的方式方法层面，主要采用讲授与课堂讨论相结合的方法，并配合学生自学和集体讨论的方式，如"理论学习还在可能的情形下，酌量配合实际行动（不宜太多），如参加劳动生产、群众斗争及社会活动等"[④]，以及阅读文献文件的方式；在课程考核方面采取多种方式，理论知识学习以考试的办法来进行，而关于日常思想和

---

① 石云霞：《高校思想政治理论课程建设史研究》，武汉大学出版社，2006，第 15 页。
② 全国普通高校"两课"教育教学调研工作领导小组：《普通高校思想政治教育课程文献选编（1949—2003）》，中国人民大学出版社，2003，第 16 页。
③ 全国普通高校"两课"教育教学调研工作领导小组：《普通高校思想政治教育课程文献选编（1949—2003）》，中国人民大学出版社，2003，第 27 页。
④ 全国普通高校"两课"教育教学调研工作领导小组：《普通高校思想政治教育课程文献选编（1949—2003）》，中国人民大学出版社，2003，第 8 页。

作风方面的考核，则由政治工作组织、党团组织和全体教师在平常施加教育影响的过程中进行动态的考察和评定；在教师发展提升与教学建设方面亦采取多种途径，包括开展教学讨论会、暑期讲习班、教学经验交流会、编译教学大纲和印发讲稿及参考资料等；在教学机构与组织建设方面，成立了各门课程的"教学研究指导组"（由原政治课"教学委员会"改编），并与各级党委组织、人事、保卫等政工部门和辅导员队伍共同为教学提供组织上的支持和保障。

四是关于课程内涵与特色。从课程内涵的建设方面看，一是确立了课程的重要政治定位，将马列主义政治课定位为"是一件关系到我国改造旧大学，建设社会主义性质的新大学的大事"①，并围绕着课程定位而设立人才培养目标，是培养"具有马克思主义世界观、全心全意忠实于祖国和人民事业""具有一定马克思列宁主义水平""有一定的政治质量和文化程度"②的大学生。二是将马列主义政治课放置于高等教育课程改革与建设的中心环节，这既是基于国家整体建设发展的现实需要，又合乎思想文化阵地建设的规律要求，顺应新中国大学生思想改造的任务要求，在思想政治理论课其后发展的各个阶段都得以贯彻实施，并在持续推进中不断加强。

此外，与后续其他各个阶段的课程发展相比，"52体系"的一大特点是课程体系建设以苏联为榜样。在借鉴苏联模式的过程中，由于对经验和做法的内化尚需一段较长的时间，因而显现出内化程度不高、课程中国特色内涵彰显不足的发展局限。此时的马列主义理论课，无论是从课程内容、教材建设、教学办法，还是课程制度等各个方面都仿照苏联，还邀请苏联专家来华指导授课。以教材建设为例，最初是"自编讲授提纲、参考资料"，同时开始对苏联教材进行翻译、引介，或选择"采用苏联教学大纲、教科书"③。翻译和出版苏联讲义、教学大纲、教科书成为此时课程教材建设的一大特色。在1956年，全国印制发行的《辩证唯物主义与历史唯物主义教学大纲（初稿）》《"马克思列宁主义基础"课程教学大纲（初稿）》都来自对苏联教学大纲的翻译，《政治经济学讲授提纲》也由苏联学者编

---

① 谈松华、陈芙泉：《大学思想政治教育简史》，上海交通大学出版社，1989，第70页。
② 谈松华、陈芙泉：《大学思想政治教育简史》，上海交通大学出版社，1989，第67~68页。
③ 李梁：《新中国成立以来高校思想政治理论课教材建设的探索历程和基本经验》，《思想理论教育导刊》2010年第1期。

写，斯大林的《辩证唯物主义和历史唯物主义》作为"社会发展史"的基本参考书，"马列主义基础"教材翻译的是《苏共（布）党史简明教程》。这充分说明，在新中国将苏联经验、道路和模式奉为圭臬的建设背景下，探索更加符合中国特点的高校思想政治理论课发展之路，任重而道远。

二 "61体系"阶段

1956年，中国步入崭新的社会主义发展阶段，在国内外形势变化中，开始逐步探索符合自身特点的发展道路。高校思想政治理论课顺势而为，开启了"中国化"及"去苏化"的课程体系建设。1961年，中华人民共和国教育部关于《改进高等学校共同政治理论课程教学的意见》的提出，标志着"61体系"的形成。

从20世纪50年代后期开始，高校思想政治理论课程建设反复多变，课程发展时断时续。这种波动不仅表现在正常的教学秩序、课堂规模等有形建设的方面，还表现在课程定位、理论内容、方式方法、育人目标导向等内在规定方面，使得刚刚建立起来的课程体系遭受巨大冲击，已有方案无法顺利开展。1957年12月10日，由中华人民共和国高等教育部颁布了《关于在全国高等学校开设社会主义教育课程的指示》，它针对包括研究生在内的全体学生提出，以开设"社会主义教育课程"代替原有的四门课程，具体的方式是"精读文件""充分讨论、辩论""反复争论""达到明辨是非的目的"[1]。

1961年中华人民共和国教育部颁布的《关于1961—1962学年度上学期高等学校共同政治理论课安排的几点意见》（〔61〕教政周字第129号）中，形成了《改进高等学校共同政治理论课程教学的意见》，意味着开启了新一轮的课程体系改革，"61体系"开始形成。该体系下的"共同政治理论课程"主要包括"马克思列宁主义基础理论""形势和任务"两大类课。

第一类课程力求实现课程的"中国化"建设。此时的"马克思列宁主义基础理论"课主要包括："中共党史""马克思列宁主义基础（主要学习毛泽东同志的政治学说）""政治经济学""哲学"（见表2-1）。在"去苏化"的过程中，重点包含有"中国化"教材的建设举措。由于不再使用苏

---

① 全国普通高校"两课"教育教学调研工作领导小组：《普通高校思想政治教育课程文献选编（1949—2003）》，中国人民大学出版社，2003，第31页。

联的教材，"没有教科书"便成为现实的难题。对此，我国思政课采取了"过渡的办法"，即在正式教程出版前，以毛主席著作作为基本教材，同时以原有教材中的部分理论内容作为教学参考。1964 年 10 月 11 日，中央宣传部、高教部党组、教育部临时党组通过的《关于改进高等学校、中等学校政治理论课的意见》（中发〔64〕650）指出"政治理论课必须以毛泽东思想为指针，把宣传毛泽东思想作为最根本的任务，把毛主席著作作为最基本的教材。"① 对于"中共党史"这样具有中国特点的课程，直接采用毛泽东的有关著作，或是学习刘少奇同志的"马克思列宁主义在中国的胜利""在庆祝中国共产党成立四十周年大会上的讲话"，以胡乔木同志的"中国共产党的三十年"作为教学提纲；"哲学"教材也直接选用毛泽东的《实践论》《矛盾论》等，加以原有的《辩证唯物主义和历史唯物主义》教科书中的某些章节作为参考和补充，同时加紧进行中国版教科书的建设。此时课程建设最大的特点是突出毛泽东思想的理论指导地位。

第二类"形势和任务"的讲座报告，丰富了课程体系内容。"61 体系"首次明确规定"形势和任务"课作为思想政治教育必修课，在各专业、各年级普遍开设，"主要是向学生做国内外形势及党的政策和共产主义道德品质教育的报告"，内容包括国内外形势、党和国家的任务、方针、政策等。除"作报告"外，还包括"阅读文件""座谈""讨论"等方式②，在后续改革的各个方案中，都将这些方式作为课程制度的重要内容固定了下来。而且，思想政治教育报告也是此时研究生政治理论课的一项基本内容。1963 年 8 月 9 日，由教育部下发的《试行"关于高等学校研究生政治理论课的规定"（草案）的通知（节录）》（〔63〕教二蒋政字第 1231 号）中指出，研究生的政治理论课包括：（1）马克思列宁主义理论；（2）思想政治教育报告③。其中，马克思列宁主义理论课程主要是通过阅读经典作家和毛泽东同志著作，以及当时国际共产主义运动中的重要文件的方式进行；思想政

---

① 全国普通高校"两课"教育教学调研工作领导小组：《普通高校思想政治教育课程文献选编（1949—2003）》，中国人民大学出版社，2003，第 51 页。

② 段忠桥：《建国以来普通高校马克思主义理论课和思想品德课课程设置及教学内容历史沿革资料汇编（上编）》，高等教育出版社，2004，第 18~19 页。

③ 全国普通高校"两课"教育教学调研工作领导小组：《普通高校思想政治教育课程文献选编（1949—2003）》，中国人民大学出版社，2003，第 48 页。

治教育报告原则上与本科生一起听课，讨论则要单独进行。在此基础上，我国的研究生政治理论课程逐步走向成熟。

三 "85 方案"阶段

1978 年党的十一届三中全会正式拉开了中国改革开放的序幕，中国的历史由此而发生了转折。高校思想政治理论课因时而进，在不断的尝试和探索过程中，形成新的课程方案，1985 年 8 月，中共中央颁布的《关于改革学校思想品德和政治理论课程教学的通知》（中发〔1985〕18 号），标志着开启了新一轮的课程改革部署。

（一）"85 方案"前的课程恢复

"文化大革命"结束后，经过一段时间的整顿，我国经济、社会各项工作开始转向正轨，"马列主义理论课"逐步恢复并开启了新的实验性改革探索之路。

首先，马列主义理论课渐已恢复。1977 年 10 月 12 日，国务院正式批转了教育部《关于 1977 年高等学校招生工作的意见》（国发〔1977〕112 号），并在年底开始恢复高校的招生工作，高校思想政治理论课建设也随之被提上日程。此时，由于长期受到"左"倾错误思想的影响，人们对马克思主义的认同度下降，对思想道德学习的热情不高，复又开展的思想政治理论课显现出"教材不适应、课程不稳定、领导不重视、教师不愿教、学生不愿学"等突出问题①。为此，教育部于 1978 年 7 月组织召开了由 31 所高校马列主义理论课教师参加的座谈会，会上指出马列主义理论课是社会主义高等学校区别于资本主义高等学校的重要标志之一，并将之视为学校思想政治教育的重要阵地，由此着重讨论了课程教材建设的问题，并编写了"辩证唯物主义与历史唯物主义""政治经济学""中国共产党党史""国际共产主义运动史"四门理论课的教学大纲（试行草案）。各高校开始积极推进教师队伍的重新组建扩建工作，课程建设的主要任务是结合揭批"四人帮"和思想政治道德领域拨乱反正的需求，进行正面的思想教育和引导。

其次，开启了课程的实验性改革探索之路。1980 年教育部、共青团中

---

① 谈松华、陈芙泉：《大学思想政治教育简史》，上海交通大学出版社，1989，第 221 页。

央关于《加强高等学校学生思想政治工作的意见》（〔80〕教政字004号、〔80〕中青联字第20号）中肯定了高校思想政治工作的整体业绩，并就马列主义理论课程建设方面特别强调，开设此类课程"是社会主义大学的特点之一"，任何"取消"或"削弱"的主张都是错误的，当前建设的重点是提高质量、恢复声誉①。以此文件为代表，加之教育部《关于印发〈改进和加强高等学校马列主义课的试行办法〉的通知》（〔80〕教政字010号），开启了改革开放新时期课程的实验性改革探索之路。同时，一些院校在此一时期还开设了共产主义思想品德课，如通过"中国近代史专题"讲座的形式进行爱国主义教育。在这些经验基础之上，1982年10月9日，《教育部关于在高等学校逐步开设共产主义思想品德课程的通知》（〔82〕教政字012号）指出，为了将学生培养成为有革命理想、讲革命道德、守革命纪律、有文化的又红又专的人才，有必要把共产主义思想品德课作为一门必修课，纳入教学计划。共产主义思想品德课程的开设，意味着我国开启了具备"两课"特征的课程建设里程。

（二）"85方案"的课程部署

从国家部署的层面看，高校思想政治理论课融合了"两课"课程新内涵，形成了"两课"教育新模式，强调并重视课程基本环节与关键要素的建设，促进研究生教育课程方案的发展成熟。

第一，融合"两课"课程新内涵，推进"两课"教育新模式。1985年8月1日，中共中央颁布了《关于改革学校思想品德和政治理论课程教学的通知》（中发〔1985〕18号），这是改革开放新时期中共中央颁布的第一份专门就思想政治理论课建设的指导文件，文件首次使用了"思想品德课"和"政治理论课"并列的新提法，并对课程教育进行了新的部署。从教育内容上看，主要进行以中国革命史为中心的历史教育、马克思主义基本理论教育、错误思潮的批判教育，尤为重要的是增加了对社会主义建设和改革的理论、政策和实际知识的教育，同时还就教学方式方法、教材建设、教师队伍发展各个方面进行了部署。指出教学改革方面要"先易后难，由

---

① 全国普通高校"两课"教育教学调研工作领导小组：《普通高校思想政治教育课程文献选编（1949—2003）》，中国人民大学出版社，2003，第81页。

局部到整体，经过扎扎实实的实验，逐步实行。"① 针对这些要求，1986 年 3 月 20 日，国家教育委员会又颁布了《关于在高等学校进一步贯彻〈中共中央关于改革学校思想品德和政治理论课程教学的通知〉的意见》（〔86〕教政字 005 号），设想从当年起，用 3~5 年的时间推进新课程改革。在《意见》的总要求中提出理论工作要"指导实践，支持改革"，尤其要将党的十一届三中全会以来党中央的一系列重要文件精神体现于新的教学方案之中。此时形成了新的课程方案（见表 2-1），意味着开启了新一轮的课程改革。

1987 年 10 月 20 日，《国家教育委员会关于高等学校思想教育课程建设的意见》（教政字〔87〕015 号）针对近些年许多高校开设的"形势政策教育课""思想品德课"，以及其他的各种选修课、专题讲座的经验做法，提出要把"建设向前推进一步，使之更加切实可行，教育效果更好。"② 为此，统一规范了五门课程，其中"形势与政策""法律基础"两门为必修课，"大学生思想修养""人生哲理""职业道德"三门可因校制宜有选择地开设（见表 2-1），标志着"两课"教育模式的初步形成。

第二，紧抓课程建设基本环节，大力开展课程关键要素建设。课程恢复和发展建设面临的形势非常复杂，迫切需要解决的问题千头万绪，因此，在发展建设中必须抓基础、抓重点、抓关键，在坐稳根基的基础上不断推进课程建设。一则，重视课堂教学的稳定性与实效性，坚持课堂教学的基本形式不动摇。"文化大革命"期间，正常的教学秩序被破坏，课程发展受到重大挫折。因此，在课程恢复中就特别强调，马列主义课"是必修课程，不能选修和免修"，而且"课堂讲授是马列主义课教学的主要环节和基本形式"③，不应被轻易否定，教师应努力提高讲授水平，学生须明确课程的目的和要求，专心听讲，遵守课堂纪律，维护教学秩序，学校应为教师创造条件，积极推进教学效果的改善。二则，强调教师队伍的基本职责，重视教师关键性作用的发挥。此时，对马列主义教师职责与作用的认识日渐清

---

① 教育部思想政治工作司组编《加强和改进大学生思想政治教育重要文献选编（1978—2014）》，知识产权出版社，2015，第 39 页。

② 教育部思想政治工作司组编《加强和改进大学生思想政治教育重要文献选编（1978—2014）》，知识产权出版社，2015，第 87 页。

③ 教育部思想政治工作司组编《加强和改进大学生思想政治教育重要文献选编（1978—2014）》，知识产权出版社，2015，第 9 页。

晰，在发展部署中指出"马列主义教师的主要职责，是从事教学和科研"①，并要求充分调动高校马列主义课教师的积极性，大力补充师资队伍；关于教师的作用方面，则指明"改革政治理论课教学，关键在于教师"②，凸显了教师队伍在推进教学建设中的关键性地位与作用，由此而强调要切实加强政治理论课教师队伍的培训与发展建设。三则，将教材作为课程教学的中心环节，着手准备全国性统一教材的编写工作。在"85 方案"部署中，中央决定成立全国马克思主义理论课教材编审委员会，统筹规划课程设置、教材编辑及审定、教学参考资料的研究工作，并提出，"编写出几套适应社会主义现代化建设需要的、具有较高水平的新教材，是改革马克思主义思想理论课教学的中心环节。"③ 由此，将教材建设作为一项重要的基础性工作来抓。

第三，对研究生思想政治理论课程建设的系统性部署。随着研究生招生制度的恢复，研究生的思想政治教育被提上了新的议程，课程方案日渐成熟。1982 年春，我国改革开放以来的第一届研究生入学，并按照高校普通教师对待。1984 年以后国家开始为研究生配备辅导员，并提出将马列主义理论课作为研究生的必修课。1987 年 6 月 15 日，《国家教育委员会关于高等学校研究生马克思主义理论课（公共课）教学的若干规定》（教政字〔87〕007 号）明确规定，研究生的马克思主义理论课是"硕士、博士研究生必修的学位课程之一"④。课程设置为：硕士研究生要共同开设"科学社会主义的理论与实践"，文科各专业要开设"马克思主义经典著作选读"，理工农医科各专业要开设"自然辩证法概论"；文科各专业的博士研究生要开设"马克思主义与当代社会思潮"，理工农医科各专业的博士研究生要开设"现代科学技术革命与马克思主义"（见表 2-1）。在教学方法上，强调要贯彻理论联系实际的方针，专题讲授要采用启发式、研究式教学法，避免简单灌输抽象理论或单纯注释。同时还指出要参加思想政治教育报告的

① 教育部思想政治工作司组编《加强和改进大学生思想政治教育重要文献选编（1978—2014）》，知识产权出版社，2015，第 10 页。

② 教育部思想政治工作司组编《加强和改进大学生思想政治教育重要文献选编（1978—2014）》，知识产权出版社，2015，第 45 页。

③ 教育部思想政治工作司组编《加强和改进大学生思想政治教育重要文献选编（1978—2014）》，知识产权出版社，2015，第 39 页。

④ 全国普通高校"两课"教育教学调研工作领导小组：《普通高校思想政治教育课程文献选编（1949—2003）》，中国人民大学出版社，2003，第 48 页。

学习和讨论，并提倡把研究生的理论教学同参加社会调查、社会实践活动结合起来。"至此，我国高校思政课实现了由本科到硕士、博士的全程覆盖，构建了系统性、多层次、全覆盖的思政课程体系。"① 研究生教育的思想政治理论课发展日渐成熟。

（三）"85 方案"的课程发展

在改革开放新时期，党和国家高度重视学校德育工作，"两课"被确定为德育的重要途径，"必须站在历史的高度，以战略的眼光来认识新时期学校德育工作的重要性。"② 由此，"两课"建设不断发展向前，迎来了自身发展的新局面，同时亦需面对自身发展中的重大问题与难题。

一方面，课程体系内容扩增，课程规模扩大。为适应改革开放新时期的发展，课程方案在摸索中进行了相应的调整，尤其凸显了以中国革命、建设和改革为发展线索的理论与实践教育。从教育内容来看，较之先前的内容体系，该方案最大的变化是增加了"中国社会主义建设"课程，中国特色愈加鲜明。另外，新添了思想品德课方面的教育内容，形成了"两课"教学内容体系。发展到 90 年代，课程在文科专业增开了"世界政治经济与国际关系"课程，合并"大学生思想修养"和"人生哲理"两门课程为"思想道德修养"课。至此，在"两课"模式下，马克思主义理论课包括有"马克思主义基本原理课程、中国特色社会主义建设课程、中国革命史论课程"，思想品德课包括有"思想道德修养课程、法律基础课程和形势与政策课程"，文科专业还开设了"世界政治经济与国际关系"课程③，课程体系的规模空前增长。

另一方面，课程建设中的新老问题并存，面临发展的各种困难。历史遗留的老问题包括："教师队伍老化、理论水平有待提高、知识结构不适

---

① 骆郁廷、秦玉娟：《新中国 70 年高校思想政治理论课建设的回顾与展望》，《思想理论教育导刊》2019 年第 11 期。
② 教育部思想政治工作司组编《加强和改进大学生思想政治教育重要文献选编（1978—2014）》，知识产权出版社，2015，第 144 页。
③ 教育部思想政治工作司组编《加强和改进大学生思想政治教育重要文献选编（1978—2014）》，知识产权出版社，2015，第 157 页。

应、后继乏人"① 的师资队伍方面的问题、部分课程如"马克思主义原理"与"中国社会主义建设"落实不到位或没有贯彻教学总要求的问题；涌现出的发展新问题有：对马克思主义与时俱进新成果——邓小平理论讲授不够，在国家"五天制"工作模式下学时过于稠密、课程内容讲授任务繁重等。同时，课程建设面临各种困难，一方面要补齐"文革时期"严重受挫而贻误发展时机的旧账，另一方面面临新时期的严峻形势，如受资产阶级自由化思潮冲击而导致我国意识形态领域的思想不稳定，在"学潮""风波"冲击下，高校内部的思想阵地也颇不稳定，严重地干扰到了课程的正常教学，教育内容遭受很大的质疑。总之，"十年来我们的最大失误是在教育方面，对青年的政治思想教育抓得不够，教育发展不够。"② 这就表明，还需继续深化和推进课程改革与发展。

四　"98 方案"阶段

20 世纪 90 年代以来，中国特色社会主义建设取得巨大进步，既为"两课"发展创造了良好的环境和条件，又对其提出了新的发展要求，高校思想政治理论课顺势而为，推进了发展方案的新升级。1998 年的《〈关于普通高等学校"两课"课程设置的规定及其实施工作的意见〉的通知》（教社科〔1998〕6 号）的颁布，标志着"98 方案"开始形成。"98 方案"对课程体系、教学内容、教学方式等方面提出了新的要求与部署，奠定了课程 21 世纪发展的新局面。

（一）"98 方案"的课程部署

在继续推进的课程改革与发展探索中，形成了关于新方案的基本思路：一是在课程中增加关于邓小平同志建设有中国特色社会主义理论的教育内容，二是对"两课"的课目进行重新整合。1996 年 3 月 27～30 日，"全国高校'两课'管理工作座谈会"在广州召开，主要由全国 28 个省（自治区、直辖市）教委或高校工委主管马克思主义理论教育和思想品德教育工

---

① 教育部思想政治工作司组编《加强和改进大学生思想政治教育重要文献选编（1978—2014）》，知识产权出版社，2015，第 65 页。
② 《邓小平文选》第 3 卷，人民出版社，1993，第 287 页。

作的主任或书记等人员参加，目的是研讨在新形势下如何进一步推进"两课"改革的突破性进展，会上提出，在大政方针非常明确和"两课"建设已取得较大进展的前提下，要"努力争取'两课'改革迈出重大步伐"①，争取在 1997 年形成关于"两课"新的教改方案。会上形成的关于"两课"新方案的具体思路包括：坚持以邓小平同志建设有中国特色社会主义理论为中心内容、坚持"学马列要精，要管用"的方针，以及要从教与学的辩证统一中推进教改新方法，大力吸收现代化的教学手段，对课程名称和教学内容做统一规定与要求，精炼思想品德课的具体课目。1996 年 3 月，《关于落实"两课"教学改革〈若干意见〉几项重要工作的实施计划》又指出，要"争取尽快拿出在新形势下更有利于提高他们的思想道德素质和马克思主义理论水平的若干示范性教学方案。"这些部署为"98 方案"的制定提供了必要的思想准备。1997 年 12 月，教育部设立普通高校马克思主义理论和思想品德课教学指导委员会，以发挥对"两课"教学工作的研究、咨询、评价和指导作用，对新方案的制定和实施发挥了重要的促进作用。

"98 方案"在完善上述发展思路的部署中，还首次确立了"两课"的"主渠道"地位，是对高校思想政治理论课特殊作用和职能的充分肯定。1998 年 6 月，在贯彻党的十五大精神和进一步推进党的德育工作要求中，中央中宣部、教育部联合印发了《〈关于普通高等学校"两课"课程设置的规定及其实施工作的意见〉的通知》（教社科〔1998〕6 号），对本科和专科院校的课程进行了新的规划部署，形成了由 5 门课目构成的课程内容体系，以及对硕士、博士研究生的课程统一规定（见表 2-1）。同时，该方案还指出普通高等学校开设的"两课"是对大学生进行系统的思想政治教育的主渠道和主阵地，在培养他们成为社会主义事业的建设者和接班人方面具有重要作用。基于高校思想政治教育在此时已形成层次完善的学科专业体系，大学生思想政治教育迈向了科学化的一大步。"主渠道"地位的确立意味着思想政治理论课由此获得了学科的专业性学理支撑，继而从更大程度上获得外界对其科学性的评价与认可，也是对高校思想政治理论课作用和职能的充分肯定。

---

① 教育部思想政治工作司组编《加强和改进大学生思想政治教育重要文献选编（1978—2014）》，知识产权出版社，2015，第 160 页。

（二）“98 方案”的课程发展

进入 21 世纪，世情国情党情教情学情的新变化，既为高校思想政治理论课发展提供了新的环境和条件，亦提出新的挑战。高校思想政治理论课顺应新形势的发展变化而进行新的内容体系调整，同时又表现出课程建设成绩与问题并存的基本事实。

一则，增加“三个代表”重要思想内容，丰富了课程体系的理论内涵。2003 年 2 月 12 日，为了进一步地贯彻落实“三个代表”重要思想，在教育部《关于进一步深化“三个代表”重要思想“三进”工作的通知》中指出，要将“邓小平理论概论”课程调整为“邓小平理论和‘三个代表’重要思想概论”课程，并表示将组织编写《〈邓小平理论和“三个代表”重要思想概论〉教学基本要求》和《“三个代表”重要思想概论》的示范教材，同时在其他课程中全面渗透“三个代表”重要思想。至此，“三个代表”重要思想为“98 方案”注入新内容，是新时期课程设置与时俱进的具体表现，形成了课程内容围绕着马克思主义中国化最新理论成果而与时俱进的发展特点。

二则，课程建设的成绩与问题并存。比之“85 方案”时期，此时的“两课”方案更加规范，“两课”课目更加精炼，体现出课程的权威性、丰富性特点。“85 方案”在引导大学生坚定对马克思主义的信仰、对社会主义的信念，增强对改革开放和现代化建设的信心、对党和政府的信任等方面，发挥了重要的作用①，也取得了学科建设、教材建设、教师队伍建设等方面的重要成绩。但另一方面，发展中的问题依然很突出，如“学科基础薄弱”、课程内容“重复与衔接不当”、教材质量“参差不齐”、“教学方式方法单一”、教学的“针对性、实效性不强”、师资队伍的“数量不足、素质有待提高”等不同程度的发展性问题，以及建设中的“认识不足、重视不够、管理不到位”②的情况。这些问题逼进着课程建设的改革与新发展。

---

① 教育部思想政治工作司组编《加强和改进大学生思想政治教育重要文献选编（1978—2014）》，知识产权出版社，2015，第 293 页。

② 教育部思想政治工作司组编《加强和改进大学生思想政治教育重要文献选编（1978—2014）》，知识产权出版社，2015，第 293 页。

五 "05方案"阶段

如上所述，经历"98方案"的发展建设后，课程建设取得了一定的成绩，基础建设初见规模，但在贯彻落实立德树人根本任务、激发课程内生动力、提升大学生思想政治理论素养等方面，依然存在很大的发展空间。新时代，如何在继续跟进资源与外力的建设投入与保障中，实现课程发展的提质增效，同步协调好课程规模适度增长与质量大幅提升的正向关系，推进课程的内涵式发展，成为发展的紧迫问题。

(一) 党的十八大以前的课程建设

党的十六大以后，在国际国内形势发生深刻变化的背景下，中共中央国务院颁发了《关于进一步加强和改进大学生思想政治教育的意见》（中发〔2004〕16号），指出一些大学生不同程度地存在"政治信仰迷茫、理想信念模糊、价值取向扭曲、诚信意识淡薄、社会责任感缺乏、艰苦奋斗精神淡化、团结协作观念较差、心理素质欠佳"[①] 等方面的问题，而高校思想政治理论课作为大学生思想政治教育的主渠道，又表现出实效性不强的问题，为此提出要全面加强思想政治理论课建设，力争在几年内使课程教育教学状况明显改善。翌年发出的中共中央宣传部、教育部《关于进一步加强和改进高等学校思想政治理论课的意见》（教社政〔2005〕5号）和中共中央宣传部、教育部《〈关于进一步加强和改进高等学校思想政治理论课的意见〉实施方案》（教社政〔2005〕9号），标志着"05方案"的正式出台。总体上说，"05方案"既从理论上深化了课程内涵，又从实践层面推进了课程建设。

首先，在"主渠道"定位的基础上，进一步深化了对课程内涵的理论认识。中共中央、国务院《关于进一步加强和改进大学生思想政治教育的意见》（中发〔2004〕16号）指出："高等学校思想政治理论课是大学生思想政治教育的主渠道。思想政治理论课是大学生的必修课，是帮助大学生树立正确的世界观、人生观、价值观的重要途径，体现了社会主义大学的本质

---

① 教育部思想政治工作司组编《加强和改进大学生思想政治教育重要文献选编（1978—2014）》，知识产权出版社，2015，第294页。

要求。"① 作为体现社会主义大学本质要求的课程，表明了课程的意识形态属性，高校思想政治理论课承载着社会主义主流意识形态的理论内容，秉持着社会主义的根本立场和发展方向，以培养中国特色社会主义事业的建设者和接班人为人才目标，"主渠道"定位体现了高校思想政治理论课的基本内涵。

其次，"05 方案"取得了阶段性的重大成就。到党的十八大胜利召开和中国特色社会主义步入新时代前的阶段，"05 方案"稳步推进，课程的基础规模日益壮大，同时在教育内容整合、学科支撑、教材规范、队伍提升和组织保障力度等课程内涵建设方面，也取得了重大的进展。具体表现在以下几点。

一是课程规模精简、课程范围继续扩展，学科支撑作用凸显。此时，得益于马克思主义理论学科的学理指导和课程研究，课程的内容进一步整合，课程门数得以合并和精简（见表 2-1）。并且，"05 方案"明确指出民办高等学校、中外合作高等学校的课程设置也要按照规定执行，成人高等学校的课程设置则要参照方案的规定执行，由此进一步推动高校思想政治理论课程在全国范围的覆盖性建设。此外，还指出"学科建设是加强和改进思想政治理论课的基础"②，此时的"马克思主义理论"以一级学科的身份定位于"法学"门类下，并下辖五个二级学科，后又增设中国近现代史基本问题研究。随着学科发展的日渐壮大，在"用学科专业建设成果服务于思想政治理论课建设，不断提高教育教学的实效性，增强说服力、感染力和亲和力"③ 方面的作用日益凸显。

二是首次实现全国性教材的统一编写和使用，为课程教学提供更加科学权威的理论内容。2006 年，启动了马克思主义理论研究和建设工程（以下简称"马工程"）的教材建设项目，成立了由中宣部、教育部组织领导，多方面专家组成的教材编审委员会，集中全国的优质智库组织编写教材。并指明"任何部门单位和个人不得再自行组织编写、出版发行各种名义的

① 教育部思想政治工作司组编《加强和改进大学生思想政治教育重要文献选编（1978—2014）》，知识产权出版社，2015，第 266 页。

② 教育部思想政治工作司组编《加强和改进大学生思想政治教育重要文献选编（1978—2014）》，知识产权出版社，2015，第 266 页。

③ 教育部思想政治工作司组编《加强和改进大学生思想政治教育重要文献选编（1978—2014）》，知识产权出版社，2015，第 550 页。

高校思想政治理论课教材。"① 2008 年春学期开始，全国普通高校统一使用"马工程"的 2008 年修订版教材。至此，教材作为课程理论内涵的载体和依托，经历了"翻译教材"加"自编教材"，到改革开放以来"自编教材到编写供不同类型院校使用的教材，再到教育部推荐示范教材并评选优秀教材，再到由中央马克思主义理论研究和建设工程统编教材"② 的几个阶段，教材内容的科学性不断提升，教材配套资源日益丰富，但仍需在可读性、亲和力和吸引力等方面下功夫，以此展现课程丰富的思想理论内涵。

三是重点关注思政课教师队伍建设，不断强化思政课教师的主体身份。在教师队伍建设方面，要"着力提高教师的思想政治素质、专业水平和教学能力"③，按照专兼结合的原则，从质和量两个方面提升和扩充教师队伍。严把质量关，全面推行专任教师"准入制度"，合理核定专任教师编制，制定教师任职资格标准，完善激励和保障机制。灵活扩充兼任教师队伍，建立和完善培训体系，包括脱产进修、攻读学位、名师指导、社会考察、国内外学术交流等措施。2008 年 9 月 23 日，中共中央宣传部、教育部颁布的《关于进一步加强高等学校思想政治理论课教师队伍建设的意见》（教社科〔2008〕5 号），是新中国成立以来第一个专门针对思想政治理论课教师队伍建设的指导意见，形成了对思想政治理论课教师是"宣讲者""指导者""引路人"重要身份的定位，并从六个方面进行了相关的部署。

四是强化教学与科研机构建设，为课程发展提供稳固的保障。马克思主义学院既是思想政治理论课的教学部门，也是马克思主义理论研究机构和马克思主义理论学科的依托单位，为课程建设提供了稳固的基础和保障。在上述的教师队伍建设的《意见》中，同时提出，"各高等学校应当建立独立的、直属学校领导的思想政治理论课教学科研二级机构"④，由此，高校的马克思主义学院纷纷建立。此时陆续设立马院的高校有：吉林大学

① 教育部思想政治工作司组编《加强和改进大学生思想政治教育重要文献选编（1978—2014）》，知识产权出版社，2015，第 335 页。

② 陈占安：《改革开放以来高校思想政治理论课教材建设的回顾与展望》，《思想理论教育导刊》2018 年第 10 期。

③ 教育部思想政治工作司组编《加强和改进大学生思想政治教育重要文献选编（1978—2014）》，知识产权出版社，2015，第 298 页。

④ 教育部思想政治工作司组编《加强和改进大学生思想政治教育重要文献选编（1978—2014）》，知识产权出版社，2015，第 374 页。

（2005 年）、山东大学（2007 年）、清华大学（2008 年）、武汉大学（2011 年）、复旦大学（2014 年）、苏州大学（2011 年）等。

（二）党的十八大以来的课程新发展

党的十八大意味着中国特色社会主义发展进入了新时代。在继承已有的经验积累和格局基础上，依据国际国内形势的发展变化，高校思想政治理论课因势而谋、应势而动、顺势而为，在党和国家的大力领导和发展部署下，课程建设取得重大进展和成绩。

首先，从党和国家的领导和部署层面看，围绕着高校思想政治理论课建设召开了新的会议，部署了新计划新意见新工作，显现出党和国家对课程的高度重视和空前的支持与保障力度。主要表现为如下五点。第一，2015 年中央宣传部教育部印发了《普通高校思想政治理论课建设体系创新计划》（教社科〔2015〕2 号），明确了办好思想政治理论课"三个事关"的重要地位，强调从整体上推进课程体系建设，提出逐步构建包含教材体系、人才体系、课堂教学体系、第二课堂教学体系、学科支撑体系、综合评价体系、条件保障体系在内的思想政治理论课建设体系。第二，2016 年 12 月 7 日召开的全国高校思想政治工作会议，为新时代思政课程建设和发展厘清了方向与航道。依据会议精神，思政课程的改革创新要坚持"用好课堂教学主渠道"，及时更新教学内容，丰富教学手段，不断改善课堂教学状况，防止形式化、表面化，同时要推进各类课程与思想政治理论课同向同行，有效发挥思政课程在高校育人体系中的领航作用。此外，2018 年 8 月 21~22 日召开的全国宣传思想工作会议，同年召开的全国教育大会，以及 2019 年的"3·18"会议等，也分别从增强社会主义意识形态凝聚力和引领力、培养社会主义建设者和接班人教育目标、"关键课程"定位等方面，为新时代高校思想政治理论课程建设提供了深邃的思想启示。第三，2017 年 2 月 27 日，中共中央、国务院印发了《关于加强和改进新形势下高校思想政治工作的意见》（中发〔2016〕31 号），该《意见》突出强调加强和改进高校思想政治工作的"三个事关"的重要性①，并对高校思想政治工作进行了整体部署。第四，教育部于 2017 年部

---

① 中共中央、国务院：《关于加强和改进新形势下高校思想政治工作的意见》，2017 年 2 月 27 日。

署实施"高校思政课教学质量年"专项工作，旨在打赢一场提高高校思政课质量和水平的攻坚战。在专项计划的推进下，涌现出一批典型示范课程，如清华大学学生随时订制被"切碎"的慕课内容、上海交通大学"1+4"（即1个多元组合教学团队+多课堂教学）授课方式、复旦大学的"明星"思政课程等。第五，2019年8月14日，中共中央办公厅、国务院办公厅颁布的《关于深化新时代学校思想政治理论课改革创新的若干意见》，该《意见》在保持"05方案"课程设置基本不变的前提下，要求在全国重点马克思主义学院增开"习近平新时代中国特色社会主义思想概论"课（见表2-1），为推进新时代的课程改革创新提供了原则依循和政策指导。

总体而言，经历了前几次改革方案及其建设的经验积累，"05方案"不论是从顶层设计的完整性、适用性，还是具体实践操作中的可行性与实际效果方面，都取得了重大的成就。该方案下的课程建设愈加稳固，在服务经济社会发展方面发挥了应有的作用和功能，并为推动新时代课程建设与发展积累了重要的基础和条件。

其次，高校思想政治理论课立足发展的新方位、新征程与新起点，取得了建设的重大成就。主要表现为如下六点。第一，课程发展定位日益清晰，在课程已有的定位基础上形成了对"关键课程"的认知共识。例如，思想政治理论课"是全面贯彻党的教育方针、落实立德树人根本任务的主干渠道和核心课程"①"是落实立德树人根本任务的关键课程"②，且已在学界达成了该方面的理论共识。第二，重点马克思主义学院发挥对课程建设支撑和课程发展领航的作用。目前，在全国37所高校分批次建立的重点马克思主义学院，在领航全国马院发展与建设、带头推进高校思政课质量提升方面发挥着巨大的优势作用。第三，马克思主义理论学科建设及其课程支撑水平明显增强。当前，马克思主义理论一级学科下共包含有7个二级学科，马克思主义理论一级学科的博士点和硕士点各自达到80余家和近300家，其数量谓之可观，质量也在不断地提升。而且，随着马克思主义理论

---

① 教育部：《新时代高校思想政治理论课教学工作基本要求》（教社科〔2008〕2号），2018年4月12日。

② 《习近平谈治国理政》第3卷，外文出版社，2020，第329页。

学科体系的不断成熟，学科实力明显增强，在用学科专业建设成果服务课程建设方面发挥了重要作用。第四，"马工程"教材不断丰富和创新。目前，高校思想政治理论课普遍使用的是"马工程"2018 年版的必修课教材和选修课教学大纲，从整体上推进了教材建设水平的提高。第五，教学方法新颖多样、教学方法体系日渐形成。比较成熟的课堂教学模式有：专题教学、情景教学、研究式教学、案例教学、参与式教学、讨论式教学、经典阅读式教学等模式；网络教学法常见的模式有：多媒体课堂、智慧型课堂、"MOOC"、雨课堂、翻转课堂、网络 E 班、微课程、"SPOC"、混合式教学模式等；实践教学方法包括有：企业参观、实践教学基地考察、志愿服务、暑期实践、社会调查等。第六，不断推进思政课教师队伍的发展与提升。从人员数量和资质水平方面严格把控高校思政课教师队伍建设，如提出 1∶350 的师生比要求、实行不合格思政课教师退出机制等；思政课教师专业技术职务评聘制度日益精细化，不断推进队伍的整体素质和建设水平；提出"六个要"的思政课教师队伍素质新要求、"传播者""支持者"的身份要求，以及成为"优秀马克思主义理论教育家"的发展导向；推进思政课教师培训、交流与学习的各种有效途径与措施，包括周末大讲堂等网络培训活动、思政课教师集体备课活动、国内外学术交流与培训、全国社会实践基地研修、攻读学位、骨干教师培训等方面。

六　高校思想政治理论课建设的历史经验

新中国成立 70 多年来，高校思想政治理论课经历了从孕育创建，到坎坷曲折、创新发展的整体历程。在课程发展建设中，围绕着课程定位、教学任务、基本原则、发展动力和关键主体等基本问题，形成了科学的认识，集成了丰富的建设经验。

（一）国家的统一领导和部署是课程建设的历史前提

高校思想政治理论课始终坚持在党和国家的统一领导和部署下开展建设，国家的统一领导和部署是课程发展的历史前提。"52 体系"时期，在国家的统一领导下，于高等教育课程体系中确立了马克思主义理论课程的中心地位，以此为引领逐步地改造旧有教育面貌。"61 体系"时期，国家进一步加强对政治理论课的指导。1964 年 10 月 11 日，中宣部、高教部党组、教育部临时党组《关于改进高等学校、中等学校政治理论课的意见》指出，各级党委宣传（文教）部和高校党组织要从"抓方向、抓教学、抓队伍"三个方面加强对政治理论课的领导，以"抓好政治理论课工作"[1] 作为学校党委（支部）的主要任务之一。改革开放新时期，国家更加重视对思政课建设的指导，在党的带领下推动课程三次大的方案调整，使其建设更加专业、科学。如"05 方案"即是在中央"16 号"文件指导下，针对"思想政治理论课实效性不强"等问题而深入推进的课程教学改革，并推动建立以党委为核心、由党统一领导，党政群齐抓共管、有关部门各负其责、全社会大力支持的领导体制和工作机制，致力于形成全党全社会共同关心支持大学生思想政治教育的强大合力。

新时代，以习近平同志为核心的党中央高度重视思政课建设，从"三个事关"的国家大局出发进行课程定位。在学校思想政治理论课教师座谈会、全国教育大会、全国高校思想政治工作会议及全国宣传思想工作会等重大会议上，都直接或间接地就思政课建设做出了相关的规划和部署。习近平总书记指出，"办好中国的事情，关键在党。各级党委要把思想政治理论课建设摆上重要议程"，"学校党委要坚持把从严管理和科学治理结合起来。学校党委书记、校长要带头走进课堂，带头推动思政课建设，带头联系思政课教师。"[2] 总体而言，在 70 多年的发展历程中，得益于党对课程的集中领导和国家统一的高标准建设，使得高校思想政治理论课发展日益科学化、规范化和制度化。新时代，在党的领导下，不断推动课程建设的新发展，"一个全党全社会合力办好思想政治理论课、教师认真讲好思想政治理论课、学生积极学好思想政治理论课的良好氛围正在形成"[3]。

（二）以马克思主义理论为教育教学的主要内容

马克思主义是我们的指导思想，是党和国家事业发展的理论武器。在高校思想政治理论课 70 多年的发展历程中，始终贯穿的教育基本内容就是

---

① 全国普通高校"两课"教育教学调研工作领导小组：《普通高校思想政治教育课程文献选编（1949—2003）》，中国人民大学出版社，2003，第 53 页。

② 《习近平谈治国理政》第 3 卷，外文出版社，2020，第 331 页。

③ 石云霞：《新中国 70 年高校思想政治理论课建设基本经验与未来展望》，《思想理论教育》2019 年第 9 期。

马克思主义。一则是马克思主义基本原理的教育内容。在高校思想政治理论课课程设立之初，曾直接将"辩证唯物论与历史唯物论"作为思想政治理论课课程之一，之后又曾调整为"马克思列宁主义基础""马克思主义基础理论"等课程，到"05方案"正式规定为"马克思主义基本原理"课程。二则是关于马克思主义中国化理论的教育内容。在中国革命、改造与社会主义事业发展建设过程中，马克思主义基本原理与中国实践发展相结合，推进着马克思主义理论中国化的创新发展，思想政治理论课由最初的"新民主主义论""中国革命史"等课程逐步向"毛泽东思想概论"转变。之后，邓小平理论、"三个代表"重要思想、科学发展观等马克思主义中国化的理论成果不断产生，进而形成了"毛泽东思想与中国特色社会主义理论体系概论"课程。新时代以来，又在"毛泽东思想与中国特色社会主义理论体系概论"课程中充实了习近平新时代中国特色社会主义思想。另外，研究生的思想政治理论课程中也包含有马克思主义理论部分。由此可见，无论思想政治理论课课程名称、内容、学科体系如何变化，唯一不变的就是贯穿其中的理论主线——马克思主义及其中国化的理论。总之，马克思主义基本理论及其中国化的理论成果是高校思想政治理论课的核心内容，推进马克思主义及其中国化理论成果"三进"是课程教学的基本任务。

（三）遵循理论与实际相结合的教育原则

高校思想政治理论课从开创之初就遵循理论与实际相结合的教育原则，在教育部发出的课程指示中强调，"进行讲授与辅导时，必须密切联系学生思想实际。"[1] 此时，"形成了以普遍开设马克思主义理论课程为主体、密切结合各项政治运动而进行思想政治教育的体系。"[2] 改革开放新时期，随着高校思政课的整体恢复和重新建设，在与实际结合的过程中，不断推进课程教学改革。1980年，教育部《关于印发〈加强和改进高等学校马列主义课的试行办法〉的通知》中指出："要发扬理论联系实际的学风""要着重联系我国社会主义现代化建设的实际和学生的思想实际，引导学生运用基

---

① 段忠桥：《建国以来普通高校马克思主义理论课和思想品德课课程设置及教学内容历史沿革资料汇编（上编）》，高等教育出版社，2004，第15页。

② 谈松华、陈芙泉：《大学思想政治教育简史》，上海交通大学出版社，1989，第40页。

本原理分析研究实际问题。"① 实践教学是大学生接触社会实际的重要平台，也是课程理论联系实际的重要方式。"05方案"时期把大学生社会实践正式地纳入教学计划，推进理论教学与实践教学的有益配合，实践教学作为课堂理论教学重要环节的地位获得认可，并在制度化、规范化建设方面取得长足的发展。

在新时代，课程建设坚持理论与实际相结合的原则，不仅表现为对实践教学的重视，如统一制定《高校思想政治理论课实践教学大纲》，以加强对实践教学的统一要求和部署，提出"思政小课堂和社会大课堂结合，鼓励党政机关、企事业单位等就近与高校对接，挂牌建立思政课实践教学基地，完善思政课实践教学机制"② 的思想，并推进实践教学的专业化、规范化和统一性建设，"构建与课堂教学相促进的实践教学体系"③，在理论教育与实践教学相结合中，推进大学生对马克思主义理论的实践认知和理性认同，提升他们对社会主义核心价值观的自觉选择，深化对中国特色社会主义"四个自信"的情感认同，使大学生更加坚定地投身于中华民族伟大复兴中国梦，自觉践行社会主义建设者和接班人的角色意识和责任担当。还表现为特别注重将课程的思想理论教育与大学生的思想实际状况相结合，始终围绕学生、关注学生、贴近学生，并以不断满足大学生成长成才的实际需求作为课程建设的基本出发点。总体而言，70多年来，高校思想政治理论课建设坚持理论与实际相结合，取得了发展的重大成就，也积累了丰富的经验。

（四）保持课程与时俱进的发展品质

高校思想政治理论课经由70多年的发展，课程的规模基础与质量效果都有了大幅的增长与提升，课程发展愈加朝着科学化、规范化与制度化的方向进步，这与课程始终不断推进的自我革新、葆有与时俱进的发展品质

---

① 教育部思想政治工作司组编《加强和改进大学生思想政治教育重要文献选编（1978—2014）》，知识产权出版社，2015，第9页。

② 中共中央办公厅、国务院办公厅：《关于深化新时代学校思想政治理论课改革创新的若干意见》，2019年8月14日。

③ 佘双好：《构建与课堂教学相互促进的思想政治理论课实践教学体系》，《思想理论教育导刊》2015年第11期。

密不可分。目前，高校思想政治理论课已历经五大"体系"或"方案"的更迭，并在新时代进行了新的发展部署，在保证服务国家和社会发展的基本方位和整体目标不变的情况下，推进"在改进中加强，在创新中提高"是高校思想政治理论课的发展之道。高校思想政治理论课就近的三次改革，呈现出改革方案逐步递进与改革力度不断增强的发展趋势，彰显了与时俱进的创新品质。新时代，推进高校思想政治理论课内涵式发展，需在秉持课程的社会主义意识形态属性要求、葆育课程内在的理论要求、坚守课程固有的发展规律和经验原则中，力图改革、消除时弊，推进内涵式的创新发展。一方面，思想政治理论课是政治课而不是其他什么课，政治性、意识形态性是其安身立命之本。不管怎么改革，也不论怎样创新，高校思想政治理论课都不能抛弃根本、丢失灵魂。另一方面，创新是高校思想政治理论课应对新形势新任务而进行的主动选择和发展实践，是解决课程发展矛盾、难题和关键的动力支撑，是改善教学效果、增强教学吸引力的必然手段。只有将课程本质与发展创新结合起来，不断增强课程思想性、理论性和亲和力、针对性，才能紧随时代的发展而切实地发挥出"主干渠道""核心课程""灵魂课程"的重要作用与功能。可见，与时俱进是高校思想政治理论课发展的一项重要品质，创新发展是高校思想政治理论课的基本样态。

（五）以师资队伍建设作为课程建设的重要基础

在高校思想政治理论课总体建设布局的发展中，教师队伍的配给和发展是一项非常重要的内容，是课程建设的重要基础条件。新中国成立以来高校思想政治理论课教师队伍建设大体经历了基础化、专业化和质量化建设三个阶段。"52体系"的起步阶段，属于人员的基础配备时期，除了凭借老解放区苏维埃高等教育性质院校中具备一定理论素养的马列教师外，还调配了大量具备革命政治工作经验的政工干部，并大力动员党委、政府和群众团体中政治理论水平较高的干部到学校兼课，或者专题讲座，帮助备课，同时推进对新进师资的培养，依托马克思列宁主义研究班来培养专任师资。"61体系"时期对思政课教师队伍建设提出了具体要求，从教学的要求来说，要使他们"成为马克思列宁主义、毛泽东思想的宣传员""既会教书，又会进行思想改造工作"。从队伍充实的角度看，提出"高等学校政治理论课教师同全校学生的比例，应当作到 1∶100"①，并提出选拔做过基层工作的干部、复员军人和参加过两年以上体力劳动锻炼的知识青年来补充教师队伍。"文化大革命"结束后，开启了教师队伍的专业化建设，从长远出发开启了对教师队伍人才培养和队伍培训的专业化、制度化建设，主要依托思想政治教育及人文社会科学其他相近专业进行理论人才培养，并以进修培训等方式提升队伍的素质水平。新时代，将思想政治理论课教师作为办好思政课的"关键因素"，继续推进教师队伍的质量化建设，出台了一系列建设的标准和规范。包括专任教师任职资格准入制、专职教师 1∶350 的师生比例核定要求、教师聘用的政治立场标准，以及新进教师宣誓仪式、专任教师定期网络注册制度、不合格思想政治理论课教师退出机制等。总而言之，坚持把教师队伍建设作为课程发展的重点，是 70 多年来课程建设的一条基本经验，而且在课程建设的不同时期所摸索和积累的有益经验，亦为新时代高校思想政治理论课发展奠定了重要的基础和前提。

---

① 全国普通高校"两课"教育教学调研工作领导小组：《普通高校思想政治教育课程文献选编（1949—2003）》，中国人民大学出版社，2003，第 53 页。

第三章 高校思想政治理论课内涵式
发展的问题研判

高校思想政治理论课内涵式发展是理性的发展态度与建设实践，应站在客观的立场，对课程发展中的历史诉求问题、现实关系处理问题与主观认识误区问题进行理性审思与研判。进行问题研判的目的，是实现对课程发展历史的继承与超越、对课程现实情况的特殊性分析与基本关系处理，以及推进形成科学的发展态度与统一认识。在具体研判的过程中，须坚持"不唯书、不唯上，只唯实"的思想态度，踏踏实实地将课程讲授好、开办好、建设好、发展好，不断满足党和国家发展的需要，落实立德树人的根本任务，不负党和人民的重托。

一 历史维度的发展诉求问题

在高校思想政治理论课发展史中，一直有对课程内涵式发展的价值诉求贯穿其中。从高校思想政治理论课内涵式发展的基本内容出发，澄明课程内涵式发展中的历史诉求及其发展变化，有利于推进课程内涵式发展的建设实践。

（一）落实立德树人的根本任务

高校思想政治理论课发展建设必须适应时代需求。立德树人，既是高校思想政治理论课历史发展的要求与使命，也是新时代课程发展建设的紧要任务。课程始终在不断地向立德树人的根本任务聚焦，以完成自身的职责与使命，满足党和国家在各个时期对社会主义建设者和接班人的需求。党的十八大报告第一次以中国共产党全国代表大会的报告形式提出，"全面贯彻党的教育方针，坚持教育为社会主义现代化建设服务、为人民服务，把立德树人作为教育的根本任务，培养德智体美劳全面发展的社会主义建设者和接班人"①，显示了新时代全党全社会对立德树人根本任务的价值共识与发展追求。"3·18"会议上，习近平总书记指明，思想政治理论课是落实立德树人根本任务的关键课程，要"努力培养担当民族复兴大任的时代新人，培养德智体美劳全面发展的社会主义建设者和接班人"，"培养一代又一代拥护中国共产党领导和我国社会主义制度、立志为中国特色社会主义事业奋斗终身的有用人才"②，这是对教育根本任务的进一步强化，也显示了高校思想政治理论课在落实立德树人根本任务方面不可替代的关键作用，凸显了高校思想政治理论课内涵式发展的时代需求。

高校思想政治理论课"关键课程"的发展定位，是党基于新时代中国社会发展的现实需要提出的。当今，中国日益走近世界舞台的中央，更加接近中华民族伟大复兴中国梦的目标，意味着国家对高等教育的需要更加迫切、对科学知识和卓越人才的渴求更加强烈。可以说，办好思想政治理论课，关系着社会主义建设者与接班人的培养问题，进而关系着中国特色社会主义事业后继有人、中华民族伟大复兴中国梦的实现。因此，党和人民对高校思想政治理论课发挥立德树人作用，培养担当民族复兴大任的时代新人寄予了厚望，并对高校思想政治理论课落实立德树人根本任务进行了导向规划和发展部署。从高校思想政治理论课发展的角度看，在党的领导和部署下，课程始终坚持正确的政治立场，秉持教育的基本职责，完成了各个时期对大学生思想道德素质进行培育与提升的教育任务。而今，在已有经验基础之上，高校思想政治理论课坚持党的全面领导，遵循"三因"规律，守正创新，以习近平新时代中国特色社会主义思想为教育主线，关切党和国家对新时代大学生的发展渴求，以培养一代又一代拥护中国共产党领导和我国社会主义制度、立志为中国特色社会主义事业奋斗终生的有用人才为己任。为此，在课程教育教学中，积极引导大学生树立正确的世界观人生观价值观，坚定对马克思主义的信仰，坚定对社会主义和共产主义的信念，增强对中国特色社会主义的"四个自信"，厚植爱国情，激发报国行，引导大学生立德成人、立志成才，将自己的聪明才智运用到社会主义建设中来，将个人奋斗同国家强盛与民族复兴统一起来，成为德才兼备

---

① 《党的十八大以来重要文献选编》，中央文献出版社，2014，第27页。
② 《习近平谈治国理政》第3卷，外文出版社，2020，第328页。

的社会主义"奋斗者"和"筑梦人"，目的就是切实发挥高校思想政治理论课对当代大学生价值引领、道德培育、人格塑造和行为引导等方面的教育优势，推进课程教育内涵的最大化实现，完成对时代新人的培育工作。可以说，落实立德树人的根本任务，既是高校思想政治理论课"为党育人、为国育才"的初心与使命之历史使然，也是中华民族伟大复兴中国梦实现的现实需要，也即成为高校思想政治理论课内涵式发展的必然要求。

（二）提高教学实效

教学实效作为衡量课程教学质量的重要标志，以教育目标为导向、以学生发展为根本，是课程建设的灵魂。高校思想政治理论课的发展过程，就是不断增强课程教学实效的过程。任何一门课程的教学实效都需要立足课程教育教学的过程，是师生双方教学互动的结果。教学是"以课程内容为中介的师生双方教和学的共同活动"，是"学校实现教育目的的基本途径，其特点为通过系统知识、技能的传授与掌握，促进学生身心发展。"[1]提升高校思想政治理论课的教学实效，需要从教、学两个方面着眼，大力提升课程"教的实效"与"学的实效"。在二者的关系中，前者是方向与主导，是后者发展的前提与基础；后者是目的与归宿，是前者必然追求的结果。所谓提高教学实效就是推进二者的相互促进，学以教养、教由学成，高校思想政治理论课的教学实效也即在于追求"教的实效"与"学的实效"的辩证统一与相互促进。高校思想政治理论课程建设的过程，始终包含对课程教、学实效的发展追求。高校思想政治理论课每一次"体系"或"方案"的调整，都是从大学生的思想道德状况或是从思想政治理论课的学习情况出发，提出课程建设的具体目标、教学内容设置、教学改革与创新的具体意见，然后按照课程的规划方案而开展具体的课程建设。在建设的各个阶段，尤其自改革开放新时期课程教育步入正轨以来，都较好地完成了预定的目标，不论是教师的"教"，还是学生的"学"，均取得显著成效，总体上完成了对社会主义建设者和接班人接续培养的总任务。

但是，这并不排除高校思想政治理论课程教学实效依然存有很大的提升空间。比如，表现出"理论与现实脱节"的普遍问题，教师讲的学生认

---

① 顾明远：《教育大辞典（增订合编本上）》，上海教育出版社，1998，第771页。

为不能解决问题而不想听，学生想听的教师不会讲或者讲不好，弄得"言者谆谆，听者藐藐"；或者"学生不在乎老师讲什么，只表现出一种漠不关心的态度"[①]；以及一些教师不去关注学生内心对思政课的思想需求，只搞一些虚高化、娱乐化、表面化的形式改革，虽可快速获得学生的关注和兴趣，却淡化了课程理论教育应有的思想深度，导致学生的理论学习比较肤浅，效果并不持久。教学实效的不足严重弱化了课程对大学生思想引导的基础性作用，削弱了课程应有的思想内涵与教育价值，制约高校思想政治理论课功能的有效发挥与教育的持久作用。而且，由于高校思想政治理论课在国家整体建设布局中的特殊重要地位，课程的教学实效问题还关涉主流意识形态的思想理论能否被大学生有效吸收和思想认同的大问题，进而影响到高校意识形态安全稳固和高等教育培养什么人、怎样培养人、为谁培养人的根本问题的解决，因此，继续大力提升教学实效依然是新时代高校思想政治理论课内涵式发展的迫切要求。

（三）激发内生动力

从课程发展历程来看，高校思想政治理论课须以自我的内生动力作为发展的根本，主动满足党和国家意识形态巩固和大学生成长成才两方面"内在融合"的发展需要，实现以内生动力为主、国家导向为魂的内涵式发展之路。

高校思想政治理论课的特殊性决定了其对国家意志的服从和对国家扶持的依赖，由此显现出课程外在依赖性强、内生动力弱的发展特点，甚至被误解为是政治"说教课"、政治的"灌输工具"，削弱了对课程科学性和发展自觉性的理论认识。高校思想政治理论课是主流意识形态思想传导和价值教育的课程，"任何一个时代的统治思想始终都不过是统治阶级的思想。"[②] 中国共产党始终代表中国先进生产力的发展要求，代表中国先进文化的前进方向，代表中国最广大人民的根本利益，肩负着对大学生进行国家统一的思想观念、政治观点和道德原则的教育职责，开设思想政治理论课是对大学生进行思想建塑的最有利途径。课程从设立之初，就计划并逐

[①] 宋友文、王易：《高校思想政治理论课教材体系向教学体系转化研究》，《中国高等教育》2019 年第 6 期。

[②] 《马克思恩格斯选集》第 1 卷，人民出版社，2012，第 420 页。

步实现对全国大学生进行统一的思想理论教育，但这需要以国家的强制性部署作为保障。在党的领导和国家教育部门统一部署下，课程完成了各个阶段的内容体系设置与课程基础要素的保障性建设，课程教学在全国统一开展。但众所周知，事物发展的根本原因，不是在于事物的外部而是在于事物的内部，在于事物内部要素发展及其矛盾运动。由此而论，高校思想政治理论课的发展，固然得益于党和国家的领导与扶持，但在基础要素充分积累且课程各方面要求日益规范化的基础上，课程本体的自觉建设就成为课程发展的必然趋势，内生动力成为课程发展的迫切要求。课程的特殊性决定了其发展必须始终坚持党和国家的统一领导，但更需要在国家的大力帮助和重点扶持下，逐步培育出课程自身的发展动力，而走向规范化、自觉性的科学发展之路，以更加科学规范有效的课程教育去满足党和人民的发展需要，实现以内生动力为主、国家导向为魂的内涵式发展。

新时代高校思想政治理论课有条件也有必要进一步地增强自我发展的内生动力。一方面，课程已积累了空前的规模基础，形成了一套科学有效的教育经验，为课程内生动力的提升提供了主体条件。另一方面，高校意识形态面临各种风险挑战，要求思想政治理论课必须加强自我的科学性、自觉性建设，以此更好地发挥课程在巩固社会主义意识形态中的特有作用。值得一提的是，"05方案"实施以来，马克思主义理论学科从建立到发展壮大，为课程的科学化发展与自觉性建设提供了重要的基础与前提。在高等教育系统中，每一门课程都必然建立在特定科学领域的基本矛盾及其规律的基础之上，这是保证课程教育科学性的基本前提；同时，科学研究的不尽探索也能继续推动课程建设向前发展。高校思想政治理论课以马克思主义理论学科为理论支撑与发展动力。在马克思主义理论学科基础之上，马克思主义理论与党的创新理论研究不断推进，教学与科研机构的组织保障力不断提升，思想政治理论课教师的学科意识日益明确，并推进教师理论研究与教学研究能力继续提升，不断推进对思想政治理论课教育教学的重点难点与基本规律的研究，马克思主义理论的解释力、说服力和武装力日益增强，不断激发并释放课程发展的内生动力，推进课程价值与功能的最大化实现。总而言之，高校思想政治理论课的重要作用与功能的实现都需要依靠自身，需要凭借课程要素本身的自觉性和科学化发展来实现。因此，围绕着课程要素自觉性、科学化发展的课程内生动力提升，就成为当下课程发展建设要求的一项基本内容。

（四）促进改革创新

综观高校思想政治理论课的发展历程，改革创新是课程发展的基本样态，五大"体系"或"方案"的历史更替，实际上就是课程不断改进和改革创新的过程。但显然，高校思想政治理论课不是自发产生的事物，它是在党的直接领导和教育主管部门部署与扶持下的国家意识形态课程，课程的改革创新与发展同社会整体形势和党与国家的课程发展要求息息相关。在我国从站起来、富起来到强起来的社会巨变发展中，生产力水平的巨大进步是推动课程改革创新的根源性动力，党和国家对课程不同时期的要求则为课程改革创新提供政策的推动力，不同时期大学生个体发展需求的变化又是课程改革创新的直接动力。换言之，正是时代发展变化推进了课程自身的改革创新与发展进步。在高校思想政治理论课发展历程中，课程改革创新内容主要包括：课程方案的沿革变化、教学理念的更新进步、教学内容的创新发展、教学技术方法模式的革新以及教学组织机构和马克思主义理论学科的新建扩建、教学机制改革等方面，共同推进着课程发展的整体进步。

办好新时代高校思想政治理论课，仍要大力推进课程在教育理念、教育内容、教学方式、课程体制等各个方面的创新发展，而改革创新的直接目的是不断增强课程的思想性、理论性和亲和力、针对性。要想改善课程的教学实效，就要增强课程的亲和力，使得课程能够亲近、吸引，进而影响学生；增强课程的针对性，使得课程能够帮助解答学生的思想困惑、理论困惑、人生困惑，让学生思想受益。在增强亲和力、针对性的基础上，进一步增强课程的理论性，发挥课程对大学生理论说服、武装的作用；提升课程的思想性，发挥对大学生思想教育、建塑和引导的作用。如此，才能真正打动学生，进而作用到学生心灵深处，达到塑造思想、塑造灵魂、塑造生命的目的。从高校思想政治理论课内涵式发展的视角来看，"推动思想政治理论课内涵式发展的要求，其核心要义是增强思想性、理论性和亲和力、针对性。"① 因此，围绕着课程"思想性、理论性和亲和力、针对性"

---

① 陈锡喜、张濠：《推动高校思想政治理论课建设内涵式发展的要义和路径》，《思想理论教育》2019 年第 11 期。

的增强而进行课程的改革创新，成为新时代高校思想政治理论发展建设的内在要求。

（五） 推进教师队伍建设

教师队伍是思想政治理论课教育教学的主体，也是课程建设的主体。在 70 多年历程中，高校思想政治理论课始终坚持以思政课教师队伍为发展的重要基础。课程规划建设一贯地包含对教师队伍数量匹配与质量提升两个方面的要求，并随着时代的发展而不断地升级。

一方面，在满足数量要求方面，主要通过扩大师资培养和扩充兼职队伍的方式逐步地配齐配足师资力量，并在不同历史时期都有针对性地提出了师生比例的具体要求。例如，1958 年全国的思政课教师有 4600 名左右，但有 1300 多人不能任教[①]，解决这个空缺是当时的一项重要任务。"61 体系"时期提出，"高等学校政治理论课教师同全校学生的比例，应当达到 1 ∶ 100"[②]。改革开放新时期课程恢复阶段的目标，是力争在三五年内使教师与学生的比例达到"文科 1 ∶ 80、理工农医 1 ∶ 100"[③]。在后来大学生人数扩招的背景下，比例要求有所下降，2012 年提出"专任教师按不低于师生 1 ∶ 400 的比例配备"[④]，2015 年提出"本科和专科院校分别严格按照 1 ∶ 350—400 和 1 ∶ 550-600"的师生比例[⑤]，2019 年提出严格按照师生比不低于 1 ∶ 350 的比例。不同时期的比例要求，是基于我国高等教育的总体规模与思政课程发展需要而进行的设定，必须确保课程总的教学任务量的完成。但总体上说，思政课教师数量的"供给差"始终是制约课程发展的短板因素，表现在思政课教师身上的"教学工作量大、身心疲惫""课堂教学重复并进、激情不够""教学与科研矛盾难以平衡""工作压力与职业倦怠"等

---

① 全国普通高校"两课"教育教学调研工作领导小组：《普通高校思想政治教育课程文献选编 （1949—2003）》，中国人民大学出版社，2003，第 41 页。

② 全国普通高校"两课"教育教学调研工作领导小组：《普通高校思想政治教育课程文献选编 （1949—2003）》，中国人民大学出版社，2003，第 53 页。

③ 教育部思想政治工作司组编《加强和改进大学生思想政治教育重要文献选编（1978—2014）》，知识产权出版社，2015，第 30 页。

④ 教育部思想政治工作司组编《加强和改进大学生思想政治教育重要文献选编（1978—2014）》，知识产权出版社，2015，第 510 页。

⑤ 教育部思想政治工作司组编《加强和改进大学生思想政治教育重要文献选编（1978—2014）》，知识产权出版社，2015，第 30 页。

问题，必然与教师总量匮乏而致使单个教师教学工作量扩大的原因有关。因此，不论是从课程教学任务的完成、良好教学效果的实现，还是从教师队伍个体发展与教学积极性发挥来看，加大力度进一步配齐思政课教师，以满足课程教学工作量的总体需求和质量提升的现实需要，都是高校思想政治理论课内涵式发展必须解决的现实问题。

另一方面，对教师素质要求不断提升，素质内容不断细化。在"52 体系"时期，重在教师的教学能力与水平建设，基于当时的政治理论课师资"量少质低""青黄不接""普遍缺少足够称职的政治理论师资"，故而提高他们的教学水平成为当时学校思想建设工作的中心环节[①]；"61 体系"时期，教师"多数又是新手"，数量和质量都不能满足客观需要[②]。改革开放新时期，课程恢复阶段亦表现出"因水平低而不能上课"的教师约占 30%、"大多数迫切需要提高"[③] 的问题。在提高教师队伍素质的基本要求中，政治素质与业务素质是其中必备的两项内容。1984 年 9 月，中共中央宣传部、教育部颁发的《关于加强和改进高等院校马列主义理论教育的若干意见》指出"提高教师队伍的政治和业务水平，是提高教学质量的关键。""05 方案"提出要造就一支高素质教师队伍的要求，2008 年则明确提出建设"政治坚定、业务精湛、师德高尚、结构合理"[④] 的教师队伍。可见，对思想政治理论课教师素质的要求在不断地提高。

新时代高校思想政治理论课秉持重视教师队伍建设的传统，在建设中不仅形成了关于教师培养及其素质提升的规范要求与专门制度，而且更加强调教师队伍发展的自觉性，坚持外在规范与内因发展的有机统一，致力于"建设一支对马克思主义理论真学、真懂、真信、真用的教师队伍"[⑤]。"政治要强、情怀要深、思维要新、视野要广、自律要严、人格要正"，是

---

① 全国普通高校"两课"教育教学调研工作领导小组：《普通高校思想政治教育课程文献选编（1949—2003）》，中国人民大学出版社，2003，第 11 页。

② 全国普通高校"两课"教育教学调研工作领导小组：《普通高校思想政治教育课程文献选编（1949—2003）》，中国人民大学出版社，2003，第 41 页。

③ 全国普通高校"两课"教育教学调研工作领导小组：《普通高校思想政治教育课程文献选编（1949—2003）》，中国人民大学出版社，2003，第 77 页。

④ 教育部思想政治工作司组编《加强和改进大学生思想政治教育重要文献选编（1978—2014）》，知识产权出版社，2015，第 374 页。

⑤ 中央宣传部、教育部：《普通高校思想政治理论课建设体系创新计划》（教社科〔2015〕2 号），2015 年 7 月 27 日。

习近平总书记对思政课教师发出的情感号召与精神鼓励，是对思政课教师综合素养要求的再升级，并以教师主体的自觉性为前提，是时代要求与主体自觉的有机统一。其中，政治要强、思维要新、视野要广是对教师觉悟的号召；而情怀要深、自律要严、人格要正是对教师品质的激励。要发挥教师的关键作用，就必然依赖教师本人，依赖教师主体的自觉行动与表现。高校思想政治理论课是信仰的课程，教师个人的品德修养、精神境界和行为举止本身就是课程教育影响的一部分，让"有信仰的人讲信仰""有担当的人话担当""有梦想的人谈梦想"，这样才能产生思想的共理、共情和共鸣，才能保证好的教学效果。思政课教师定要不负党的嘱托和人民的期望，增强发展的自觉性，除了具备胜任思政课教学的专业知识和理论水平外，还要做"四有"的"大先生"，自觉做到"四个坚持不懈"，自觉坚持"四个相统一"，积极争做先进思想文化的传播者、党执政的坚定支持者、学生健康成长的指导者和引路人。总之，课程内涵式发展，迫切需要提升教师队伍的自觉性，以发挥"引擎动力"的作用。

二　现实维度几个基本关系的处理问题

在现实中，高校思想政治理论课与高校其他课程一样，都需解决教与学的基本矛盾，完成教学的基本任务。同时，作为大学生思想政治教育主渠道和落实立德树人根本任务的关键课程，高校思想政治理论课程又具有特殊性。高校思想政治理论课的特殊性及其矛盾关系，是高校思想政治理论课内涵式发展必然面临和必须克服的重大现实问题。具体包括：高校思想政治理论课的特殊性与课程一般性的关系问题、高效教与有效学的关系问题、内生动力与国家外力扶持的关系问题、内容守正与方法创新的基本问题，以及思政课教师特殊性和高校教师一般性的逻辑关系问题。

（一）思政课特殊性与一般性的关系

高校思想政治理论课具有一般性，是指其作为我国高校开设的一套课程，属于高等教育课程体系的一分子而进行统一的课时规定与教学安排，同等地参与高等教育系统的大循环，遵循高等教育的一般规律。但同时，高校思想政治理论课又很特殊，它有别于其他进行一般性知识传授与教育的课程，是进行社会主义主流意识形态思想与理论教育的课程。高校思想政治理论课内涵式发展必须审视课程的特殊性与一般性的关系问题，尤其要深刻揭示思政课程的特殊性及其发展的特殊要求。

第一，从发展定位看，高校思想政治理论课不是普通的知识教育与传播的课程。一方面，高校思想政治理论课是"关键课程"，肩负重大的历史使命和特殊的政治要求。高校思想政治理论课作为"体现社会主义大学本质特征和要求的德育课程"[①]，须将党和国家的相关要求落实到课程教育中去，全面贯彻党的教育方针、巩固高校意识形态安全，培养一代又一代拥护中国共产党领导和我国社会主义制度、立志为中国特色社会主义事业奋斗终生的有用人才，课程重在培养大学生对党、国家和社会主义的政治拥护、忠诚热爱与担当行动，是专门进行思想理论、理想信念、道德情感与行为规范教育、培养与引导的课程。另一方面，高校思想政治理论课实质上是针对大学生而开展的思想政治教育活动。"主渠道"论凸显了课程的思想政治教育本质，是将社会主义主流意识形态所承载的思想观念、政治观点和道德规范，作用于大学生头脑与思想深处的教育实践活动。思想政治理论课连接国家意志与大学生发展实际的"两端"，是将体现国家意志的思想理论进行教育的传播供给，以满足大学生成长需求，不断提升大学生的思想政治理论素养。概言之，我国的高校思想政治理论课主要是进行社会主义主流意识形态的思想理论教育，是一套兼具思想性、政治性和理论性的课程，既具有"思想政治课"的政治定位，又具有"理论课"的学术定位，并主要以课堂理论教学的方式呈现，这是它的特色，也是优势。

第二，高校思想政治理论课表现出课程政治性与学理性内在矛盾的特点，这是课程发展特殊性的总根源。作为直接的主流意识形态教育课程，高校思想政治理论课表现出政治性强而学理性差的基本特点，甚至高校其他学科的同人也会认为，"讲不好专业课就去讲马列课"[②]，这实际上是对课程教育的专业性与学术含金量的贬损评价，也是无视其作为马克思主义理论学科之上"学科课程"的应有价值，使其无法在教育体系内享受平等的地位而被边缘化，显现出国家赋予其极高的发展定位与其在高校被边缘化

---

① 骆郁廷：《高校思想政治理论课程论》，武汉大学出版社，2006，第39页。
② 王岩、殷文贵：《思想政治教育的春天与阻碍发展的八大因素》，《思想理论教育导刊》2019年第6期。

的强烈落差。与外界评价相呼应的是，在课程本身的发展建设中也确实存有一定的认知偏差与不完善的做法，比如弱化了课程的学理性研究。

第三，须以课程建设作为矛盾关系处理的突破口，坚持以政治性为引领，重点解决课程学理性不足的问题，大力推进课程的学理性研究。一方面，要以政治性为引领，落实立德树人的根本任务，全面贯彻党的教育方针，努力培养时代新人，培养一代又一代拥护中国共产党领导和我国社会主义制度、立志为中国特色社会主义事业奋斗终生的有用人才。坚持政治性是课程发展建设的一条基本经验，"只有坚持马克思主义在意识形态领域的主导地位，完整、准确地理解马克思主义，把它作为思想政治理论课教学的中心内容，确保青年大学生拥有坚定正确的政治方向是思想政治理论课教学质量建设的一条基本经验。"[①] 另一方面，弥补课程学理性的不足是处理课程特殊矛盾关系的关键。要以马克思主义理论学科平台为支撑，大力推进课程的理论与实践研究，提高教师学术研究的自觉性与主动性，集中研究课程教学的难点与重点、研究大学生发展的新特点与新要求，加强对"三大规律"的学理性探究，切实地增强马克思主义理论的解释力、说服力和武装力，提升教育教学的针对性、实效性和科学性。总而言之，高校思想政治理论课的特殊性决定了课程建设必须坚持以政治性为导向、以学理性为基础，在政治性稳固的前提下，大力推进课程的学理性研究。

（二）"高效教"与"有效学"的关系

教学实效是高校思想政治理论课内涵式发展的不懈追求，新时代对该方面的要求不断升级。高校思想政治理论课内涵式发展对课程质量、运行效率和丰富思想理论内涵的潜在要求，使得人们对课程教学发展的要求提高到对教、学之间相长互进的效果与质量的关注上来，即如何通过"高效教"来实现"有效学"，实现教与学的正向增长与互动平衡，切实地提高课程质量，成为贯穿课程内涵式发展的主线索。"实现教师'有效教'与学生'有效学'的有机结合，才能为提升思想政治理论课教学效果注入充足动

---

① 叶荣国、钱广荣：《建国以来思想政治理论课教学质量建设的基本经验》，《思想政治教育研究》2014 年第 1 期。

能，才能真正办好思想政治理论课。"① 然而，现实的突出问题则是，不论是"高效教"，还是"有效学"，都有很大的提升空间，而且缺乏二者的紧密互动。

一方面，推进"高效教"既是课程实施的难题，也是对课程评价的难题。"高效教"主要是从课程教学供给的维度出发，针对教学过程中教育内容被学习和接受的效率与效果。高校思想政治理论课的教育过程主要体现为师生间教育供给与学习接受的有机统一，教师是课堂教育实施和供给的主体，学生是对教育内容接受的客体，是反映前者的教育供给是否有效的依据所在。没有学生参与的教学是徒劳的，并没有任何价值和意义。因此，学生在课堂上的到课率、抬头率、点头率，以及入耳率、入脑率和入心率等，可总体反映出课程教育教学资源在课堂上的使用效率以及课程知识内容被接受的比例和程度。目前该方面依然存在的问题是，课程教学效率和教育效果并不理想，有待进一步提升。"在日常教学过程中，照本宣科、内容陈旧、方法呆板、简单重复，或应付差事、空洞说教等现象仍然存在，影响着思政课的'到课率'、'抬头率'，更影响着思政课的'入脑率'、'走心率'。"②

而且，当前对课程教学效果的评价也不完善，评价体系的不完善内在地制约着课程质量的进一步提升。毫无疑问，关于效果的评价是所有课程反馈、提升和发展的必然环节，关于课程"到课率"等效率评价比较容易操作，并能统计出可视化的数据结论，或仅通过直观感受便可得知，而关于"入耳率"等方面内容，则无法深入人的头脑和思想中去进行统计和衡量，很难设定科学的评价指标以进行量化评估。目前以考卷方式为主的评价很难对教学效果进行全面、真实的评价，"这种评价体系对高校思政课教学评价的特殊性把握不够，对大学生学习效果的评价没有将知识性评价与价值性评价统一起来，对教师教学效果的评价没有对评价主体和评价内容做适当区分。"③ 因此，呈现出课程科学评价的难题，亦与课程是作用于人

---

① 沈壮海、董祥宾：《论新时代思想政治理论课的改革创新》，《思想理论教育》2019 年第 5 期。

② 沈壮海：《讲出思想政治理论课应有的精彩》，http://www.qstheory.cn/dukan/qs/2019-08/16/c_1124874609.htm，最后访问日期：2019 年 8 月 16 日。

③ 刘武根：《论新时代高校思想政治理论课建设的主要矛盾》，《思想理论教育导刊》2018 年第 5 期。

的思想灵魂和信仰深处的教育特殊性有关。教学评价是对思政课教师职业能力的公允定论，是行业规范的核心所在，但是思政课程的特殊性则在于，很难对人的思想进步及其所实施的引导、改善、纠正、巩固的程度进行客观评价，是"一个十分复杂难以说清楚的问题"，包含"实时评价"和"长期评价"、"显性评价"和"隐性评价"、"目标评价、过程评价和价值评价"等复杂的内容①。如何准确设定评价指标体系及实现科学操作，依然是课程发展的瓶颈难题，总体显现出"课程的评价体系建设不够完善，课程效果测评的标准和方式方法相对滞后"②"缺乏以定量和定性相结合的评价指标体系"③的问题。换言之，效果评价本身的不成熟成为制约课程实效的短板性因素。

另一方面，课程"有效学"方面的问题与不足是制约课程实效的前提基础。能不能够"有效学"，关键要看课堂上学生的学习状态与学习收获。该方面的问题主要表现为，一是在部分学生身上表现出学习兴趣不高、低效，甚至无效的突出问题，"有学生上课迟到、瞌睡，听课很不认真。"④ 上海市 11 所高校的调研显示，在被调查对象中，虽有大部分学生能够参与课堂教学，但是"积极主动参与"的仅占 35.67%，"被动接受"的占比 52.34%，其余的则表现出"看其他书或打瞌睡"和"心不在焉，根本不听"的无效状态。⑤ 被动、低效乃至无效的学习状态是对课程教育资源和个人学习时间的巨大浪费。二是学生获得感不强。获得感的强弱是对学生学习收获状况的集中反映。当前各种"讨好式""附和式""表演式"教学虽然在尽力地靠近学生、满足学生"需要"，但是徒有形式的教学改革只能博得眼球，并不能够深层次地打动学生、引导学生，导致学生的获得感并不深刻、长久，所收获的理性认识较为肤浅、情感共鸣较为短暂，禁不起时

① 佘双好：《关于思想政治理论课教学质量评价问题的思考》，《学校党建与思想教育》2018 年第 13 期。

② 宇文利：《思想政治教育课程论：现状、问题与发展》，《思想理论教育》2014 年第 4 期。

③ 陈坤、马辉：《高校思想政治理论课评价指标体系的构建》，《思想理论教育导刊》2018 年第 4 期。

④ 逄锦聚：《提高质量是思想政治理论课教学的生命线——以"马克思主义基本原理概论"课为例》，《思想理论教育导刊》2017 年第 9 期。

⑤ 许瑞芳：《高校思想政治理论课建设实效的现状分析——基于上海市部分高校的调研》，《思想政治课研究》2019 年第 3 期。

间的考验。另外，在时代发展与社会环境的挑战中，包括西方意识形态的刻意输出、国内错误思潮影响的冲击，以及社会发展中的消极现象和反面案例，会进一步导致对大学生课程获得感的"消解和稀释"①，凸显当前大学生思想政治理论课获得感不强的问题，也成为当前课程改革必然关注的重要内容。

综合而论，教学中的效率不足、效果不好，以及学习被动、低效与获得感不强的问题是制约课程内涵式发展的根本问题。从教学基本矛盾关系出发，提升和改善教学实效的关键在教师。从一般意义上说，在教与学的矛盾关系中，教师的教具有逻辑的优先性，因此，须以"高效教"作为"有效学"的前提条件，将"有效学"作为"高效教"的目的和结果，学以教启、教以学成，实现二者的良性互动。在高校思想政治理论课的建设实践中，不论是国家资金、政策的外力扶持增强，还是课程体系下的学科发展、教学与科研机构建设、课程方案统一设置、教材体系的丰富完善、教师队伍的精耕培养，都致力于改善教，都要通过教师来提供兼具思想性、理论性和亲和力、针对性的精准教育供给，以影响、带动和促进学生的学习实效，推进大学生对主流意识形态的理性认同、主动维护、自觉践行，以及对错误思潮的思想对立、自觉抵制与合理批判，最终落实到大学生发展成为担当民族复兴大任的时代新人的人才目标上来，这是课程内涵式发展的内核所在。

当然，我们还需要在充分发挥教师队伍主体作用的同时，推进课程教学模式的综合改革。实事求是地分析，高校思想政治理论课教学实效增强与质量的提升，仅靠思政课教师一己之力、单靠传统课程理论教学的单一模式，难以负重。须从总体上推进全程全方位全员育人的思想政治教育大格局，不断地推进实现课程的教育目标，由此切实地提高课程的教育实效。从课程"全面提升学生思想政治理论素养，实现知、情、意、行的统一"②目标导向的整体要求上看，教学实效的提升是国家的一项系统工程。在国民教育一体化的思想政治理论课程目标中，大学阶段的目标重在增强使命

---

① 周金华、刘睿：《论增强"大学生思想政治理论课获得感"》，《思想政治教育研究》2019年第2期。

② 中共中央办公厅、国务院办公厅：《关于深化新时代学校思想政治理论课改革创新的若干意见》，2019年8月14日。

担当，引导学生矢志不渝地听党话跟党走，争做社会主义合格建设者和可靠接班人。"思想政治理论课作为落实立德树人根本任务的核心课程，其实践价值早已超越培养个体思想素质的具体任务，是我们应对国内外复杂局面、破解新时代社会主要矛盾、坚定人民群众马克思主义信仰的意识形态活动。"① 从兼具理论、情感与实践要求的教育目标、建设者与接班人培养的短期与长远目标、个体与社会相统一的复杂目标的方方面面看，远非传统课堂理论教学的方式能够完成的，并非大学阶段的一套课程群能够承担的，也非依靠思政课教师的教育实施主体就能成功的，这些都凸显了课程特殊的教学矛盾。这就需要"打破思政课教师'单兵作战'、大学思政课'孤岛化'窘境"，发挥全程、全员、全方位和各个环节的德育"大熔炉"②的教育合力作用。相较高校的其他课程而言，高校思想政治理论课的不同之处在于，它是贯通国民教育诸学段、螺旋上升的课程群，是高校德育的主渠道，并围绕传统课堂理论教学的核心，日益扩展出网络教学的"有益补充"、实践教学的"重要组成部分"和"重要环节"，以及与之相促进的"第二课堂教学体系"。课程目标的实现需要从此特点出发，统筹利用好横、纵维度各个方面的有利环节和条件，做好宏观的部署和设计，推进教学模式在广度和深度的发展，并以学生为中心，大力调动学生学习的参与率、积极性和主动性，教学相长，大力提升教育合力，以化解课程目标与现实发展之间的矛盾。

（三）内生动力和外力扶持的关系

高校思想政治理论课内涵式发展，是以课程内部要素为主要动力的发展，是高校思想政治理论课发展到一定阶段的自我觉醒与发展转型，调动、激发和提升课程内生动力尤为关键；但同时，高校思想政治理论课的特殊性又在于对党和国家扶持的依赖性很强。因此，如何处理课程发展的内外因关系，是课程内涵式发展必须厘清的基本问题。

首先，国家扶持的外部动力对于高校思想政治理论课发展建设而言非常重要，也很必要。一方面，课程在全国范围的确立和普遍开设，需要党

---

① 钟飞燕、高德胜：《高校思想政治理论课的时代定位》，《思想教育研究》2019 年第 8 期。
② 杨增崇：《那堂坚定信念的思政课》，《光明日报》2019 年 3 月 26 日。

和国家的全面规划和扶持。正是党和国家的大力扶持,"为高校思想政治理论课教育教学提供了内容依据、师资队伍、条件保障和良好环境"①,才有了课程发展的历史;没有外力的扶持,就不会有课程的设立和建设。另一方面,高校思想政治理论课是党治国理政大局中的一项具体内容,是进行社会主义主流意识形态思想理论知识教育的专门课程,体现为国家事权,非常有必要纳入党和国家的统一领导、管理之下,而且课程进一步的科学化、体系化和制度化发展仍需要外力的继续推动。党带领下的课程方案调整与改革是课程发展的重要动力,"每次改革都证明了,坚持与时俱进,应时代发展的要求及时作出调整改革,是思想政治理论课充满生机和活力的根源。"② 发展至今,高校已形成一套专门的思想政治工作制度,并为高校思想政治理论课发展提供稳定而有效的帮助与指导。

其次,国家的外力扶持并不能代替课程本身的发展,内生动力才是高校思想政治理论课内涵式发展的根本动力。当前"关键课程"的发展部署是对课程重点扶持的具体表现,在课程自身建设中凸显上述教、学维度下具体的种种问题,从根源上看,这与课程的内生动力不强息息相关。党和国家的扶持主要是提供外力保障,课程的发展主要还需凭借自身的内驱力,内部各个要素及其发展才是课程的主要动力。内生动力主要源自课程要素主体自身,要"以课程要素的良性运行激活思想政治理论课创新发展的内部驱动力。"③ 在发展中,虽然各要素总体完备、运行顺畅,但是发展不平衡、协调性不足,表现出内生动力发展不足的问题,在具体方案下的课程目标、内容、结构、评价与课程的基本理论内容、教育教学规律、方式方法,以及学科、组织机构、人员队伍等要素协调运行中,表现出各要素的相互支持与配合力度还有待进一步提升,如课程评价要素亟待完善、教学内容加工难度较大、师生教学互动力有待增强,制约着课程教学的整体发展。概言之,当前课程的内生动力机制尚不健全,教学的积极性、主动性、创造性并未得到充分释放、广大教师的聪明才智并没有得到充分发挥、学

---

① 冯刚、高静毅:《中华人民共和国成立以来中国共产党对高校思想政治理论课的认识和探索》,《思想教育研究》2019年第9期。
② 黄蓉生:《改革开放以来大学生思想政治教育纲要》,人民出版社,2014,第90页。
③ 冯刚、高静毅:《中华人民共和国成立以来中国共产党对高校思想政治理论课的认识和探索》,《思想教育研究》2019年第9期。

生的学习热情和学习乐趣也没有被完全唤醒，课程共同体的自觉性、主动性不够，对外部驱动的内化不足。从根本上看，内生动力发展不足是制约课程内涵式发展的重要因素。

最后，课程的内涵式发展应是内因驱动与外因驱动的辩证统一，需充分地调动、利用和激发课程内外因的系统动力，推进课程科学、均衡与持续的发展。比如，从探索教学方法有效性的角度看，就需要发挥内外因的合力，"由于思想政治理论课教学活动的特殊性，在思想政治理论课教学方法探索中，教育主管部门的作用和教师的作用两个方面都不可或缺。"① 其中，外因提供条件保障和方向指导，内部要素才是发展的主体和根本。毫无疑问，所有的规划和指导，要在弄清楚"培养什么人""为谁培养人"的前提下，具体落实到"怎样培养人"的实践问题上来，需要依靠课程主体和课程要素开展具体的教育活动，将国家的外力支持作为基本保障，以党和国家的要求和规范为基本原则，通过自身的发展以完成党和国家赋予的职责和使命。在外部驱动与内部驱动的综合对比中，内部驱动力更为关键，而教师又是关键中的关键，故而形成了"关键是发挥教师的积极性、主动性和创造性"的科学判断。教师主体是教学活动的主导力量、是体现党和国家意志的课程执行者、是创设和驾驭课堂教学的指挥官，更是青年学生成长成才的引路人。

（四）内容守正与方法创新的关系

守正创新是高校思想政治理论课建设的重要原则与发展动力。习近平总书记在"3·18"会议上就如何办好思政课指出："思政课建设长期以来形成的一系列规律性认识和成功经验，为思政课建设守正创新提供了重要基础。"② 在守正创新中推进高校思想政治理论课的改革与建设，其旨在于增强思政课的思想性、理论性和亲和力、针对性，以追求高质量的课程发展。

守正创新的重要原则要求高校思想政治教育工作者必须从课程的基本

---

① 余双好：《改革开放以来高校思想政治理论课教学方法的创新发展》，《思想理论教育导刊》2018 年第 10 期。

② 《习近平谈治国理政》第 3 卷，外文出版社，2020，第 329~330 页。

特性出发，把握好内容守正与方法创新的关系，不断推进课程的教学改革建设。高校思想政治理论课主要是理论讲授的课程，思想政治理论课教师必须具备基本的理论功底，不断地研究教材、研究理论、研究中国实际问题，遵照马克思主义的原汁原味进行理论教学，将教材内容讲透、将党的重大理论讲清楚。但讲理论就必须要重视方式方法，若照本宣科地进行教条化灌输，虽然方向、内容不会出错，但也不能亲近学生，更不能打动和说服学生，自然得不到学生的积极认同，无法兑现实效。因此，必须在课程内容守正中，推进方法的创新，既保证课程内容的思想性、理论性，又致力于提升方法的针对性、亲和力，大力提升课程教育教学的效果。坚持内容守正，即要按照课程教学大纲的基本要求和教材基本内容进行理论讲解，保证马克思主义理论的科学性、完整性，但在方法上不能刻板，须对理论内容进行科学的加工处理、理论注解与旁征博引，这样才能增强课程的解释力和说服力，但绝不是空泛的心灵鸡汤、引人逗乐的故事杂谈，要禁止理论"注水"。

同时，在现代信息技术的新时代，可借助新媒体、新技术、新手段以增强课程内容的表现力和教学的吸引力，但切不可喧宾夺主，只图形式的热闹而忽视了教学应有的理论深度。如在当前推进的高校思想政治理论课教学模式的改革与创新中，涌现出各种庸俗化、娱乐化、表演式、炫技式的所谓教学技术、方法和手段的创新，既造成对教学性质与内容的严重冲击，也造成对课堂应有神圣性、必要严肃性的消减，其实是背离了守正创新的基本原则、颠倒了内容守正与方法创新的关系。在高校思想政治理论课内涵式发展建设中，内容守正在根本，以从根本上保证课程的马克思主义理论教育特性；方法创新在形式，为的是课程内容能够科学高效又新颖有趣的呈现。内容守正是目的，方法创新是手段。总而言之，内容守正与方法创新二者辩证统一，其目的都是科学而有效的教学呈现，更好地服务学生、引导和教育学生，促进学生德才兼备地全面发展，不断提高人才培养的质量。

（五）思政课教师特殊性和高校教师一般性的关系

毋庸置疑，思政课教师是高校教师的一分子，既秉持教书育人的职责，引领时代、专心教育，又在立德树人的教育总任务中，发挥自身在育心育德、铸魂育人方面责无旁贷的职责与使命，是二者身份的有机统一。须辩证地看待集一般性与特殊性于一身的思政课教师特殊身份，不能以对高校教师的泛化理解去取代对思政课教师的特殊要求，也不可用专业的身份要求去抵消作为高等教育者的普遍要求。须在二者关系的辩证统一中，准确领会新时代课程发展建设对思政课教师提出的发展新要求。

首先，对高校思政课教师综合素养的新要求。作为人类灵魂的工程师、人类文明的传承者，更是青年学生成长成才的引路人和指导者，所有的高校教师都应具备一定的专业能力、政治素养和高尚的师德师风。习近平总书记指出："建设政治素质过硬、业务能力精湛、育人水平高超的高素质教师队伍是大学建设的基础性工作。"[①] "四有好老师""四个引路人""四个相统一"是从品格修养和教育实践两个方面对教师综合素养的基本要求。在此基础上，思政课程的特殊性又使得思政课教师在综合素养方面包含新的更高的要求。"在高校培养和造就一批马克思主义理论教育的实干家更为关键、更为紧迫。"[②] 尤其当部分教师还不能够很好地承担起新时代的特殊职责与使命，而表现出"少数教师的师德行为偏差""部分教师的能力素质不足""一些教师的创新活力匮乏"[③] 的突出问题和综合素养中的薄弱环节，迫切需要在课程建设中，不断地加强并有效地提升思政课教师的综合素质水平。作为一名思想政治教育者，"要有思想家的好学深思、政治家的高瞻远瞩和教育家的循循善诱"[④]，这是对高校思想政治理论课教师素养的高度评价和发展要求。《新时代高等学校思想政治理论课教师队伍建设规定》（中华人民共和国教育部令第 46 号）指出，思政课教师应当增强"四个意识"，坚定"四个自信"，做到"两个维护"，始终在政治立场、政治方向、政治原则、政治道路上同以习近平同志为核心的党中央保持高度一致，模范践行高等学校教师师德规范，做到信仰坚定、学识渊博、理论功底深

---

① 《习近平在北京大学师生座谈会上的讲话》，《人民日报》2018 年 5 月 3 日。

② 彭庆红：《培养和造就一批马克思主义理论教育的实干家》，《思想理论教育导刊》2018 年第 6 期。

③ 李虹：《加强新时代高校思想政治理论课教师队伍建设的思考》，《思想理论教育导刊》2018 年第 5 期。

④ 刘建军：《寻找思想政治教育的独特视角》，中国人民大学出版社，2017，第 175 页。

厚①。并提出从"政治关、师德关、业务关"三个层面来严格把控思政课教师的任职条件，实行不合格思政课教师退出机制。这些新要求必将推动思政课教师队伍整体素养水平迈上一个新的台阶。

其次，对高校思政课教师情感投入的诉求更加强烈。思想政治理论课不是单纯地传授知识，还包含信念引导、情感教育和精神鼓舞的教育内涵。一则，思政课是一套充满马克思主义真理性、社会主义制度科学性和社会主义核心价值观强大感召力的课程群，蕴含丰富的正能量，需要积极情感和正面态度加以教育、引导和吸收，以增强大学生对马克思主义的信仰，坚定对社会主义和共产主义的信念，增强"四个自信"；二则，思政课是面对大学生的情感教育课程，要坚持用习近平新时代中国特色社会主义思想铸魂育人，厚植爱国主义情怀，以爱党、爱国、爱社会主义、爱人民、爱集体为主线，坚持爱国和爱党、爱社会主义相统一，引导大学生矢志不渝听党话跟党走；三则，思政课是鼓舞大学生放飞青春梦想的课程，在课程教育中要鼓励大学生将祖国事业与个人发展结合起来，鼓舞他们把视线投向国家发展的航程，把汗水洒在艰苦创业的舞台，到基层去、到西部去、到祖国最需要的地方去，做成一番事业，做好一番事业。在实现中国梦的生动实践中放飞青春梦想，在为人民利益的不懈奋斗中书写人生华章。

思政课程的特殊性决定了对思政课教师的特殊要求，决定了在教学过程中必须要以情感人、以情动人、以情入理、以情化人，这样才能取得好的教学效果。"爱是教育的灵魂，没有爱就没有教育。"② 这点对思政课教师尤为重要。思政课教师与大学生的心灵成长联系最紧密，"是与大学生思想、信仰、理想和信念距离最近的人。"③ 一方面，除了一般性的理论知识讲授外，还要在"传道、授业、解惑"中对大学生进行情感、态度、立场的引导，这就特别需要课堂"在线"的情感付出，包括感情的投入、热情的激发、激情的表达，在课堂教学中，不断地进行情感"生成"与"输出"，以真情实感去打动学生，不断增强课程的感染力。另一方面，作为情

---

① 教育部：《新时代高等学校思想政治理论课教师队伍建设规定》（中华人民共和国教育部令第 46 号），2020 年 1 月 16 日。

② 习近平：《做党和人民满意的好老师：同北京师范大学师生代表座谈时的讲话》，人民出版社，2014，第 9 页。

③ 李睿：《青年教师讲好思想政治理论课的三大支柱》，《思想理论教育导刊》2018 年第 4 期。

感立场的引路人，思政课教师必须在弘扬主旋律中将个人生活中的负面小情绪控制起来，除在批判错误思潮时，必须表达出对相关案例中个别人和事的厌恶、排斥和反击的立场外，大多数时候在对主旋律的弘扬中，要坚持崇尚、向往和颂扬的正向态度和大爱胸怀，通过必要的情感切换，动之以情，晓之以理，以情入理、以情感人、以情动人，强化学生心底共鸣，并在情感的正确引导下而做出科学的价值判断和选择。反之，如果缺乏这部分的感情投入、缺乏对学生必要的情感启发，而只进行生硬的理论灌输和结论注解，必然导致课堂沦为干巴巴的理论说教。

最后，对高校思政课教师自觉性的要求更加迫切。毫无疑问，对于课程建设而言，人是关键要素。"办好思想政治理论课关键在教师，关键在发挥教师的积极性、主动性、创造性"的论断，在凸显思政课教师主体地位的同时，揭示了自觉性才是课程发展的根本。"作为思想政治理论课开展、实施的直接承担者，思想政治理论课教师主导着整个教学活动，决定着思想政治理论课以怎样的形态落到实处，其主观能动性、专业自主性的发挥深刻影响着思想政治理论课的建设质量。"[1] 在国家主导下，课程的所有供给性建设，都是围绕教师与教育教学而进行的科学规划和保障性建设。"思想政治理论课的改革具体要落实到各门课程的建设，课程建设的质量如何取决于是否具有一支能够胜任课程建设要求的师资队伍。"[2] "六个要"新要求，实则是对教师主体自觉性更大程度的殷切期盼，是从授课水平的"衡量标准"和提高授课能力的"努力方向"方面对思政课教师自觉性提出的具体要求。不难看出，这比对其他教师的一般要求更高。由于上好一堂思政课需要思政课教师投入更大精力和更多情感，这就要求思政课教师不能过于计较个人的利益得失，而要甘于奉献，保持良好的自觉状态。"六个要"既是党和国家对思政课教师赋予的高期望和严标准，又需要将之内化为教师自身的追求与行动，转化为思政课教师发展的新动力。

总而言之，新时代高校思政课教师要积极提升个人的政治素养和业务能力，有效完成思想政治理论课教学与研究的本职工作，自觉以习近平新

---

[1] 沈壮海、董祥宾：《论新时代思想政治理论课的改革创新》，《思想理论教育》2019 年第 5 期。

[2] 顾钰民：《高校思想政治理论课发展和建设的四个基本关系》，《思想理论教育导刊》2015 年第 1 期。

时代中国特色社会主义思想铸魂育人，主动承担起时代新使命，力争去做让党和人民满意的教师。

三　主观维度的思想误区问题

高校思想政治理论课内涵式发展，必须在主观上科学地感应时代发展的新变化，主动适应课程发展的新定位、新气象和新趋势，只有正视并有效地破解和消除那些在思想认识上超出、落后或偏离课程发展事实与要求的认识误区与消极态度，才能更好地贯彻领会和执行课程发展的新思想、新论断、新部署，有效地推进课程内涵式建设与发展。

（一）对"关键课程"地位的认识不足

高校思想政治理论课是落实立德树人根本任务的关键课程，在这方面发挥着其他课程不可替代的关键性作用。在70多年的发展历程中，课程不断聚焦并主动承担起立德树人的职责与使命，立德树人成为高校思想政治理论课内涵式发展的一项重要内容。基于此，对当前学界的"关键课程"的相关研究进行分析，则发现在总体的认知判断中，主要掺杂有两种不当的倾向：一是对根本任务的空泛化认识误区，二是对关键作用的狭隘性认识误区。

一方面，立德树人作为教育的根本任务，是"检验学校一切工作的根本标准"，也是"高校立身之本"。而对高校思想政治理论课作为落实立德树人根本任务的"关键课程"方面的研究还不够聚焦。"关键课程"一经提出，便获得业界的普遍认可和理论反响，但在已有研究中表现出理论泛化的倾向。例如"将高校立德树人与大学治理混为一谈""对立德树人过程中存在的问题及实施路径分析不够透彻""要么过于理想化，要么没有实践指向价值。"① 事实上，立德树人不是空洞的"政治头衔"，"关键课程"体现了课程政治要求与教育实践的有机统一，是预定教育目标与教学过程的有机统一。高校思想政治理论课立德树人作用的实现，必须遵循思想政治工作规律、教书育人规律和大学生成长成才的客观规律，不断推进

---

① 陈华文：《立德树人维度下的大学生社会主义核心价值观教育研究》，中国地质大学博士学位论文，2016，第4~5页。

大学生思想政治素质与道德品质的发展提升。在课程发展中，既要树立高校思想政治理论课"关键课程"的政治原则与立场，全面贯彻党的教育方针，坚持马克思主义指导地位，贯彻习近平新时代中国特色社会主义思想，坚持社会主义办学方向，落实立德树人的根本任务，坚持"四个服务"；同时要切实地发挥课程在育心育德、人才培养方面的实际作用，培养出一代又一代拥护中国共产党领导和我国社会主义制度、立志为中国特色社会主义事业奋斗终生的有用人才，切实发挥课程的育人实效。

另一方面，在对高校思想政治理论课特殊重要作用的认识上，只看到思政课程"不可替代"的关键作用，忽略了与其他课程、其他渠道、其他学段、其他环节的教育合力，忽略了"关键课程"还需要与其他课程及其他育人渠道的协同合作。

"关键课程"的定位凸显了思想政治理论课在培养一代代建设者和接班人方面的特殊作用，它面对的青年大学生正处于成长的"拔节孕穗期"，知识体系搭建尚未完成、价值观塑造尚未成型、情感心理尚未成熟，所以需要教育的重点引导。为此，要理直气壮开好思政课，为学生心灵埋下真善美的种子，用习近平新时代中国特色社会主义思想铸魂育人，引导大学生增强"四个自信"，厚植爱国主义情怀，把爱国情、强国志、报国行自觉融入坚持和发展中国特色社会主义事业、建设社会主义现代化强国、实现中华民族伟大复兴的奋斗之中。在这个过程中，思政课作用不可替代，"是'立德树人'的核心灵魂"[①]，思政课教师队伍责任重大。

但"关键性"并不排斥其他课程与其他渠道的作用，目前在该方面的研究中就表现出"立德树人的协同性研究不足""专项问题研究多，而协同性不足"[②]的问题。若将落实立德树人根本任务进行孤立的理解，则容易造成高校整体育人环节的阻隔与壁垒，无法有效地发挥和利用诸如校园文化、社团组织、心理健康教育、就业指导、行政管理以及社会实践中所渗透的思想政治教育资源的合力，无法完成把立德树人"融入思想道德教育、文

---

① 张传辉、欧文希：《聚焦重点　把握关键　发挥思政课立德树人的主渠道作用》，《思想理论教育导刊》2017 年第 9 期。

② 李力：《新时代高校立德树人协同策略研究》，东北师范大学博士学位论文，2019，第 14 页。

化知识教育、社会实践教育各环节"① 的发展部署，也导致高校思想政治理论课发展限于孤立、单调、死板的状态，势必削弱高校落实立德树人根本任务的总实效。因此，须摒弃对"关键课程"的狭隘理解。

综合而论，对关键课程的正确理解应是，既要聚焦高校思想政治理论课，挖掘课程特有的"关键性作用"，又要将关键课程同其他的专业课程、通识教育的文化课程相结合，有效发挥各门课程、各个渠道与环节的育人合力，推进立德树人根本任务的全面、协调与可持续的贯彻落实，致力推进高校思想政治理论课的内涵式发展。

（二）对课程发展建设的不自信态度

高校思想政治理论课必须有信心、有底气，才能更好地发挥课程应有的作用，展现课程固有的内涵与特色。高校思想政治理论课是国家"第一课程"，党和国家一直以来对其赋有很高的期盼与要求，与之形成对比的是，课程内在建设的程度还有待提高、发展的信心还有待增强。"课程自信是思想政治理论课教师对自己从事的思想政治理论课教学工作的真诚尊重和认同肯定，是对自身职业使命和任务的坚定信念充满信心。"② 显然，只有思政课教师与课程其他的相关研究者、管理者、服务者拥有充足的自信，拥有对马克思主义理论学科的自信、对课程教育内容的自信、对思政工作者身份的自信，才能讲授得自信、研究得自信、管理得自信、服务得自信，才能将自信传递给大学生，才能体现中国特色社会主义课程的自信。课程自信主要表现在教师课堂讲授得自信。

目前，高校思政课表现出部分教师课堂教学并不自信、没有底气、态度消极等问题，不但削弱了课程的教学效果，甚至产生了极大的破坏作用。其一，表现为部分教师在弘扬主旋律方面"不作为"，不去关注学生心理成长规律和内心情感需求，只是知识的"搬运工"和"教书匠"，课程的思想性、理论性和亲和力、针对性严重不足，以完成教学工作量、不触碰"政治纪律"的底线为基本原则，丧失了对"引路人"职业理想的追求。其二，

---

① 《习近平在全国教育大会上强调：坚持中国特色社会主义教育发展道路 培养德智体美劳全面发展的社会主义建设者和接班人》，《人民日报》2018 年 9 月 11 日。

② 陈正良：《课程自觉课程自信课程自强》，《宁波大学学报（教育科学版）》2019 年第 4 期。

表现为教师对课程教育内容传播的信心不足。一部分教师对自身教育者的身份"不自觉""不自信"，没有摆正自身的主导性地位，而是在"尊重和发展学生的主体性"口号下，"一味地附和学生""沦为学生的服务者"，"甚至是教仆，成为没有'筋骨'的盲从者"①。其三表现为部分教师的"四个自信"不足，对错误思潮进行批判和与之斗争的意志力不强。在多元社会思潮冲击下，当面对各种错误思想和言论时，部分教师表现"失语""失声"，不敢就大是大非问题发声、剖析和"亮剑"，甚或个别教师"公开否定党的理论和政策，吹捧西方资本主义制度和观念，宣传错误的思潮，抹黑中国近代史、当代史和党史，抹黑英雄模范人物，使学生或受众产生错误认知，不自觉地接受西方资本主义意识形态和价值观"②，反映出他们对中国特色社会主义理论、道路、制度和文化的不自信，甚至丧失了应有的原则和立场，是必须予以改变的行为，否则会导致极端危险的后果。课堂不自信，既无益于正确思想的传播，又会增强教师个体的职业倦怠感和无力的归属感，在"既不自信、也不承担"的教学中，极易形成对消极、错误乃至危险思想的无视和纵容，甚至"主动"传播给青年大学生。这势必会对高校意识形态前沿阵地的安稳造成严重冲击和难以挽回的损失，遑论发挥教师的积极性、主动性和创造性，遑论发挥课程的"坚强堡垒"作用。

因此，新时代高校思想政治理论课程要扎根中国特色社会主义的现实，在"四个自信"不断增强的时代背景下，坚定课堂教学的信心。一方面，要坚定立场，增强"我们办中国特色社会主义教育，就是要理直气壮开好思政课，用新时代中国特色社会主义思想铸魂育人"③的信心与底气，大力提升教师队伍的马克思主义理论水平、坚定思政课教师的马克思主义信仰，以马克思主义的理论内容、坚定信念和精神信仰去引导和教育大学生，发挥教师的主导作用，充满信心地向学生传播主流意识形态的正能量；另一方面，要用我国发展建设的客观成就与成功经验，在课堂教学中同各种诋毁和歪曲中国特色社会主义的错误思潮与言论做斗争，从社会主义的发展

① 张小秋：《学生思想政治教育主体研究》，东北师范大学博士学位论文，2016，第30页。
② 王伟光：《纵论意识形态问题》，社会科学文献出版社，2016，第34~35页。
③ 《习近平谈治国理政》第3卷，外文出版社，2020，第329页。

实践中挖掘课程丰厚的理论底气与信心，讲好中国故事，展现中国智慧，传播好中国声音，不给错误思想与言论留死角。总之，高校思想政治理论课的自信应以思政课教师的心理自信为前提，以课堂教学自信为抓手，在国家、社会和高校的共同配合与支持思政课建设的大背景下，高校要理直气壮地开好思政课，思政课教师要底气十足地上好思政课，大学生要信心满满地接受思政课，共同推进高校思想政治理论课的自信发展。

（三）对课程内涵式发展的模糊认识

高校思想政治理论课在中国特色社会主义的总体布局中具有重要地位，是落实立德树人根本任务的"关键课程"，是培养一代又一代社会主义建设者和接班人的"重要保障"。思想政治理论课建设，"事关意识形态工作大局，事关中国特色社会主义事业后继有人，事关实现中华民族伟大复兴的中国梦。"[1] 内涵式发展须围绕课程在社会主义全局中的基本定位而展开战略部署。在现实发展中，课程表现出"说教课""假大空"等不被看好的种种问题。战略部署的提出与现实发展的困难，愈加强化了人们对内涵式发展战略的心理期待。急切的心理期盼容易遮蔽课程发展应循的基本规律，而形成主观的思想判断，具体表现出"机械论"与"万能论"两种武断的认识与看法，在此有必要做一澄清。

"机械论"表现为对高校思想政治理论课发展的片面、静止和孤立认识。"仅从表面上、形式上，甚至采取对号入座的简单方法去分析问题，属于机械论的范畴"[2]，而缺乏用全面、运动和联系的辩证思维方法去认识事物的本质及其发展的过程。那种将高校思想政治理论课内涵式发展理解为可以机械地进行"复制"、"模仿"、采取"同一性"的发展模式，并且排斥外延式的发展，或是仅就进行一些没有触及学生思想灵魂的"花式"改革、对发展质量的"指标性"评价等看法和做法，都属于对内涵式发展的"机械论"认知误区。

"万能论"认识实质上是片面地夸大了高校思想政治理论课内涵式发展

---

[1] 中宣部等部门：《普通高校思想政治理论课建设体系创新计划》（教社科〔2015〕2号），2015年7月27日。

[2] 罗建平、尚文天：《马克思主义理论学科建设与思想政治理论课程建设支撑关系研讨中的机械论评析》，《前沿》2014年第Z6期。

的作用和功能，以为据此就可以解决课程发展的一切困难和问题。从一定程度上说，内涵式发展摆脱了课程体系要素数量与规模的"贫穷状态"，历史性地解决了以往发展中所存在的诸多数量性问题，是在数量和规模建设方面取得巨大成绩基础上的进一步发展。在解决发展基础性制约问题以后，课程发展中深层次的诸如课程教学吸引力、教学实效性、课程意识形态教育和巩固作用与职能的充分发挥、有效贯彻落实立德树人根本任务方面的问题，依然是当前和未来发展中亟须深化改革和发展以应对的重大问题，也是内涵式发展趋势中必然观照的根本性问题。

概言之，高校思想政治理论课内涵式发展并非对发展模式的简单套用，也并非能够笼统地解决历史发展中的所有问题。面临发展新问题与部分老问题叠加的基本事实，继续保持课程的内涵特色与功能优势，在回应时代发展的新要求中，切实提高课程质量，不断满足大学生发展需求，更加高效地培养出更多的担当民族复兴大任的时代新人，以促进经济社会的发展和进步，是课程内涵式发展的规划和设计中所必须遵循的基本事实和要完成的根本任务。反之，对高校思想政治理论课可发挥作用的任何片面、夸大化理解和认识都是错误和不当的。

第四章 高校思想政治理论课内涵式发展的现实基础

习近平总书记在"3·18"会议的讲话中，从"根本保证""有力支撑""深厚力量"的外因维度、课程自身发展积累的规律与经验的"重要基础"维度，指明了新时代高校思想政治理论课发展的基础与条件。高校思想政治理论课建设要以习近平总书记的重要论述为指引，积极探寻在我国社会条件下可利用的现实资源与基础条件，不断提升高校思想政治理论课内涵式发展的水平与高度。其中，经验基础已在对课程各个阶段发展历史的梳理中有所阐释，本章主要从外因的"三大基础"出发，并结合新时代大学生的新特点与发展困惑问题，统筹国家与社会的发展现实与受教育者的发展实际，深刻阐释有利于推进高校思想政治理论课内涵式发展的现实基础。

一 高校思想政治理论课内涵式发展的思想保证

中国共产党坚持以马克思主义为指导，始终代表中国先进生产力的发展要求、代表中国先进文化的前进方向、代表中国最广大人民的根本利益，肩负着对大学生进行国家统一的思想观念、政治观点和道德原则的教育引导职责；同时，党的领导是高校思想政治理论课内涵式发展的根本保证，并为课程发展提供马克思主义的思想指导和中国特色社会主义学科体系的基础保证。

（一）以党的领导为根本保证

党的领导是课程建设与发展的重要保证。"新中国70年高校思政课建设的历史表明，凡是坚持和巩固党的领导，高校思政课就会不断得到加强和改进；凡是动摇和削弱党的领导，高校思政课就会遭受严重干扰和挫折。"① 党的政治领导与严格要求，推进着课程的建立并逐步走向制度化、规范化与科学化的发展，是高校思想政治理论课内涵式发展的最根本保证。

党的领导为课程发展树立政治导向。高校思想政治理论课是体现社会主义大学本质特征的课程，须在党的正确领导下，坚持马克思主义指导地位，全面贯彻社会主义的教育方针，用习近平新时代中国特色社会主义思想铸魂育人，坚持社会主义办学方向，落实立德树人的根本任务，努力培养担当民族复兴大任的时代新人，培养德智体美劳全面发展的社会主义建设者和接班人，以完成党和人民的重托。在课堂教学中要摆明社会主义的基本立场，有力地驳斥各种错误思潮、批判诋毁社会主义的错误言论；在教师选配和评聘的考核中，要把合格的政治素质作为基本原则和底线，思政课教师必须是党执政的坚定支持者和马克思主义的传播者，要做政治上的"明白人""老实人"；在效果评价方面，要将大学生对党和社会主义制度的拥护，身负的爱国情、报国志和强国的行动实践作为其思想道德素质提升的重要评价内容。从课程建设的大局看，党主要从工作格局、队伍建设、支持保障三个方面采取有效措施，以保证课程建设的良性发展。

党的领导为课程建设提供政策保障。"我国高校任何一门思想政治理论课程的设立，都是由国家教育主管部门，甚至由党中央直接确定；思想政治理论课程方案的任何一次变更，都需要教育行政主管部门和党中央直接决策。"② 在思政课课程方案的每一次调整与改革的关键期，党中央都会审时度势地提出指导性意见，然后由组织部、宣传部、教育部等职能部门负责党中央精神与指导意见的下发、贯彻和落实，并推进形成高校思政课课程改革的具体意见与实施方案，形成课程改革的完整部署，切实地指导课程发展与建设。

党的领导为课程设立纪律规范。高校思想政治理论课的意识形态性，决定了课程教学必须遵循基本的政治规范与政治要求，这表现为在具体的教材内容编写与出版、科学理论研究与创新、理论知识传播内容及教学话

① 骆郁廷、秦玉娟：《新中国 70 年高校思想政治理论课建设的回顾与展望》，《思想理论教育导刊》2019 年第 11 期。

② 骆郁廷：《高校思想政治理论课程论》，武汉大学出版社，2006，第 39 页。

语表达方式等各个方面，都必须严格遵循党的宣传思想工作纪律与要求。"要严守党的政治纪律和政治规矩，严守党的宣传纪律，把讲政治作为第一位的要求。"① 广大思政课教师要严把"政治关"，自觉增强"四个意识"，坚定"四个自信"，做到"两个维护"，不得传播与党和国家政治路线方针政策相悖的言论，应当"始终在政治立场、政治方向、政治原则、政治道路上同以习近平同志为核心的党中央保持高度一致"②，对于不能保持一致的教师要坚决执行退出机制。

（二）以马克思主义为指导思想

马克思主义是立党立国和建立社会主义制度的根本指导思想，意识形态性是思想政治理论课的鲜明属性。高校思想政治理论课内涵式发展必须坚持以马克思主义为指导。马克思主义是关于自然界、人类社会、人类思维发展的一般规律，是被实践证明了的科学真理。"新形势下，坚持马克思主义，最重要的是坚持马克思主义基本原理和贯穿其中的立场、观点、方法。这是马克思主义的精髓和活的灵魂。"③ 总体而言，马克思主义从辩证唯物主义与历史唯物主义的世界观与方法论、科学社会主义与共产主义的社会理想、坚持为无产阶级与广大人民谋利益的政治立场等维度，为高校思想政治理论课内涵式发展提供思想上的指导。

第一，马克思辩证唯物主义与历史唯物主义的世界观与方法论，从思想源头上保证课程理论知识的科学性与课程说服力。高校思想政治理论课程的内容很丰富，包括马克思主义基本原理和马克思主义中国化的理论成果以及不断发展着的党的创新理论、关于国际国内形势判断的理论，课程既要开展主流意识形态的正面教育，又必须对错误思潮和言论进行客观评判。习近平总书记明确指出："马克思主义理论的科学性和革命性源于辩证唯物主义和历史唯物主义的科学世界观和方法论，为我们认识世界、改造

---

① 人民日报评论员：《让党的旗帜在宣传思想战线高高飘扬——论学习贯彻习近平总书记在全国宣传思想工作会议重要讲话精神》，《人民日报》2018 年 9 月 2 日。

② 教育部：《新时代高等学校思想政治理论课教师队伍建设规定》（中华人民共和国教育部令第 46 号），2020 年 1 月 16 日。

③ 习近平：《在哲学社会科学工作座谈会上的讲话》，人民出版社，2016，第 13 页。

世界提供了强大思想武器，为世界社会主义指明了正确前进方向。"① 高校思想政治理论课从根本上说，是用马克思主义理论的科学性、真理性去说服人、打动人、引导人，而"理论只有彻底才能说服人。"② 马克思的辩证唯物主义和历史唯物主义是科学的世界观和方法论，不仅告诉我们世界的本原是什么，而且指导我们怎样去改造世界，将其关于解释与回答世界本原与发展中的"运动""变化""发展""实践""革命""社会存在与社会意识""历史与人民群众""经济基础与上层建筑""生产力与生产关系"等基本观点和方法运用于课程的说服教育，以保证课程理论教育的科学性和彻底性。

第二，马克思的科学社会主义和共产主义社会理想，从根本上保证课程发展契合人的全面发展需要与人类社会彻底解放的理想目标。高校思想政治理论课专做大学生的思想教育工作，须满足学生发展的需求。虽然不同时代、不同个体的大学生具备各自的思想特点和发展需求，但毫无疑问，每一个体的命运与发展需求都必然地与他所处的国家与时代的发展有关，"每一代青年都有自己的际遇和机缘"。③ 一方面，马克思主义指向人的全面发展和共产主义理想目标下人类社会的彻底解放，"马克思主义坚持实现人民解放、维护人民利益的立场，以实现人的自由而全面的发展和全人类解放为己任，反映了人类对理想社会的美好憧憬"④，在终极指向上契合大学生全面发展的需求；另一方面，须在课程教育中，将大学生的个体发展及需求同社会发展的长期目标与现实状况有机统一起来，激励大学生勇于承担时代责任和历史使命，将个人的远大抱负与脚踏实地结合起来，把握好人生的最大际遇——努力"成为社会主义建设者和接班人，不辱时代使命，不负人民期望"。⑤

第三，马克思为无产阶级和广大人民谋利益的政治立场，保证课程始终体现社会主义的本质特征。高校思想政治理论课是体现社会主义大学本质特征的课程，课程教育始终贯穿无产阶级与资产阶级对立、社会主义必

---

① 习近平：《学习马克思主义基本理论是共产党人的必修课》，《求是》2019 年第 22 期。
② 《马克思恩格斯文集》第 1 卷，人民出版社，2009，第 11 页。
③ 习近平：《在北京大学师生座谈会上的讲话》，人民出版社，2018，第 3 页。
④ 习近平：《在哲学社会科学工作座谈会上的讲话》，人民出版社，2016，第 8~9 页。
⑤ 习近平：《在北京大学师生座谈会上的讲话》，人民出版社，2018，第 11 页。

然战胜资本主义的基本立场与原则，在教育中要引导学生正确认识世界和中国发展大势、正确认识中国特色和国际比较，在纵横比较中，帮助学生全面客观地认识中国特色社会主义道路来之不易的曲折和必然发展的前进大势，自觉抵制所谓"共产主义过时论"等意识形态偏见与历史短见，杜绝"外国的月亮比中国圆"的错误思想，"不断树立为共产主义远大理想和中国特色社会主义共同理想而奋斗的信念和信心"。① 推进课程的实践教学，保障大学生参与广泛的社会主义实践，了解国情与民生，将理论知识同生产劳动实践相结合，在社会实践和社会活动中坚定对劳动人民的感情、对社会主义建设的责任、对党和国家的热血忠诚，并在毕业后主动将厚植于心底的爱国情、报国志投入社会主义现代化建设中去，同广大人民群众一起，团结奋斗，为民族复兴铺路架桥、为社会主义事业添砖加瓦。

（三） 以马克思主义理论学科体系为学理依据

中国特色社会主义学科体系经历了从无到有、从弱到强，逐步发展建设的过程。中国特色社会主义学科体系的建设与成熟，意味着我国的科学研究及其知识成果由对外依赖到独立创新的历史转变，是我国科学文化建设的一项重要内容，是中国文化软实力的具体表现，构成支撑中国高校思想政治理论课建设的学理前提。其中，马克思主义理论学科体系为课程发展提供基础保证，并由其领航中国特色的哲学社会科学体系的繁荣发展，为课程建设提供丰富的理论资源，而包括研究信息技术在内的部分自然学科亦为课程建设提供可利用的技术手段方面的思想资源。

马克思主义理论学科体系为课程发展提供基础保证。马克思主义理论学科体系是在马克思主义理论一级学科下由 7 个二级学科构成的严密逻辑体系，从 2005 年学科设立之初，即体现着中国特色社会主义学科体系的特点，是以马克思主义为指导且将其作为核心内容的知识体系，"是我国特有的一门政治性、科学性和实践性很强的学科，只能加强，不能削弱"②。学科的设立直接服务于思想政治理论课的教育教学，在思想政治理论课教育教学

---

① 《习近平关于青少年和共青团工作论述摘编》，中央文献出版社，2017，第 40 页。
② 教育部思想政治工作司组编《加强和改进大学生思想政治教育重要文献选编（1978—2014）》，知识产权出版社，2015，第 294 页。

中具有基础性、全局性和战略性地位。"它最初直接起因是思想政治理论课程建设，是应对思想政治理论课建设需要而诞生和发展的。"① 应对思想政治理论课教育教学的科学化要求与实效提升的迫切需要，学科体系具体可从理论教育内容、教学研究、教师队伍培养等方面提供学理基础的保证。思想政治理论课只有建立在一定的学科基础之上，才能保证课程的"学术含金量"，逐步消除他者对课程"非学术"的看法。

马克思主义理论学科与时俱进不断发展的品质，为新时代课程发展和建设提供相匹配的思想理论资源。"'办好思想政治理论课'与'建强马克思主义理论学科'的关系，讲到底，是一种需要二者'拧成一股绳、形成一股劲'的关系。"② 一方面，经过10多年的发展，马克思主义理论学科自身的内涵不断丰富，在与自身相关的马克思主义哲学、科学社会主义等关系的区分中，进一步明确了学科边界，对学科内涵、研究内容、基本特性的认识更加清晰，学科意识日益增强、学科内容更为聚焦，学科逻辑体系日益严密，在服务思政课教学方面发挥更为有效的作用和功能。具体表现为：所分化出的二级学科直接对应各门课程及其具体教学内容模块，与课程内容的匹配度进一步增强；在科学研究中不断聚焦思想政治理论课的重点与难点问题，开展思想政治理论课教学规律研究，并且在"促进思想政治理论课教师专业发展、建立符合思想政治理论课的评价体系"③ 等方面进行有效的探索，以此为课程建设提供更加全面的支持与保障。

另一方面，马克思主义理论领航中国特色的哲学社会科学体系的繁荣发展，为课程建设提供丰富的理论资源。"坚持马克思主义为指导，是当代中国哲学社会科学区别于其他哲学社会科学的根本标志"，要在马克思主义指导下，积极构建具有"继承性、民族性""原创性、时代性""系统性、专业性"④ 的中国特色的哲学社会科学体系。马学科"在马言马"，思政课堂必然传播"马言马语"，但同时也要跳出狭小的封闭圈子，去大胆地吸收

---

① 余双好：《在服务思想政治理论课建设中实现马克思主义理论学科发展》，《理论与改革》2019 年第 3 期。
② 张雷声：《思想政治理论课的思想理论性资源供给研究》，《理论与改革》2020 年第 1 期。
③ 余双好：《在服务思想政治理论课建设中实现马克思主义理论学科发展》，《理论与改革》2019 年第 3 期。
④ 习近平：《在哲学社会科学工作座谈会上的讲话》，《人民日报》2016 年 5 月 19 日。

借鉴人类一切优秀的思想文化资源。"把'引进来'和'走出去'统一起来，加强与国外马克思主义理论研究领域的交流合作和互学互鉴，全方位拓展马克思主义理论研究的国际视野。"① 这需要凭借马克思主义理论以其真理的科学性、鉴别力和包容力及其在主流意识形态方面的领导力，不断加大对人类其他思想文化知识的吸收和借鉴，大力构建中国特色的哲学社会科学体系。需要以中国特色社会主义学科体系奠基思想政治教育的学科发展，将多学科的理论知识拧成一股绳。在马克思主义理论学科精神引领下，以其他相关学科的思想理论为补充而为思政课提供更为丰富的理论参照，为思政课教学提供多途径的思维论证、更开阔的文化视野和丰富的话语体系，推进思政课在马克思主义理论教育的本质坚守中，扎根中国大地，建立在中国特色哲学社会科学更为广博的稳固地基之上。同时，可借助自然学科中发明的新技术新手段，作为工具、方法和途径以推进课程建设。

综上，高校思想政治理论课内涵式发展须以党的领导作为政治保证，由此而获得马克思主义的思想保证和中国特色社会主义学科体系的基础保证。习近平总书记指出："党中央对教育工作高度重视。我们对思想政治工作高度重视，始终坚持马克思主义指导地位，大力推进中国特色社会主义学科体系建设，为思政课建设提供了根本保证。"②

二 高校思想政治理论课内涵式发展的有力支撑

高校思想政治理论课内涵式发展必须立足时代、扎根现实。新时代中国特色社会主义理论与实践的发展是高校思想政治理论课建设的宏观背景与现实基础。具体而言，中国特色社会主义在新时代的新发展、新境界和新气魄，为高校思想政治理论课内涵式发展提供了实践、理论与信心的现实支撑。

（一）中国特色社会主义实践发展的支撑

中国独特的发展道路与现代化建设取得的重大成就，为高校思想政治

---

① 麻海山、程恩富：《中国马克思主义理论研究 70 年》，《毛泽东邓小平理论研究》2019 年第 12 期。
② 《习近平谈治国理政》第 3 卷，外文出版社，2020，第 329 页。

理论课内涵式发展及其建设提供日益充足的物质保障和坚实的社会根基。在改革开放政策的推动下，我国开辟了符合中国国情且富有中国特色的独特发展道路，社会主义现代化事业在摸索中向前，取得了可喜的成绩，中国社会发生了由"站起来"向"富起来"的历史巨变；党的十八大以来，中国特色社会主义现代化事业继续大步向前，取得了举世瞩目的巨大成就。"当代中国的伟大社会变革，不是简单延续我国历史文化的母版，不是简单套用马克思主义经典作家设想的模板，不是其他国家社会主义实践的再版，也不是国外现代化发展的翻版，不可能找到现成的教科书。"① 当前中国经济总量稳居世界第二，综合国力和国际影响力明显提升，党的领导能力和水平、国家的经济面貌、人民的生活水平、中华民族的国际地位都发生了前所未有的变化，中国社会开始由"富起来"向"强起来"的发展转变，开辟了中国特色社会主义实践发展的崭新境界。

高校思想政治理论课服务于中国特色社会主义实践发展的整体需要，以培养担当民族复兴大任的时代新人为课程的教育目标。同时，新时代中国特色社会主义实践取得的巨大成就，为思想政治理论课发展提供了更加强有力的物质保障和社会支撑。一方面，作为观念的上层建筑，课程建设植根于新时代社会主义建设的伟大实践，以此作为现实背景与条件，坚持理论与实际相结合的原则，把思政小课堂同社会大课堂结合起来，充分挖掘新时代社会实践的生动案例、真实故事、先进典型、经验教训，以丰富课程的教学素材，作为理论说服的有力佐证，增强课程教育的实效性和科学性，履行好"四个服务"的时代使命。另一方面，新时代逐步加大对课程基础保障的资金投入，调动和激发系统各要素的活力，包括提供资金用于重点马院、重点学科和重点课程的扶持建设，以专项资金投入保证课程实践教学的开展与效果，同时用于支持教学改革、科研项目、著作出版、专业期刊建设等方面，投入专项资金用作思政课教师的培训、考察、交流、学习等方面，将工作业绩与工资绩效相挂钩切实地提高思政课教师的福利待遇。概言之，社会主义现代化建设来之不易的可喜成绩，意味着可为高校思政课建设提供坚实的基础与保障。

---

① 习近平：《在哲学社会科学工作座谈会上的讲话》，人民出版社，2016，第21页。

（二）中国特色社会主义理论发展的支撑

习近平新时代中国特色社会主义思想，开辟了马克思主义中国化新境界。这一思想，是在当今世界经历新变局、科学社会主义迈向新阶段、中国特色社会主义进入新时代，以及我们党面临执政新考验的历史条件下形成和发展起来的。"习近平新时代中国特色社会主义思想，是马克思主义中国化最新成果，是党和人民实践经验和集体智慧的结晶，是中国精神的时代精华，是国家政治生活和社会生活的根本指针。"[①] 高校思想政治理论课是反映社会主义意识形态属性的理论课程，必须紧密结合社会主义的发展实际进行理论解读、宣传和教育，建立在现实发展着的中国化的马克思主义理论成果基础之上。新时代中国特色社会主义思想为课程建设提供思想遵循与理论依据，使课程发展建立在马克思主义中国化的崭新理论成果的根基之上，并随着时代发展与理论创新的脚步，不断校准自身发展的时空方位，实实在在地适应和满足国家和社会发展的需要。

高校思想政治理论课要紧跟时代发展，坚持以习近平新时代中国特色社会主义思想铸魂育人为主线，通过科学研究推进中国特色社会主义思想的课程内容整合，切实推进新时代中国特色社会主义思想"三进"，帮助大学生正确认识中国特色社会主义的科学性与特殊性。"将习近平新时代中国特色社会主义思想融入思政课话语体系，为学科话语体系建设提供科学的理论指引，为教材话语体系建设提供充裕的解释资源，为教学话语体系建设提供权威的参考典范。"[②] 具体而言，用新时代中国特色社会主义思想铸魂育人，就要在对"十个明确""十四个坚持"的理论解读中，让大学生从知识上理解"坚持和发展什么样的中国特色社会主义、怎样坚持和发展中国特色社会主义"的重大问题；用新时代中国特色社会主义思想中的理论素材、鲜活话语和思维视野，去引导大学生，激发他们的理论热忱；用新时代社会主要矛盾的新变化、"五位一体"总布局、"四个全面"战略布局、中华民族伟大复兴中国梦等思想观点启发大学生，使其在心底厚植爱国、

---

① 中共中央宣传部：《习近平新时代中国特色社会主义思想三十讲》，学习出版社，2018，第 1 页。

② 李忠军：《用习近平新时代中国特色社会主义思想铸魂育人》，《中国高校社会科学》2019年第 3 期。

报国和强国的情感，做新时代的追梦人和圆梦人；用新时代中国特色社会主义思想中关于国内外形势判断的观点去教育大学生，引导大学生审时度势，敢于担当民族复兴大任。概言之，高校思想政治理论课以习近平新时代中国特色社会主义思想铸魂育人，不断提升大学生的思想政治理论素养，实现知、情、意、行的有机统一。

（三）中国特色社会主义"四个自信"的底气支撑

"05方案"开局时，高校思想政治理论课建设面临着严峻的形势，表现出"意识形态领域受历史虚无主义、自由主义等各种错误思潮的冲击，西方敌对势力对中国特色社会主义否定、分化"的严峻挑战问题，以及"马克思主义理论被边缘化，马克思主义理论教师匮乏、高校思想政治教育疲软、马克思主义理论研究不深"的具体问题[1]，且这样的局面不可能一下子扭转过来。"马克思主义过时"论、"意识形态说教"论，以及在一些领域中马克思主义"被边缘化、空泛化、标签化，在一些学科中'失语'、教材中'失踪'、论坛上'失声'"[2]，中国特色社会主义学科体系薄弱的事实，严重制约着高校思想政治理论课发展的信心与底气，高校思想政治理论课也被贴上"道德说教""政治洗脑""假大空"的标签，被外界所怀疑，甚至否定。其实，每个国家都会按照自己的政治要求去培养人，各国高校都有"思政课"，只是各自的形式和方法不同而已，我国高校思想政治理论课被质疑，同我国社会主义发展程度不高而处于初级阶段的现实有关。

我国的社会主义初级阶段具有长期性，社会主义优越性的彰显需要较长的时间，作为上层建筑的中国哲学社会科学的发展亦存有很大的完善空间，尤其在自我解说的能力及话语体系方面。"落后就要挨打、失语就要挨骂"。中国发展不自信的状态，在思想文化领域表现出"言必称希腊"的做法，甚至在国内外的舆论中散播着"资本社会主义""国家资本主义""新官僚资本主义"[3]的错误言论，而"用西方资本主义评价体系来衡量我国发展，符合西方标准就行，不符合西方标准就是落后的、陈旧的，就要批判、

---

① 韩喜平：《以问题导向推动马克思主义理论学科发展》，《理论与改革》2019年第3期。
② 习近平：《在哲学社会科学工作座谈会上的讲话》，人民出版社，2016，第10页。
③ 《习近平总书记系列重要讲话读本》，学习出版社、人民出版社，2016，第29页。

攻击"的做法，其后果是"不堪设想"①。这些对于高校思想政治理论课而言，意味着课程建设所依托的理论信心、话语信心和文化信心不足。

新时代，中国特色社会主义道路自信、制度自信、理论自信与文化自信的增强，日益为高校思想政治理论课建设提供更加强有力的信心和底气的支撑。中国特色社会主义进入新时代，中国日益走近世界舞台中央，中华民族伟大复兴的梦想愈加接近实现，我国的国际影响力、传播力和榜样作用日益提升。"中国特色社会主义这条道路，我们看准了、认定了，必须坚定不移走下去。"② 虽然"中国威胁论""中国崩溃论"等噪声杂音依然存在，但是"国际社会对中国发展的关注、认同与日俱增。"③ 中国逐步走向强大，中国特色社会主义在经济政治文化社会发展的各维度均取得重大成绩，愈加凸显中国特色社会主义的道路自信、理论自信、制度自信和文化自信。"我们对中国特色社会主义的自信，来源于实践、来源于人民、来源于真理。"④ 在中国社会整体发展自信的基础上，愈加能够在思想文化领域形成清醒的理论自觉、正确的价值理念、坚定的政治信念与科学的思维方法。在这样的信念根基之上，思想政治理论课就愈加能够增强建设的底气，日益地坚定发展的信心。"办好思政课，要放在世界百年未有之大变局、党和国家事业发展全局中来看待，要从坚持和发展中国特色社会主义、建设社会主义现代化强国、实现中华民族伟大复兴的高度来对待。"⑤ 我们办中国特色社会主义高等教育，就要扎根新时代中国的国情与现实，理直气壮地开办好高校的思想政治理论课，努力地培养一代又一代立志为中国特色社会主义事业奋斗终生的自信青年、有为青年和有用之才。

综上，新时代高校思想政治理论课内涵式发展，扎根中国大地与现实，并从中国特色社会主义理论和实践发展的新境界，中国特色社会主义"四个自信"中获取理论、实践与信心方面的支撑。"我们对共产党执政规律、

---

① 《习近平在全国党校工作会议上的讲话》，《求是》2015 年第 9 期。
② 《习近平总书记系列重要讲话读本》，学习出版社、人民出版社，2016，第 30 页。
③ 新华社评论员：《讲好中国故事展现中国形象——五论学习贯彻习近平总书记在全国宣传思想工作会议重要讲话》，http://www.xinhuanet.com/politics/2018-08/26/c_1123330490.htm，最后访问日期：2018 年 8 月 26 日。
④ 《习近平总书记系列重要讲话读本》，学习出版社、人民出版社，2016，第 40 页。
⑤ 中共中央办公厅、国务院办公厅：《关于深化新时代学校思想政治理论课改革创新的若干意见》，2019 年 8 月 14 日。

社会主义建设规律、人类社会发展规律的认识和把握不断深入，开辟了中国特色社会主义理论和实践发展新境界，中国特色社会主义取得举世瞩目的成就，中国特色社会主义道路自信、理论自信、制度自信、文化自信不断增强，为思政课建设提供了有力支撑。"①

三　高校思想政治理论课内涵式发展的文化源泉

文化具有向心力、凝聚力、创造力和包容力。中国特色社会主义文化是包括中华优秀传统文化、革命文化和社会主义先进文化在内的有机整体。中国特色社会主义文化为中国特色社会主义事业及其各个领域的发展提供深厚的精神力量，高校思想政治理论课内涵式发展亦需从中国特色社会主义文化中获取深厚的精神力量。

（一）汲取中华优秀传统文化的深厚力量

中华优秀传统文化为高校思想政治理论课内涵式发展提供深厚的精神力量，包括道德力量、方法力量和历史力量等内容。

一则，汲取中华传统美德的力量。中华优秀传统文化博大精深，美德的思想资源包括国家大德、社会公德、家庭美德和个人品德各个维度，具体包括爱国、统一、睦邻，义气、厚德、诚信，和谐、孝敬，慎独、修身等内容。中华传统美德是高校思想政治教育的重要精神资源，在高校思想政治理论课对大学生道德品质培养方面，传统美德以其深厚的情感共鸣、精神纽带与群众基础而发挥重要的精神力量作用，但需通过高校思想政治理论课的教育引导以融入青少年的思想修养和道德品质之中，以传统美德涵育大学生的高尚道德情操。

二则，吸取传统德育的方法力量。我国古代社会特别注重优秀"德行"的榜样作用和个体的自觉追求，立德修身是古代社会追求崇高人生境界的重要手段，而个体道德习得的自觉性恰是当前高校思想政治理论课教育迫切需要加强的内容。因此，可重点借鉴传统修身养德、以身作则、因材施教、启发诱导、情感陶冶等德育方法，加以现代教育方式的有效转化，从提升理论教育的亲和力、吸引力、渗透力等方面助力提升高校思想政治理

---

① 《习近平谈治国理政》第3卷，外文出版社，2020，第329页。

论课的教育实效。

三则，通过开设与中华优秀传统文化相关的选修课程，汲取中华优秀传统文化的历史力量。在高校思想政治理论课的教育实施环节，既可开设具体的与中华优秀传统文化相关的系列选择性必修课程，又可将中华优秀传统文化中的宝贵思想资源，以"大思政课"的方式有所选择和侧重地输入高校其他课程体系中去，如将重民本、讲仁爱、守诚信、崇正义、尚和合、求大同的思想理念，以及真诚善良、自强不息、重情重义、宽容平和、见义勇为、尊老爱幼等精神品格，广泛地渗透到专业课、通识课等其他课程中去，为高校思想政治理论课提供全面而丰富的内涵给养。

（二）浸润革命文化的精神养料

革命文化是高校思想政治理论课的宝贵精神力量。习近平总书记指出："革命老区是党和人民军队的根，我们不能忘记我们是从哪里走来的，永远都要从革命历史中汲取智慧和力量。"① 高校思想政治理论课内涵式发展，要坚持把红色资源利用好、把红色传统发扬好、把红色基因传承好。反之，革命文化亦是高校思想政治理论课内涵式发展的精神养料。

首先，从革命精神的历史脉络中获取精神养分。在党的带领下，中国人民铸就了薪火相传、百折不挠的革命精神，如民立革命时期的建党精神、井冈山精神、苏区精神、长征精神、抗战精神、延安精神、西柏坡精神，和平建设年代的大庆精神、"两弹一星"精神、抗洪精神、抗震救灾精神、载人航天精神、抗疫精神等，是民族精神中的"硬核"内容，鼓舞和激励着一代又一代的中国人奋力前行、战胜艰难险阻而走向独立和更加美好的明天，是高校思想政治理论课的宝贵资源。

其次，从革命道德原则与道德模范身上获取人生价值力量。中国共产党在带领中国人民进行艰苦卓绝的革命斗争中，产生了一系列的道德规范、要求与准则，如作为共产党人应有的恪守信仰、忠于组织、服从集体、不怕牺牲的信条，甘心奉献、自力更生、艰苦奋斗、谦虚谨慎、戒骄戒躁的道德纪律与原则，并涌现出一大批的道德模范，如毛泽东、周恩来、刘少奇、朱德、邓小平等老一辈革命家，以及方志敏、杨开慧、赵一曼、王若

---

① 习近平：《论中国共产党历史》，中央文献出版社，2021，第62页。

飞等革命先烈，形成了中国共产党人高尚的道德境界与价值追求——"为中国人民谋幸福、为中华民族谋复兴"。将共产党人的崇高道德与价值追求全方位地渗透和融入高校思想政治理论课程的建设中去，扩展教育格局，引导大学生树立正确的人生价值观，克服小我的狭隘，树立大我的奉献精神，将个人的发展与国家的前途命运紧密相连。

最后，从革命文化中获取可利用的丰富教育资源。一则，从革命文化所引领的党史军史国史中提取教育资源，遵循历史的客观规律，结合共产党员的先进事迹，帮助大学生正确认识党的执政地位和中国社会主义制度的来之不易，培养大学生坚定地拥护中国共产党领导和我国社会主义制度。二则，我国"拥有大量革命遗存，其中登记在册的革命旧址遗址达 3 万多处，可移动革命文物近 50 万套"[1]，是高校思想政治理论课程建设不该忽视的一笔宝贵资源。以此为平台，推进课程实践教学，带领学生走进遗存、瞻仰英雄先烈、重温革命苦难，用真实的历史说话，以增强理论教育的感染力、真实性。通过现场参观和讲解，从情感上拉近学生与理论和历史的时空距离，以革命人物的正气、革命精神的能量、革命历史的威严和革命传统的力量感化和激励大学生，并以革命事迹的真实人物、具体场所和斗争的成果同历史虚无主义做斗争，积极传播主流价值，巩固意识形态的坚强阵地。

（三）获取社会主义先进文化的丰富资源

社会主义先进文化可为高校思想政治理论课建设和发展提供重要的时代力量、知识力量和自立力量。

第一，可从社会主义先进文化中获取课程发展的时代力量。社会主义先进文化是基于我国社会主义制度的建立、探索、改革和发展完善的进程，而与时俱进形成的关于社会主义发展与建设的先进思想理论内容体系、课程建设要从对社会主义先进文化历史脉络的把握中，加深大学生对当代中国社会主义的思想认知与心理认同。"社会主义先进文化彰显了当今时代特点与时代力量，为思想政治理论课建设引导青年学生关注时代、把握时代、

---

[1]　王磊、景飞：《用革命文化资源提高思政课水平》，《思想政治工作研究》2019 年第 6 期。

投身时代提供了佐证。"①

第二，可从社会主义先进文化中获取课程的知识力量。马克思主义指导地位的确立，社会主义核心价值体系的凝练，社会主义核心价值观的培育，不同职业、不同群体基本道德规范的生成等，为高校思想政治理论课的理论内容及其教育设定了原则与规范。在社会主义先进文化中形成的丰富理论知识内容，如社会主义的本质理论、发展阶段理论、"五位一体"总体布局、"四个全面"战略布局等，这些知识的学习可以帮助青年大学生真实地了解国情与现实，拥护党的领导，紧跟着党举起中国特色社会主义的伟大旗帜。

第三，可从社会主义先进文化中获取课程发展的自立力量。社会主义先进文化与时代发展共进步，蕴含着改革创新的时代精神，彰显着时代发展的气息脉搏和潮流特色。新时代，社会主义文化强国战略的部署和实施，不断增强我国的文化软实力，提升着中华文化的国际影响力。在此基础上，高校思想政治理论课作为具有中国特色的理论课程，在"双一流"大学建设的引领下，课程自身的特色与优势将获得更为广泛的认可、认同和支持，逐步迈向内涵式发展的重要阶段。

综合而言，中国特色社会主义文化是课程建设发展的深厚力量之源，"中华民族几千年来形成了博大精深的优秀传统文化，我们党带领人民在革命、建设、改革过程中锻造的革命文化和社会主义先进文化，为思政课建设提供了深厚力量。"②

四 高校思想政治理论课内涵式发展的现实学情

高校思想政治理论课内涵式发展，坚持以立德树人为根本任务，始终围绕学生、关照学生、服务学生，大力培养学生，以提高大学生的思想水平、政治觉悟、道德品质为宗旨，将培养担当民族复兴大任的时代新人、德智体美劳全面发展的社会主义建设者和接班人作为育人的目标。高校思想政治理论课内涵式发展的学情基础分析，即是从新时代大学生的基本状

---

① 陈金龙：《新时代思想政治理论课建设的文化力量》，《马克思主义理论学科研究》2019 年第 3 期。
② 《习近平谈治国理政》第 3 卷，外文出版社，2020，第 329 页。

况出发，及时跟踪大学生发展的新特点，回应大学生的理论困惑、人生困惑与实际困惑，以此为前提而去开展更加有效和高效的思想政治教育和教学活动。

（一）掌握新时代大学生的新特点

新时代大学生多数已是"00后"（研究生多是"95后"），他们生活在中国由"富起来"到"强起来"的巨大转变与进步之中，表现出新时代大学生不一样的精神风貌与发展新特点。

首先，新时代大学生是朝气蓬勃、好学上进、视野宽广、开放自信的一代。习近平总书记指出："每一代青年都有自己的际遇和机缘。"[①] 现在高校学生大多是"95后"，再过两年，21世纪出生的青少年也将走进高校校园。他们朝气蓬勃、好学上进、视野宽广、开放自信，是可爱、可信、可为的一代。的确，如总书记所言，大学生正处于人生的黄金期，身心都在飞速的发展并走向成熟，他们朝气蓬勃、精力充沛、才思敏捷。在大学的文化前沿阵地，接受先进科学文化知识的正规教育，感受人类文明思想的交流与碰撞，大学生思维开阔、博采众长、视野宽广。在经济全球化、世界一体化和信息技术现代化的潮流面前，立身中国特色社会主义"四个自信"日益彰显的时代方位，当代大学生开放自信，饱含深切的爱国情怀和民族自豪感，对中华民族的伟大复兴充满信心。

其次，新时代大学生是走在时代前列的奋进者、开拓者、奉献者。习近平总书记在北京大学师生座谈会上，号召广大青年学生"勇做走在时代前列的奋进者、开拓者、奉献者，以执着的信念、优良的品德、丰富的知识、过硬的本领，同全国各族人民一道，担负起历史重任。"[②] 21世纪成长的青年大学生，其人生成长关键期与奋斗的黄金期同祖国"两个一百年"奋斗目标的进程相一致，作为时代的引领者和开拓者，新时代大学生与祖国同命运、与时代同发展、与人民齐奋进，不断增强个人本领，磨练坚强意志，刻苦学习科学文化知识，提升个人思想道德素质，将个人的理想抱负同祖国的发展需求相结合，积极响应国家号召到祖国需要的地方去建功

---

① 《习近平谈治国理政》，外文出版社，2014，第167页。
② 《习近平谈治国理政》，外文出版社，2014，第167页。

立业。在新冠肺炎疫情防控斗争中，青年大学生不负党和人民的嘱托与期望，许多大学生参与到志愿者队伍中去，他们在各自的家乡投入信息登记、交通执勤、物资发放、车辆登记、入户调查、社区消毒等疫情防控工作。习近平总书记在给北京大学援鄂医疗队全体"90后"党员的回信中指出："你们青年人同在一线英勇奋战的广大疫情防控人员一道，不畏艰险、冲锋在前、舍生忘死，广大青年用行动证明，新时代的中国青年是好样的，是堪当大任的！"① 青年大学生成为疫情防控阻击战中一支充满活力的青春力量，他们让青春在党和人民最需要的地方绽放绚丽之花，彰显了人生的价值，给党和人民交出了合格答卷，体现出青年一代有理想、有本领、有担当的精神风貌。

最后，新时代大学生体现出物质生活殷实、精神生活丰富、人际交往网络化、生活方式多样化的发展新特点。一方面，在全面建成小康社会目标逐步实现的过程中，新时代大学生的物质生活水平不断提高，他们物质生活殷实，务实并注重个人奋斗，精神生活丰富，价值观念多元。在现代社会竞争与就业压力增大、全民创业高潮和企业创业明星人物涌现的时代背景下，大学生在入学的专业选择和毕业时的考研与就业选择时都比较务实，追求"小确幸"。在对职业生涯的规划与期望中，希望通过自己的努力和拼搏实现人生的价值，尊重个人奋斗，相信幸福都是奋斗出来的。大学生的精神生活丰富多样，除了传统的阅读、健身、电影、K歌、社团、聚餐、节日活动以外，网络游戏、娱乐平台、社交网站、电子阅读等占用了大量的时间。随着大学生接触社会和网络空间范围的扩大，个人价值观念也受到校内校外各种舆论与思想的影响，呈现出多元化的特点。总体而言，在富足生活水平条件下成长起来的新一代大学生，既表现出青年人积极向上的生活态度，也在部分大学生身上暴露出关于人生价值的衡量中看重金钱财富的取向，以及一定程度上暴露出享乐主义的生活价值观。

另一方面，新时代大学生个性化明显，人际交往网络化，生活方式自由随性。新时代大学生追求个性化发展，不喜欢被管束，不喜欢循规蹈矩，在服装打扮、生活习惯等方面崇尚个性、喜欢随性，对事物的看法有自己

---

① 《习近平给北京大学援鄂医疗队全体"90后"党员的回信》，http://www.xinhuanet.com/politics/leaders/2020-03/16/c_1125719125.htm，最后访问日期：2020年3月16日。

"独到"的见解。大学生群体常被贴上"网生代""佛系""精致利己主义者""千禧宝宝""手机控""网络控""颜控""爱学习"等具有特殊含义的标签。在人际交往方面表现出网络化特征，作为"网生代"，网络交往是"00 后"大学生的特色，手游、动漫、玄幻文学、独特语汇在大学生群体中广为流行，在网络世界里，每个人都可以用自己喜欢的方式包装和呈现自己，自由、畅通而贴切地表达自己的想法，成为网络世界的"主角"并被他人关注。大学生在生活方式方面比较随性，不愿按部就班，如在饮食起居与学习时间安排上，愿意按照自己的节奏安排生活；休闲娱乐的方式也多种多样，校内校外、网上网下可利用的娱乐资源非常丰富；在学习方面，获取知识的途径灵活多样，不再局限于课堂上教师"一对多"的讲解模式，可以选择网络课程进行自主学习，不再局限于从书本上获取知识，互联网平台的学习资源更加丰富，学生对教学的选择性增强，教师的权威性、主导性有所下降。总体而言，当代大学独立且自信，思想开放、富有创新精神，但同时存在一些问题，如在注重外表个性的同时，显现出思想内涵发展的相对不足；人际交往的网络化容易导致人与人之间失去"真切"的互动；网络娱乐时间过长而影响身心健康与学业学习；对网络信息参差不齐、真假混杂的现象缺乏足够的辨别与判断的能力，容易产生消极和负面的价值影响等。

总之，当代大学生的发展际遇恰与中国"两个一百年"奋斗目标的实现进程相一致，个人发展与社会理想相契合。虽然在他们身上也表现出个人发展不足、价值观不当的一些具体问题；好逸恶劳，只贪图物质享乐；金钱至上、诚信意识淡薄；自私自利，缺乏奉献精神等。但总体上看，当代大学生有自信、能担当，是"可爱、可信、可贵、可为"的一代，是社会主义事业建设值得托付的一代。高校思想政治理论课内涵式发展，须从新时代大学生发展的新特点出发，积极发扬大学生的优势与长处，回应并纠正大学生发展不足、不当和不利的方面，以此为基础而针对性地进行教育和引导。

（二）适应新时代大学生发展需求

高校思想政治理论课内涵式发展必须适应时代发展的变化，满足新时代大学生的发展需要。对大学生发展需要的界定不是指大学生琐碎的生活需要，而是结合大学生成长成才过程，恰与国家"两个一百年"奋斗目标实现过程相契合的特殊际遇，从国家人才培养目标与大学生成长成才需求相统一的维度，指出大学生全面发展中面临的理论困惑问题、成长成才过程中要应对的人生困惑问题、现实生活中产生的真实困惑问题，将这些归纳为需高校思想政治理论课释疑解惑的大学生发展需要问题。"不断推动思想政治理论课创新，要立足于、着眼于国家和社会发展的现实实践，与社会主义现代化建设同频共振，与当今时代和社会的发展同舞共动；要紧密结合学生的思想实际，与学生的需求期待相适应；要牢牢坚持问题导向，不断解决自身存在的问题，积极回应社会热点问题，着重解答学生成长发展与学习生活中的困惑问题。"①

首先，高校思想政治理论课内涵式发展，需直击新时代大学生发展的理论困惑问题。高校思想政治理论课质量的提升、实效的增强，必须以学生思想理论及其认知水平的提升为前提，直击并有效回应和解答大学生的思想理论困惑，是提升大学生思想理论水平的有效方式。"正视、重视、理解学生成长发展需求，是激发思想政治教育内生动力的重要内容。"② 新时代的大学生，"他们思维活跃、视野开阔、视角敏锐、善于思考，对马克思主义理论有困惑，更有期待"。③ 高校思想政治理论课内涵式发展必须积极回应大学生的思想期待，只有抓好马克思主义理论教育，做足用马克思主义进行思想培育和价值引领的内功，才能为学生一生成长奠定科学的思想基础。"思想政治理论课程主要讲国家、社会层面的宏观问题，目的在于涵养公共品质、培育公共精神。"④ 这就需要在课程教育中，结合国家与社会发展大势、中国与世界发展形势去透彻地解读马克思主义，不仅要解读经典的马克思主义，更要解读 21 世纪的马克思主义，在对"马克思主义为什么行、中国特色社会主义为什么好、中国共产党为什么能"等基本理论问题给予解答的同时，对照大学生发展的历史机遇，联系大学生实际的思想状况，回应大学生的发展需求，由此澄清大学生在一些综合性、深层次理论问题上的认识困惑，具体包括有：如何正确认识世界和中国发展大势的

① 沈壮海、董祥宾：《论新时代思想政治理论课的改革创新》，《思想理论教育》2019 年第 5 期。
② 冯刚：《增强高校思想政治教育持续发展的内生动力》，《中国高等教育》2017 年第 Z2 期。
③ 齐鹏飞：《思政课：透彻的理论有说服力》，《光明日报》2016 年 12 月 9 日。
④ 郭凤至：《高校思想政治理论课程建设研究》，北京师范大学出版社，2020，第 11 页。

理论问题、如何正确认识中国特色和国际比较的理论难题、如何正确认识时代责任和历史使命的思想观念问题、如何正确认识远大抱负和脚踏实地的思想认知问题。这些问题是关涉大学生对我国社会主义的信心、信念与责任感和具体行动的重大理论问题，是涉及大学生思想政治理论素养的知、情、意、行各个方面目标实现的基本理论问题，必然是需要高校思想政治理论课重点解答的根本性问题。

其次，高校思想政治理论课内涵式发展，需回应新时代大学生成长成才过程中遭遇的人生困惑问题。每一代大学生都有自己的际遇，作为可爱、可信、可为的一代，新时代大学生共同享有同祖国和时代一起成长与进步的机会。高校思想政治理论课，需从大学生个体成长成才同祖国建设有机联系的共同发展目标出发，积极回应新时代大学生成长成才中的人生困惑问题，包括有：个人情感与家国情怀相统一的问题、思想形成与思维发展相匹配的问题、积累知识与增长见识相协调的问题、头脑想法与行动办法相结合的问题。面对大学生成长中无法回避的人生困惑问题，高校思想政治理论课既要从马克思主义的基本原则立场方法维度给予大学生思维发展的引导，又要以马克思主义中国化的理论内容丰富大学生的头脑，在对马克思主义的活学活用中，引导大学生从个人与社会、理论与现实、学习与成长、思想与行动的辩证统一中，客观理性地看待人生、看待成长，从思想源头上去解决大学生成长的各种困惑，引导他们自觉把国家的前途命运同解决学习成长中的困惑和问题结合起来，到国家最需要的地方建功立业，以实现人生价值。

最后，高校思想政治理论课内涵式发展，需应对新时代大学生的真实困惑问题。高校思想政治理论课内涵式发展，还需从大学生的学习和生活经历的微观处着手，细致地解答如何用力、用情、用心和做人做事的基本道理。大学阶段是青年人走出家门独自应对生活的开始，大学生活自由开放，生活内容丰富多样，这里是积累知识、增长本领、聪慧大脑的科学殿堂，与志同道合的人在一起相伴生活与学习，是点燃爱情、迸发激情、拓展友情的重要阶段。但此时，大学生的知识体系尚未形成，价值观塑造尚未成型，情感心理尚不成熟，关于究竟应该"在哪用力、对谁用情、如何用心"这些方面的问题，大学生的认识还比较短浅，对做人做事的基本道理认识不够深刻。为此，高校思想政治理论课要释疑解惑，引导大学生树立正确的爱情观、学习观、事业观、奋斗观，结合国家需要而对个人的发展和需求加以全面、正确的引导，尤其引导大学生把充沛的精力用于知识的学习和个人发展的积累，厚植爱国情、坚定报国心，在文化知识学习的同时，坚定对马克思主义的信仰，坚定对社会主义和共产主义的信念，增强对中国特色社会主义的"四个自信"，把爱国情、强国志、报国行自觉融入坚持和发展中国特色社会主义事业、建设社会主义现代化强国、实现中华民族伟大复兴的奋斗之中。在释疑解惑的过程中，高校思想政治理论课要注意教育的方式方法，力避"假大空"，要主动关心学生的所思所想，不断提升教育的亲和力和针对性，讲求"亲民"的艺术性。讲理论也要接地气，让马克思"讲中国话"、讲"体己话"、讲为人处世的基本道理，让基本原理变成生动道理，指导学生健康成长。

第五章　高校思想政治理论课内涵式发展的优化策略

高校思想政治理论课内涵式发展，是以内因动力为主导，统合课程内外因要素的系统优化与建设过程。高校思想政治理论课内涵式发展的优化，负以内涵式发展的基本原则为指导，避免发展中可能出现的方向偏差与规律僭越；夯实课程内部建设的重要环节，激发课程内生动力；并整合外部环境资源，统合内外因条件以形成课程建设合力。在原则理念与建设实践的有机统一中，切实推进课程质量化与可持续性发展。

一　坚持高校思想政治理论课内涵式发展的基本原则

"原则是指人们说话或行事所依据的法则或标准。"[①] 高校思想政治理论课内涵式发展原则是依据课程的本质内涵与发展趋势，从课程内涵式发展的客观要求与规律性认识中归纳形成的对课程发展具有指导意义的基本准则。高校思想政治理论课内涵式发展须以基本原则为导向，力避发展中可能出现的方向偏差和规律僭越，从原则规范上确保课程建设不走样、发展方向不偏离、建设实践不失误，以保证课程发展的科学性。

（一）坚持党的领导

高校思想政治理论课内涵式发展必须坚持党的领导，这既是课程发展的一条基本经验，也是现实发展的一项重要原则。习近平总书记指出："办好中国的事情，关键在党。"[②] 实则也指明了党的领导是新时代推进高校思想政治理论课内涵式发展的重要保证。

---

① 思想政治教育学原理编写组：《思想政治教育学原理》，高等教育出版社，2016，第230页。
② 《习近平谈治国理政》第2卷，外文出版社，2017，第43页。

首先，高校思想政治理论课内涵式发展，须在党的领导下积极拓展课程发展的格局。高校思想政治理论课建设发展须从总的方面做好基础格局的组织协调与保障工作，积极营造合理有效、互助配合的工作格局和良好氛围。这必然依赖党中央及各级党委的集中领导和大力部署，方可从全社会和整个高校进行人力与资源的统筹、协调与引导，有效推进各方力量的积极互动与配合。要在"党委统一领导、党政齐抓共管、有关部门各负其责、全社会协同配合"① 的工作部署中，大力推动形成各个部门、各门课程、各个环节的育人合力，把思想政治教育贯穿于高校教育教学的全过程，实现全员、全程、全方位育人的大格局，继而推动形成全党全社会支持配合思政课建设，广大师生积极上好思政课的良好氛围。

其次，高校思想政治理论课内涵式发展，须在党的领导下组建一支强大的工作队伍。高校思想政治理论课建设发展必然依靠一支强有力的工作队伍。建设一支强有力的工作队伍，须在党的统一领导下严把质量观，尤以配齐建强思政课教师队伍最关键。在"建强"的质量要求方面，须以政治素养为统领，思想政治理论课教师要"在马信马""在马言马"，坚定马克思主义信仰和"四个意识"，坚持"四个自信"，自觉做到"两个维护"。与此同时，各级党委还要统筹规划，扎实推进包括地方党政领导干部、企事业单位负责人、社科理论界专家、各行业先进模范以及高校党委书记校长、院（系）党政负责人、名师大家和专业课骨干教师，以及日常思想政治教育骨干等八支队伍在内的人员队伍建设，协调多方力量共同讲好"思政课"，共同支持与配合思政课建设。

最后，高校思想政治理论课内涵式发展，须发挥各级党委的领导主体作用。高校思想政治理论课是在党的领导部署下才得以创建成功，其历史发展的每一次改革及其方案的提出都离不开党的领导和意见部署。在高校思想政治理论课内涵式发展的建设过程中，要加强党对思政课建设的领导，"严格落实地方党委思政课建设主体责任"②，切实发挥党的领导保证作用。从中央到地方和高校各级党委逐级都承担对高校思政课建设的领导职责，

---

① 习近平：《思政课是落实立德树人根本任务的关键课程》，人民出版社，2020，第 24 页。
② 中共中央办公厅、国务院办公厅：《关于深化新时代学校思想政治理论课改革创新的若干意见》，2019 年 8 月 14 日。

在实践中，要"压紧压实各级党组织思政课建设的主体责任，确保落实中央思政课建设要求不打折扣，建立党政领导干部上思政课的长效机制。"①在这方面，党中央负责高校思想政治理论课的顶层设计与发展规划；地方各级各层党委负责对中央意见的政策落实，切实地承担起思政课建设的工作职责和主体责任，重在解决制约思政课建设的突出问题，并把当地的民办学校、中外合作办学院校纳入思政课建设整体布局；高校党委则须组织推进形成高校党委书记、校长带头抓思政课的工作机制，负责发展规划和政策部署的落地生根，统筹利用校内外教育教学资源，全面负责各校的思政课建设。

（二）依循"三大规律"

高校思想政治理论课是高校思想政治工作的中心环节，是针对大学生专门进行的主流意识形态的思想理论教育活动。因此，须遵循思想政治工作规律、教书育人规律和学生成长规律，以规律作为发展的原则依循，坚持科学发展，不断提高课程的教育质量与水平。

第一，遵循思想政治工作规律。高校思想政治理论课是高校思想政治工作的主渠道，是体现社会主义大学本质特征的课程，关系着"培养人"的根本问题，必须遵循思想政治工作的一般规律，切实地承担起培养担当民族复兴大任的时代新人、培养德智体美全面发展的社会主义事业建设者和接班人的重任。从习近平总书记在全国高校思想政治工作会议的讲话内容出发，将高校思想政治工作规律归结为五个方面：一是发展方向上必须坚持社会主义办学方向，坚持以马克思主义为指导，全面贯彻党的教育方针；二是工作内容的重点是围绕学生、关照学生、服务学生，切实提高学生思想政治素质；三是发展趋势上要因事而化、因时而进、因势而新，推动自身的改革创新；四是加强高校师资队伍建设，尤其要重视高校思想政治工作队伍建设；五是在领导保证上，要加强和改善党对高校思想政治工作的领导。高校思想政治理论课亦须在课程性质、培养内容、改革趋向、建设重点、领导保证等方面遵从高校思想政治工作的基本规律，不断提高

---

① 李忠军：《用习近平新时代中国特色社会主义思想铸魂育人》，《中国高校社会科学》2019年第 3 期。

自身建设与发展的水平，更好地满足国家与社会发展的需求。

第二，遵循教书育人规律。坚持教书育人相统一，既是高校思想政治理论课内涵式发展的一大特点，也是高校思想政治理论课程建设的基本原则。高校思想政治理论课的发展，既是教书的过程，也是发挥课程育人功能的过程。实现课程教书育人的有机统一，关键在于发挥思政课教师的积极作用，将教书育人转化为思政课教师的工作内容与方法，转换为思政课教师的职业责任与担当。从工作内容和方法上看，思政课教师要专注讲授思想理论知识，释疑大学生的思想困惑、理论困惑、人生困惑，传授马克思主义的真理之道、理想之道、信仰之道，并用自身人格修养和品德行为去潜移默化影响学生，既做"经师"，又做"人师"。从责任担当上看，选择了思政课教师的职业，就选择了培养时代新人的责任，就要尽到教书育人、立德树人的职责，坚持教书和育人相统一、言传和身教相统一、潜心问道和关注社会相统一、学术自由和学术规范相统一，自觉做到"四个坚持不懈"，在教学中坚持"四个讲明白"，做好青年成长的引路人。另外，高校要切实推进思政课教书育人与高校"十大"育人体系的教育合力。

第三，遵循学生成长规律。一方面，要尊重大学生人生成长的客观规律。在大中小学不同学段，学生的思想特点与发展需求各有不同，高校思想政治理论课要遵循学生人生成长的基本规律，在大中小学循序渐进、螺旋上升地开设思政课，引导学生立德成人、立志成才。如果说小学、初中和高中阶重在启蒙道德情感、打牢思想基础和提升政治素养，大学阶段则要重在行动实践，要增强使命担当，引导大学生矢志不渝听党话跟党走，争做社会主义合格建设者和可靠接班人，课程大中小学一体化教育的实施志在推进实现立德树人的教育根本任务。另一方面，要清楚大学生成长同国家发展之间的紧密关系，推进实现培养大学生时代新人的目标。每一代青年都有自己的人生际遇，每个人的成长和前途都同国家的发展大势紧密相关。习近平总书记在全国高校思想政治工作会议上指出，今天高校学生的人生黄金时期，同"两个一百年"奋斗目标的实现完全吻合。国家的大好发展形势，世界蓬勃向上的发展生机，正是青年大学生大展宏图、实现人生抱负的时代际遇，"我们面临的新时代，既是近代以来中华民族发展的最好时代，也是实现中华民族伟大复兴的最关键时代。广大青年既拥有广阔发展空间，也承载着伟大时代使命"。① 高校思想政治理论课要引导大学生将时代责任和历史使命统一起来，激励学生自觉把个人的理想追求融入国家和民族的伟大事业中，勇做"奋进者""开拓者"。

概言之，我们要以思想政治工作规律为先导，以教书育人规律为基础，并以学生成长规律为依据，遵循"三大规律"的有机统一，切实推进高校思想政治理论课的科学化建设与发展。

（三）遵循"八个相统一"

"八个相统一"是对高校思想政治理论课历史发展所形成的一系列规律性认识和成功经验的理性升华与一般概括，分别从彰显课程本质内涵、符合课程发展规律和提供课程方法指导三个维度树立了课程发展的原则规范，是新时代高校思想政治理论课内涵式发展的重要原则。

首先，坚持政治性和学理性相统一、价值性和知识性相统一、建设性和批判性相统一的原则，以彰显课程的本质内涵。政治性和学理性、价值性和知识性、建设性和批判性是对课程马克思主义理论教育属性的高度概括，是课程独特理论内涵的本质所归。第一，政治性和学理性相统一反映了课程的本质属性。高校思想政治理论课集政治特殊性与高校课程一般性于一身，内涵式发展既要坚守和保证课程意识形态教育的本质属性，标示和彰显社会主义的本质特征；又须遵循思想理论教育的一般规律，用马克思主义的理论性、彻底性、科学性去征服学生，以透彻的学理分析回应学生，以彻底的思想理论说服学生，用真理的强大力量引导学生，做到以理服人。要以政治"保证"学术，以学术"论证"政治，避免陷于单纯的政治宣传或一般性的理论演绎。第二，价值性和知识性相统一反映了课程教育目标的基本要求。高校思想政治理论课直观呈现为围绕着学科的系统知识而进行的理论讲授活动，但教育活动的目标则不仅限于知识层面，更在于对学生的价值引领。知识是价值的载体和表现形式，价值则是理论知识的灵魂所在，课程教育的实质是通过理论知识的讲解分析、经典注释、材料佐证，而达到触动心灵的目的，为学生心灵埋下真善美的种子，推进大学生形成对马克思主义的精神信仰和投身中国特色社会主义现代化建设的

---

① 习近平：《在北京大学师生座谈会上的讲话》，人民出版社，2018，第 11 页。

具体行动实践与行为取向，是价值性和知识性的有机统一。第三，课程建设还要遵循建设性和批判性相统一的原则。思想政治教育是破与立的有机统一，正确观点的形成离不开对错误思想的批判、否定和扬弃。真理越辩越明，思想政治理论课在捍卫主流意识形态、传导社会主义核心价值的过程中，要直面各种错误观点和思潮，不惜重力地揭露、辩驳和批判各种歪曲思想和负面价值，以提升学生明辨是非的能力，达到锻炼学生理论思维的目的。

其次，坚持理论性和实践性相统一、统一性和多样性相统一的原则，以符合课程发展的客观规律。无论理论性和实践性，还是统一性和多样性，都是高校思想政治理论课的现实特点，高校思想政治理论课内涵式发展要从课程现实出发，进行合规律性建设。一方面，高校思想政治理论课本就是用以进行社会主义主流意识形态理论和实践教育的一套开放性系统课程，兼具理论性和实践性特点，课程发展不能仅局限于课堂的理论教授与学习，还要推进实践认知、实践转化和实践行为。高校思想政治理论课从创建之初就坚持理论与实际相结合，同我国各个时期的社会运动和建设实际相结合、同大学生思想变化的实际相结合、同国家人才需求的实际相结合，探索了课程实践教学的方式并推进其制度化和规范化发展，"实践教学作为课堂教学的延伸拓展，重在帮助学生巩固课堂学习效果，深化对教学重点难点问题的理解和掌握。"① 须以理论教学为导向，以实践教学作为课堂理论教育的检验方式，把思政小课堂同社会大课堂结合起来，共同推进课程的发展建设。另一方面，我国的高校思想政治理论课是由国家统一规划和组织实施的一套课程，出台了关于课程、教材、马院、学科和教师队伍建设等各方面的统一标准和规范要求，统一性是课程的基本特点，也是国家对课程建设的基本要求；但是全国课程发展的差异性和不平衡性也是客观事实，既表现为各地区、各高校课程发展的多样性、不平衡性，也表现出各门课程、各要素发展的不平衡性。因此，既要遵循统一的课程标准与要求，又须兼顾各个具体的实际状况，推进课程因地制宜、因时制宜地发展建设。正视课程发展的差异性和特殊性，关注发展的不足与薄弱环节，补短板、

---

① 教育部：《新时代高校思想政治理论课教学工作基本要求》（教社科〔2018〕2号），2018年4月12日。

强弱项、显特色，对发展不足的方面给予针对性的扶持建设。

最后，主导性和主体性相统一、灌输性和启发性相统一、显性教育和隐性教育相统一，是从教学方法层面确立的高校思想政治理论课内涵式发展的重要原则。其一，主导性和主体性相统一是处理课程教学关系、师生关系的重要方法原则。在课程教学过程中，须发挥教师的主导性关键作用，大学生处于人生的"拔节孕穗期"，特别需要教育的引导，思政课教师要承担起指导者和引路人的导向职责，在传道授业解惑中对大学生进行思想、情感和价值、立场的积极引导。但与之对应的是学生主体作用的实现，思想政治教育不同于单纯的知识教育，还需将课程的思想理论知识转化为学生的价值理念、行为准则与实际行动，转化为课程教育后大学生的心灵成长，实现内化于心与外化于行的积极认同。因此，一定要坚持教师主导与学生主体的有机统一。其二，灌输性和启发性相统一是对教学方法的具体要求。灌输作为理论教育的基本方法已得到广泛的教育实践和理论认可，列宁就曾指出："没有革命的理论，就不会有革命的运动。"[①] "工人本来也不可能有社会民主主义的意识。这种意识只能从外面灌输进去"[②]。灌输强调教师对马克思主义理论的科学认识和准确讲授，保证马克思主义理论不走样、不误传，但绝不是"填鸭式"的教学，需启发学生对理论的理解、反思和认同，锻炼学生的理论思维，提升学生的理论水平，由此达成持久的理论影响，为学生一生成长奠定科学的思想基础。其三，显性教育和隐性教育相统一，是处理高校思政课同高等教育乃至社会其他领域的育人环节、渠道、资源关系的重要方法原则。高校思想政治理论课是马克思主义理论学科的直接学科课程，是显性的德育课程，是落实立德树人根本任务的关键课程。但人的思想观点形成与发展是受多重教育因素与环境氛围影响的，不会单靠一套思政课就能完成时代新人的培养工作，"仅仅依靠平均每周不到 3 课时的思想政治理论课教学，是不太可能把大部分大学生培养成马克思主义者的。"[③] 而在高等教育中，还蕴藏着丰富的思想政治教育资源，因此要充分地挖掘其他的专业课程、通识课程、第二课堂、网络空间、校

---

① 《列宁全集》第 6 卷，人民出版社，2013，第 23 页。
② 《列宁全集》第 6 卷，人民出版社，2013，第 29 页。
③ 陈锡喜、张濠：《推动高校思想政治理论课建设内涵式发展的要义和路径》，《思想理论教育》2019 年第 11 期。

园文化等环节和渠道的资源，推进"十全育人"的思想政治教育工作大格局，发挥思政课程与课程思政的教育合力，推进家庭教育、学校教育、社会教育协力同行的教育氛围，将高校思想政治理论课的集中教育、专业教育与统一要求的优势，同广泛调动其他隐性思想政治教育资源结合起来，推进提升课程教育实效的多维举措。

综合而言，"八个相统一"的原则，意在针对课程发展中所呈现出的理论说服力欠佳、价值观教育苍白、错误思潮混淆视听、理论与实践相脱离、课程体系统一性部署而灵活性欠佳、学生主体性发挥不到位、教学启发性不足，以及教育资源格局受限的种种问题，以解决问题作为课程建设的逻辑重点，以提高质量作为课程发展的价值追求，而从总体思路上确立了较为全面的课程发展观。同时，"八个相统一"是有机整体，要克服课程建设和发展中对"八对关系"各自两个方面顾此失彼、简单对立的不当处理办法，坚持"每对关系"两个方面的辩证统一。在"八对关系"中，每一对关系的两个方面都密不可分，需在课程性质的坚守中，坚持课程政治性与学理性的有机统一、价值性与知识性的有机统一、建设性与批判性的有机统一，科学地彰显课程丰富的思想理论内涵；需从课程建设规律与实际出发，坚持理论性与实践性的有机统一、统一性与多样性的有机统一，切实提升课程建设的整体质量与水平；需从大学生思想政治教育的方法原则出发，尊重大学生发展的需求与成长的规律，坚持主导性与主体性的有机统一、灌输性和启发性的有机统一、显性教育和隐性教育的有机统一，全方位地开展大学生思想政治教育、多渠道地调动大学生的学习主动性，营造良好的教育和学习氛围。

二 优化课程内部建设的关键环节

高校思想政治理论课内涵式发展重在促进内部要素动力的发挥，实现课程内部要素的提质增效，为此，需从课程内部建设的重要环节着手，推进各要素的大力发展及其彼此的支持与配合。高校思想政治理论课内涵式发展的内部优化策略即是从建设的全局出发、从重要环节处着手，抓关键、厚基础、破瓶颈、保动力、强弱项，以锻造新时代思政课教师队伍为重点，同时夯实课堂教学建设的基础环节，彰显"内容为王"的发展旨要，增强科学研究与技术手段的动力支撑作用，弥补科学评价的发展不足，从整体上提升课程发展与建设的质量与水平。

（一）以锻造新时代思政课教师队伍为重点

思政课教师队伍是课程内生发展动力中的根本力量，是开展课程科学研究、改善课堂教学效果、善用现代教学技术手段、引领课程发展走势的主体要素。思政课教师队伍建设作为高校思想政治理论课内涵式发展链条中的"引擎动力"，也是课程建设各个环节中的关键和重点。为此，我们要锻造一支符合"六要"标准的有担当、能胜任的新时代思政课教师队伍，由此带动和影响课程其他环节的建设和发展。

一则，锻造一支有担当的新时代思政课教师队伍。有担当的思政课教师队伍必须具备职业的责任感、使命感和迎难而上的发展韧性。承担高校思想政治理论课教学工作绝不是一件容易的事情，甚或是一份难度很大的职业。它既是政治课、理论课，又是共同课，是作用于人的思想心灵头脑的信仰课，具有天然的课程难度。比之其他一般课程而言，课程具备国家赋予极端重要的政治定位和在高等教育系统边缘化的弱势地位。在这种强烈反差下，课程本身的教学难度进一步提升。对于思政课教师及其工作而言，其难度表现为：这套课程的教学内容必须围绕党的创新理论而不断充实和更新，教师疲于应对不断更新的理论学习；教师倦于同时并进的重复性课程讲授，难以保证情感身心的全效投入；教师困于面对学生的各种"挑剔""无所谓""多样性"的需求而难以应对，教学供给无力感强，自我效能感差。因此，作为思政课教师，必须符合职业的资格条件，具备专业的知识和技能。与此同时，一旦成为一名思政课教师，就需具备职业的定力与韧性，自觉承担并能够克服困难，将自我的主动担当与外界的理解、认同与支持相结合，持之以恒地改善教学，以推进课程教学实效的不断提升。

二则，打造一支能胜任的新时代思政课教师队伍。能胜任的思政课教师队伍必须满足数量和质量方面的发展要求。高校思想政治理论课内涵式发展必须确保思政课教师队伍的数量和规模，要着力建设一支专职为主、专兼结合、数量充足、素质优良的思政课教师队伍。在数量建设方面，要遵循可持续的发展理念，从实际需求出发合理设置岗位数量，开展人才的选聘和储备工作，逐步推进高校思想政治理论课"师生比"的合理化建设。

目前来说，各个高校须依据国家的部署要求，按照不低于 1：350 的师生比例要求逐步配齐专职思政课教师。

从教师素养的质量要求方面看，新时代的思政课教师队伍须胜任高校思想政治理论课内涵式发展的一系列工作，"高校思想政治理论课程的学科建设、课程建设、教材建设，以及教学方法改革等一系列工作的成效，最终都取决于高校思想政治理论课教师队伍的整体素质和能力。"[①] 包括融通高校思想政治理论课程发展的各个环节，夯实课程建设的现实基础，推进课程育人体系格局的深化扩展与课程的持续发展，这就必须从政治素养、专业素养和师德师风素养三个维度自觉地提高思政课教师自身的综合素养。①关于政治素养方面，高校思政课教师一定要具备政治敏锐性、坚定的政治立场和捍卫主流意识形态的勇气和担当，严把课程发展的政治导向，在政治性问题上，必须旗帜鲜明、敢于亮剑；在课堂教学中积极贯彻党的路线方针政策，坚持"四个意识"，做政治上的明白人，杜绝西方错误思潮对我国社会主义的歪曲和诋毁；忠于党的教育事业，为国家培育时代英才，引导学生听党话跟党走，争做全面发展的社会主义建设者和接班人。②关于专业素养方面，高校思想政治理论课教师要具备专业素养，尤其要具备深厚的马克思主义理论功底。思政课教师的专业知识，以马克思主义及其中国化理论成果为核心，同时以多学科知识为基础，包括人文社会科学知识以及信息技术等自然科学知识，并需不断探索和总结"三大规律"的具体内容，以服务课程教育的需要。而且，要讲出思政课的丰富理论内涵、精彩与特色，就需要思政课教师比其他专业课教师掌握更为丰富的理论知识和技能，以敏锐的理论嗅觉、新式便捷的技术手段和专业教育的素质能力，打造出"配方"先进、"工艺"精湛、"包装"时尚并具有吸引力和针对性的思政课。③关于师德师风素养方面，"评价教师队伍素质的第一标准应该是师德师风"[②]，这点对于思政课教师而言尤为重要。《关于加强和改进新形势下高校思想政治工作的意见》（中发〔2016〕31 号）指出，"完善教师职业道德规范，实施师德'一票否决'"[③]。思想政治理论课教师的师德师风可具化

---

① 郭凤至：《高校思想政治理论课程建设研究》，北京师范大学出版社，2020，第 255 页。
② 习近平：《在北京大学师生座谈会上的讲话》，人民出版社，2018，第 9 页。
③ 中共中央国务院：《关于加强和改进新形势下高校思想政治工作的意见》（中发〔2016〕31 号），2017 年 2 月 27 日。

为对自身职业的归属感、对学生各种思想道德问题的谆谆教诲、对马克思主义理论由衷的认同与信仰，以及作为社会主义教育工作者应有的使命与担当、热爱并投身于社会主义现代化的热情与干劲儿、对伟大复兴中国梦的积极渴望和追求等，坚持"四个统一"，以高度的社会责任感坚持教书育人、为人师表。

综合而论，在教师队伍建设中，有担当与能胜任是辩证统一的。只要愿担当、能担当，就有信心将课程开好、办好，但仅有满腔的热情，却没有业务素质也不行；只有能胜任才能把课程讲好、授好，并主动承担教书育人的职责与使命，做到乐教、爱教并善教，对自身职业与教育事业真心热爱、由衷敬畏。

（二）紧抓课堂教学建设的基础环节

高校思想政治理论课内涵式发展要以课堂教学为基础，紧紧抓住这个育人的主线，调动课程内外各方要素，协力完成立德树人的教育根本任务。

第一，高校思想政治理论课内涵式发展，需明确课堂教学的重要地位。高校思想政治理论课的课堂教学是高校思想政治理论课程建设的基础环节，是高校育人体系的主渠道。习近平总书记在全国高校思想政治工作会议上指出，要用好课堂教学这个主渠道。学生获取知识的途径固然很多，但课堂学习更具基础性和系统性。并提出，广大教师要敬畏讲台、珍惜讲台、热爱讲台，把更多时间和精力投入课堂教学中，认认真真讲好每一堂课。实则指明了课堂教学在课程建设中的基础地位、在高校育人体系中的主渠道地位。"在思想政治理论课建设的各个环节中，重要的是要用好课堂教学这个主渠道。"[1] 2017 年 2 月 27 日，中共中央国务院发出的《关于加强和改进新形势下高校思想政治工作的意见》（中发〔2016〕31 号）就教师评聘和考核方面指出，"要增加课堂教学权重，引导教师将更多精力投入到课堂教学上"。[2] 亦凸显了课堂教学的重要性。由此，课程的各个要素都要积极

---

① 顾海良：《新时代高校思想政治教育的理论指导和发展理念——学习习近平新时代中国特色社会主义思想》，《思想理论教育导刊》2018 年第 1 期。

② 中共中央国务院：《关于加强和改进新形势下高校思想政治工作的意见》（中发〔2016〕31 号），2017 年 2 月 27 日。

配合与支持课堂教学这个主渠道，切实服务于课堂教学，诸如课程方案、教材、教学目标、内容、手段和方法，以及教师队伍、大学生群体等要素在课程教学中是一个整体，并诉诸课堂教学实践；党的领导、马克思主义学院、马克思主义理论学科和教育环境等要素，则从方向政策与制度规范、组织机构与制度落实、理论内容与人才来源、教育资源与环境条件等方面，对课堂教学给以间接的支持和配合。

第二，高校思想政治理论课内涵式发展，需把握新时代课堂教学的基本特点。新时代高校思想政治理论课课堂教学的基本特点主要包括五个方面：①承载立德树人的重要使命。立德树人作为教育的根本任务必须落到课堂教学的实处，三尺讲台虽小，但立德树人责任重大，思政课课堂是对学生心灵雕琢、思想引导、价值塑造的主渠道，是对大学生人才进行思想道德培养的重要途径。②严肃的政治纪律要求。思政课堂必须严守国家的政治纪律与要求，树立阵地意识，切实维护好高校意识形态的安全与稳定。要坚持课堂讲授守纪律、公开言论守规矩，思政课堂不得出现违背党和国家大政方针、违背宪法法律、危害国家安全、破坏民族团结等言行。③不断拓展的时空场域，主要体现为向实践教学、网络教学等方面的拓展和延伸。具体以实践教学作为课堂教学的延伸拓展，帮助学生巩固理论学习效果，以网络教学作为课堂教学的有益补充，发挥现代技术手段的作用和优势。同时，将思政小课堂和社会大课堂结合，推动思政课实践教学与学生社会实践活动、志愿服务活动结合，积极扩展第二课堂教学体系，建设与课堂教学相配合的大学生理论社团、马克思主义理论学习沙龙、学生系列主题理论学习研讨会等第二课堂活动。还将思政课堂与其他课程的课堂相结合，实现思政课程与课程思政的同向同行。④丰富而创新发展的教学形式。形式是内容的载体，不断创新发展的教学形式服务于课程理论教学的需求，包括有翻转课堂、雨课堂、智慧课堂、讲解式、启发式、讨论式、互动式等多种样式。⑤愈加"平等化"的师生关系。一方面，现代信息技术的广泛使用，使得知识的传播更加高效便捷，教师的权威地位有所下降，另一方面，学生的民主诉求、话语要求明显提升，教师主导、学生主体的师生关系发生着微妙的变化。并且，借助网络教学技术，便能轻易地实现"一对一"教学，从"形式"上进一步保证更为平等的师生关系。

第三，高校思想政治理论课内涵式发展，需改进课堂教学效果。在高校思想政治理论课内涵式发展与建设中，要不断激发课堂教学活力、增强发展动力、推进现实效力，以此牵动其他诸要素的高效支持、配合与协调发展。从课堂教学活力来看，要大力提升教师的教学热情和对课堂的驾驭能力，激发学生的学习兴趣和理论关注点，积极营建"主动参与、思想流淌、生动活泼、严肃热烈"的课堂氛围；从发展动力来看，以党的理论创新发展和学生对先进思想理论渴求的现实为依据，大胆引入创新元素，激发课程内生动力，不断推进先进思想进教材、进课堂、进头脑，尤其推进以习近平新时代中国特色社会主义思想铸魂育人；从现实效力来看，课堂教学要紧抓大学生"三观"教育，深化大学生对马克思主义理论的认同和中国特色社会主义的"四个自信"，增强使命担当，引导大学生矢志不渝听党话跟党走，争做社会主义合格建设者和可靠接班人。

（三）彰显"内容为王"的发展旨要

高校思想政治理论课内涵式发展须从其理论课程的基本特征出发，不断推进课程理论内容的教育实现。高校思想政治理论课是具有思想性、政治性的理论课程，课程的主要功能是通过对大学生进行有效的理论武装和思想教育而将之培养成为符合国家和社会需求的人才——合格的社会主义建设者和接班人，实现课程立德树人的根本任务。为此，我们要坚持不懈地开展深入而有效的课程内容建设，真正地彰显马克思主义理论"掌握群众"的本领和其所具备的"现实力量"，实现课程"四个服务"的作用和功能。

从前文关于高校思想政治理论课内涵式发展的问题研判中不难发现，推进课程理论内容建设及与之相匹配的方式方法改革确实是课程亟待解决的瓶颈难题。问题的破解须从课程的基本特征出发，遵循理论为本的原则，将内容建设贯穿于从教材内容供给、到教学内容呈现、再到教育内容接受的各个环节，突破课程内容供给与需求的不对称、不受需求方"喜欢"、效果不好等方面的弊端，实现真正有效的思想供给与理论"灌输"，以"内容为王"，推进课程建设的内涵式发展。

首先，从源头上加强教材内容建设。教材是课程内容建设的首要环节。一则，高校思想政治理论课是国家课程，教材建设必须坚持高标准和严要求，不断增强课程内容的科学性和理论说服力。当前教材的编写、修订及其发行都由国家统一管控，这在很大程度上提升了课程理论内容的科学性。教材还紧密结合中国特色社会主义发展与建设的实践而将马克思主义及其中国化的理论成果加以及时地吸收、融入，但仍需在思想的沉淀中继续提升相关理论的思想阐释力、现实解释力和理论说服力，确保课程理论内容经得起实践考验和时代发展的拷问，帮助大学生科学地掌握马克思主义"这一伟大的认识工具"。二则，课程教材内容建设必须坚持大中小学一体化建设，处理好课程内容"螺旋上升"与"适度重复"的问题，与其他学段课程内容相比，高校思想政治理论课最大特点就是理论性强，但其内容又与中小学多有重复，而且大学阶段下的各门课程之间也有重叠交叉，这就须从宏观上加以内容的优化设计，在"适度"且"有益"重复的前提下，合理地拉开教育内容与目标的"间距"，减少"过剩"的教育产能，从整体上构建纵向衔接、横向配合的课程内容体系。三则，教材内容建设必须始终坚持"关注学生、围绕学生、服务学生"的原则，从学生发展需求出发，在各门课程中合理设计内容模块，全覆盖地解答学生成长成才中的各种思想疑惑、理论困惑和人生疑虑，为学生一生成长奠定科学的思想基础。

其次，提升教学内容加工的技艺。在教材内容既定的前提下，只有实现教学内容的合理设计、有效呈现，才能充分彰显课程丰富的思想理论内涵，而在这一环节就尤为凸显教学内容加工技艺与方法的重要性。从总体上看，如何将课程教材的僵硬文字转化为课程丰富活泼的语言语感、如何获取学生的关注与兴趣、如何用家事国事天下事的大道理去关怀学生思想的"小宇宙"、如何守护意识形态的坚强阵地，这些都需要教师具备扎实的理论功底和高超的教学技能与方法，而关键就是对教学内容的加工与处理，包括对理论内容深入浅出的思想加工、刨根究底的补充加工、富有亲和力感染力的艺术加工、具有说服力针对性的现实加工，以及利用信息技术手段的包装加工等方面，如此而去亲近学生、关照学生，继而有效地引导和教育好学生。从具体实践层面看，高校思想政治理论课教学内容要依学生特点与各门课程特性而进行有所侧重的加工设计，如文科专业学生已具备一定的理论知识储备，应更强调内容加工的亲和力和感染力，在思想共鸣中不断推进理论教学的深度；与之形成鲜明对比的是理科专业学生的理论基础较差，则需侧重深入浅出的思想加工，使其不仅明白"其然"的道理，更明白"其所以然"的原理，进而加深对理论的思想认同。对于高等教育学段的各级学生而言，专、本科生的教学应侧重包装加工，以增强课程的亲和力、吸引力；硕士、博士研究生则侧重理论的补充加工，在探究式学习中深刻领会课程丰富的思想理论内容。在对每门具体课程的内容进行加工时，还要依据各门课程的具体特点而进行巧妙的设计，如以本科生课程为例，"马克思主义基本原理"课程在理论加工时要注重以理服人；"中国近现代史纲要"课程要史论结合等。

最后，追求"内化于心、外化于行"的教育实效。所谓"内容为王"，其实重在强调高校思想政治理论课是具有丰富思想理论内容的一套课程，而且只有通过有效的教育教学才能将其理论内涵彻底展现，让理论"掌握群众"，并由此而彰显出理论内容的彻底性。"内容为王"的结果表现为课程理论内容的精髓能够被学生所认可、认同、接受和践行，学生通过上这类课程而具有实实在在的获得感。这种获得感包括有知情意行的各个方面，而且既可以是具体的，也可以是抽象的；既体现为近期的，也体现为长远的；既包括内在的，也包括外显的；既是思想方面的，也是行动方面的。但从根本上说，是要达到"内化于心、外化于行"的真切效果，使大学生拥有正确的"三观"，自觉拥护党和国家的路线方针政策，具备对马克思主义的信仰、对社会主义和共产主义的信念和对中国特色社会主义的"四个自信"，并积极投身中国特色社会主义现代化建设实践，成为担当民族复兴大任的时代新人。

（四）激发科学研究的有效动力

高校思想政治理论课内涵式发展，亟须发挥科学研究对课程的反哺支撑作用，以此推进课程长期、有效而又深入的发展。2015 年中央宣传部教育部联合印发《普通高校思想政治理论课建设体系创新计划》明确指出，要"坚持教学与科研相结合，努力探索攻克教学难关，强化马克思主义理论学科和科研对教学的支撑作用"。[①] 高校思想政治理论课内涵式发展，应凭借马克思主义理论学科平台，大力开展课程的理论研究和教学研究，为课程发展源源不断地输送先进科学的教育理念、理论知识、教学方法与现实的

---

① 中宣部等部门：《普通高校思想政治理论课建设体系创新计划》（教社科〔2015〕2 号），2015 年 7 月 27 日。

学情特点等方面的学理资源，持续地激发课程发展的有效动力。具体而言，科学研究要致力于提升课程的思想性、理论性和亲和力、针对性，不断增强课程的理论彻底性，有效应对学生的发展需求，不断增强教师的学术自信。

第一，通过科学研究提升课程发展的学理性，增进课程理论的彻底性。在高校思想政治理论课政治性与学理性发展不平衡的矛盾关系中，关键在于推进课程的学术研究以提升课程的学理性，彰显马克思主义理论的真理魅力与理论彻底性。因此，课程发展必须借助马克思主义理论学科平台，大力开展对马克思主义理论及其教育教学的规律原则方法等方面内容的研究，具体包括有，开展马克思主义整体性与"分科教育"研究、马克思主义理论"体系转化"研究、马克思主义在当代发展中的重大问题研究、中国特色社会主义理论与实践中的重大问题研究，以及思想政治理论课教育教学中的重点难点问题等方面的研究。随着马克思主义理论学科群的不断孵育壮大，其服务于高校思想政治理论课教育教学的能力不断提升，广大思政课教师要借助学科平台，坚持以思政课教学为核心的科研导向，结合教育的实际情况进行马克思主义理论"由浅入深"的科学研究和"深入浅出"的教学输出，在科学研究与理论教学的互动配合中，不断地彰显和发挥科学研究对课程的反哺作用。

第二，通过科学研究回应大学生思想发展的需求，提升课程亲和力、针对性，增强课程的适应性。高校思想政治理论课是面对大学生而开展的思想政治教育课，开展包括大学生发展特点和理论需求等在内的学情基础研究，是高校思想政治理论课内涵式发展的内在需求。高校思想政治理论课内涵式发展，必须实现以马克思主义理论去吸引大学生、亲近大学生，继而才能针对性地说服大学生、武装大学生。高校思想政治理论课要想吸引和亲近大学生，就必须研究大学生的思想行为特点和心理需求，并据此进行教学研究与设计，依据大学生喜欢的语言风格、兴趣特点和体验方式进行教学内容的加工、包装和有效呈现。但又必须保证马克思理论的科学性、完整性和严谨性，需在理论的亲和力、针对性与科学性、完整性之间保持平衡，切不可一味地"迎合学生"而削弱或丧失了课程应有的理论深度。概言之，要在"守正"中，开展课程如何"吸引人"、如何更好地"育人"的科学研究，由此反哺课程的亲和力和针对性，不断推进高校思想政治理论课内涵式发展。

第三，以科学研究反哺高校思想政治理论课教师的学术自信，提升教师队伍工作的积极性。增强学术自信是教师发展的一项重要内容，教师的学术自信必然建立在科学研究能产生实际价值的成就感基础之上，这是促进高校思想政治理论课内涵式发展的一条重要途径。毋庸置疑，高校思想政治理论课教师是高校马克思主义理论学科队伍的主体，承担着课程教育教学与科学研究的基本职责，且二者辩证统一，要按照"一岗双能""一身二任"① 的身份要求，切实提高思政课教师以科学研究反哺教学的能力。要大力扭转部分思政课教师学术态度偏差和学术不自信的发展状况。一则，针对部分思政课教师对科研成果发文数量的急躁心理和功利主义价值取向，表现出的"重科研轻教学""教学、科研两张皮"的现象，要提升教师学术研究的教学成就感，鼓励对科研成果进行教学转换，将研究成果付诸教学实践，进行经验总结和理性再升华，不断推陈出新，在绩效考核与职称评定的导向上增加研究成果实践运用与转化的评价权重。二则，针对现实发展中存在部分教师只一心投入教学，实则是轻视、忽视科学研究，继而"无暇"或"无力"开展科学研究的现象，需提高思政课教师的思想认识，树立思政课教师的学术自信心。事实上，只有经过研究打磨、理论加工并做到深入浅出的课程教学才能有效地吸引和打动人，才能让学生心底认同，觉得"学马列管用"，从而让他们真心喜爱、终身受益，由之也可增强教师的教学获得感和学术自信心。相应的，需要在课程实际建设中提供配套的政策、资金、组织、管理、协调、文化等方面的有力保障，推动思政课教师潜心学术、专心教学，推进教研互进增长，增强教师的学术信心、学术动力和学术成就感。

（五）注入现代信息技术新活力

高校思想政治理论课内涵式发展，需立足时代发展趋势与潮流而进行积极的技术革新和发展应对，善用现代信息技术手段，努力在虚拟空间创造可利用的资源、平台，探索可行的教育教学方式与管理方法，与传统教育教学深度融合，以形成强大的育人合力，并为课程发展注入新活力，彰显课程发展的时代化新样态。

---

① 国务院学位委员会：《关于进一步加强高校马克思主义理论学科建设的意见》（学位〔2012〕17 号），2012 年 6 月 6 日。

首先，在以互联网、新媒体、新技术为显著特征的新时代背景下，高校思想政治理论课运用互联网、新媒体等现代信息技术与手段已经成为课程发展的必然选择。

"95 后""00 后"大学生是网络社会的原住民，是互联网的深度用户，高校思想政治理论课要亲近学生，就要主动应用网络与信息技术，尽可能地去适应大学生的生活与学习习惯。不仅如此，在信息爆炸、思想多元的社会，意识形态的很多问题也会因"网"而生，习近平总书记指出，"意识形态领域许多新情况新问题也往往因网而生、因网而增，许多错误思潮也都以网络为温床生成发酵。"① "从一定意义上说，谁赢得了互联网，谁就赢得青年。"② 因此，高校思想政治理论课内涵式发展，须实现课程由适应信息化趋势而"走进网络"，到与"信息技术的深度融合"以引领网络的发展转变。有效利用互联网等现代信息技术与手段是高校思想政治理论课内涵式发展的必然选择。

《新时代高校思想政治理论课教学工作基本要求》（教社科〔2018〕2号）指出，"要深入研究网络教学的内容设计和功能发挥，不断创新网络教学形式，推动传统教学方式与现代信息技术有机融合。"③ 高校思想政治理论课内涵式发展，不论形式与内容的发展都不能落后于时代，要在遵循"三因"规律的基础上，探索积极有效的现代化教育教学方式，如"推动人工智能等现代信息技术在思政课教学中应用，建设一批国家级虚拟仿真思政课体验教学中心等"④。虽然现代信息技术将会以怎样的速度、在多大的范围内影响高校思想政治理论课建设，这还是个未知数，但是与信息技术的高度融合已是课程发展的必然趋势，"或许未来的思想政治理论课程将打破学校、班级建制，教师不仅属于学校，也属于社会，还属于网络；学生学习不仅在课堂上，也在家里，在路上，还在网络上。"⑤ 以往强调网络教学作为思想政治理论课辅助手段，不得挤占课堂教学时数的原则，被 2020

---

① 中共中央宣传部：《习近平新时代中国特色社会主义思想三十讲》，学习出版社，2018，第220页。

② 《习近平在全国高校思想政治工作会议上的讲话》，《人民日报》2016 年 12 月 9 日。

③ 教育部：《新时代高校思想政治理论课教学工作基本要求》（教社科〔2018〕2 号），2018年 4 月 12 日。

④ 中共中央办公厅、国务院办公厅：《关于深化新时代学校思想政治理论课改革创新的若干意见》，2019 年 8 月 14 日。

⑤ 郭凤至：《高校思想政治理论课程建设研究》，北京师范大学出版社，2020，第 13 页。

年全国范围内的突发"疫情"打乱，高校思想政治理论课网络教学以前所未有的速度和范围席卷全国，成为始料不及的新情况。

其次，现如今高校思想政治理论课网络化教学"突然爆发"的特殊状态，愈加鲜明地显现出现代信息技术对于高校思想政治理论课而言的"双刃剑"作用。2020年2月5日，教育部印发《关于在疫情防控期间做好普通高等学校在线教学组织与管理工作的指导意见》，针对新型冠状病毒感染肺炎疫情对高校正常开学和课堂教学造成的影响，要求采取政府主导、高校主体、社会参与的方式，共同实施并保障高校在疫情防控期间的在线教学，实现"停课不停教、停课不停学"的效果。高校思想政治理论课积极响应国家的号召而开展范围空前、形式多样的网络教学，包括有微课、MOOC（大规模开放在线课程）、SPOC（小规模定制在线课程）、课程云、雨课堂等平台与方式，进行教学的直播、录播，或是在线解答、讨论互动以及作业布置，全面开启高校思想政治理论课的网络在线教学。

高校思想政治理论课网络教学几乎在全国范围齐开展，这在课程发展史上是第一次，关于此种教学形式与效果引发了强烈的社会热议，而且事情本身不论是对思政课教师的网络讲授，还是大学生的在线学习，以及高校的组织管理服务、教育部门的工作部署与家长的心理准备等各个方面都带来了巨大的冲击和挑战。辩证地分析高校思想政治理论课程的网络教学，从有利方面看，教学过程可多次再现、重播，摆脱了时空的限制而相对自由、灵活，在一定程度上给予大学生学习的自主空间，可促进高校思想政治理论课程教育资源的共享，推进教育公平的实现，帮助克服"疫情"等突发事件对传统课堂教学的冲击；从弊端与挑战的方面看，面对虚拟的空间，难以保证良好的教学秩序、无法直观感受学生理论学习的状态和吸收的程度以进行及时的注解和补充，课堂互动有限，对教师的现代信息技术素养、学生学习自觉性、网络平台的技术保障各方面的要求较高，而且还影响到学生的视力健康等问题。而且，对于课程教学效果的好坏、是否只是权宜之计等方面的认识存有很大的不确定性，尚无法给予定论。

一般而论，现代信息技术对于高校思想政治理论课发展与建设而言，亦是利弊均沾。其最大的挑战是应对信息多元化，不论从信息来源、信息种类、传播渠道、传播范围、传播时限等方面都是多元、多变的。各种思想观念与社会思潮杂乱无章、良莠不齐、鱼龙混杂，无疑加大了高校意识形态阵地巩固的难度，增加了课程教育引导的复杂性。当然，现代信息技术手段的运用对于改善教学呈现形式、提升教学吸引力、适应学生学习习惯，以及推进优质教育教学资源快速传播与服务共享、不受时空限制等方面的优势亦是显而易见的。因此，不论是从课程当下网络教学弊端与挑战的现状出发，还是从课程未来的发展趋势看，都需要我们做好善用现代教育技术手段的思想准备，要在辩证思维指导下，用活、用好现代信息技术手段，进一步增强课程发展的活力和效力。

最后，对于高校思想政治理论课内涵式发展而言，要在课程建设中积极发挥现代信息技术手段的有利作用，善用、会用、用好现代信息技术手段。

高校思想政治理论课建设要善用现代信息技术手段，就要推进课程建设与现代信息技术手段的高度融合，将技术手段的优势发挥到课程建设可适用的具体环节，以达到优化课程建设的目的。高校思想政治理论课建设善用现代信息技术主要包括如下五个方面：第一，从教学的角度来说，要擅用现代信息技术手段与形式，包括运用人工智能的教学、虚拟仿真的思政课体验教学、虚拟实践教学等，不断改善课程的教学呈现方式，提升知识传播效率，展现立体化的教学形态，增强课程吸引力，使教育内容"活"起来，使理论教学"动"起来。第二，从学生学习的角度看，要利用网络教学技术，拓展学习的时空范围，适应大学生网络学习的偏好，保证学生自主学习的灵活性。第三，从课程建设与管理的角度看，要利用互联网服务平台，推进优质教学资源共享，推进课程发展的协调性与平衡性；利用现代信息技术的统计与分析结果，完善课程监督与评价，优化课程建设与管理。第四，从技术的角度看，要推进配套服务平台、技术手段的开发建设，如建设高校思想政治理论课程网站、优质网络示范课等在线课程、主题学习网站和微信公众账号学习平台，以及网络期刊、网络教学资源库、网络集体备课平台等。第五，从思政课教师的角度看，要大力提升教师队伍的信息化能力素养。部分高校思政课教师已成为该方面的行家里手，"在思政课领域应用新媒体、新技术方面的水平和技术远胜过其他文科课程的教师，甚至一点不比理科课程的教师差。思政课新媒体、新技术发展正在迈上新台阶"[①]。但

---

① 顾钰民：《新时代思想政治理论课传统优势同信息技术高度融合研究》，《思想理论教育导刊》2018 年第 9 期。

是对于部分中老年教师而言，还有待继续提升该方面的教学素养。但也需冷静对待，恰当处理好教学技术、包装、手段同教学内容与实质的关系，切不可以"技术、器物"之宾，夺"内容、实质"之主。所谓守正创新，一定要坚持原则底线和内涵实质，方可创新实践、大有作为。

（六）补齐科学评价的发展短板

高校思想政治理论课内涵式发展是追求科学化的课程建设过程，需通过评价环节而对课程建设效果进行总结和反馈，并由此继续优化、完善和改进课程建设。但是课程评价体系的不成熟及其发展"短板"效应也是不争的事实。为此，高校思想政治理论课内涵式发展，一方面要确立科学的课程评价体系，这是前提条件；另一方面要有效地发挥课程评价的指挥棒作用，引导课程的发展建设。

一方面，课程评价体系的不成熟是限制高校思想政治理论课内涵式发展的"短板"，为此要积极探索建立科学的评价体系。建立高校思想政治理论课程评价体系是一项复杂的工程，不仅涉及对课堂教学效果的短期评价，也涉及培养人才质量的长期评价；不仅涉及对教师的评价，也涉及对学生的评价，以及对教学组织机构的评价、对教学过程的评价；既包括教育领导部门的自身评价和对下属部门、教育者、受教育者的评价，也包括教育者对自身的评价及对领导部门和受教育者的评价，还包括从受教育者维度进行对自身与"他者"的评价，以及外界的社会评价、舆论评价等。可以看出，课程评价涉及的要素千头万绪、评价的内容并不固定、评价的过程复杂多变。因此，必须对课程评价体系进行科学的设定，并不断对之进行改进和完善。依据《普通高校思想政治理论课建设体系创新计划》（教社科〔2015〕2号）的规定，高校思想政治理论课要"构建有利于激发各方面积极性、全面系统、科学规范、运行有效的综合评价体系"[①]，并提出健全完善评价标准、明确评价导向、优化评价机制、坚持评建结合、管理与服务并重、紧密结合思想政治理论课实际的六点要求，为新时代高校思想政治理论课程评价体系建设提供了基本遵循。高校思想政治理论课程建设需以

[①]　中宣部等部门：《普通高校思想政治理论课建设体系创新计划》（教社科〔2015〕2号），2015年7月27日。

该《计划》为准绳，不断推进评价体系的构建和完善。

构建和完善高校思想政治理论课程评价体系，需掌握课程评价的复杂关系与丰富内涵，并逐步推进评价体系的发展建设。课程评价体系的丰富内涵主要包括：第一，明确评价的人才目标、根本标准和评价主体方面的基本内容。评价的人才目标是培养担当民族复兴大任的时代新人；评价的根本标准为是否有利于我国社会生产力的发展和社会历史的进步；评价的多元主体包括有教师、学生、同行、督导、社会五个维度。第二，掌握评价的基本内容、方法、特点。评价的内容丰富多样，包括有目标评价与过程评价、课堂教学评价、大学生思想政治素质评价、教学评价、客观评价与主观评价等；评价方法种类多样，包括坚持动机与效果的统一、定性与定量的统一、动态与静态的统一、表扬与批评的统一；评价具有系统性、相对性等特点。第三，确定完备的评价指标体系，既要确立一级指标，也要确立二级或三级指标，并发挥自评、他评、互评相结合的多主体评价模式。以《高等学校思想政治理论课建设标准》（教社科〔2015〕3号）为例，共划分出5个一级指标和39个二级指标。第四，从课程评价的结果来看，它最终的功能是将结果进行反馈，用以推进课程的发展规划、积极建设，或者纠错纠偏、克服发展的缺陷和不足，因此发挥着"指挥棒"作用。总之，高校思想政治理论课评价体系的建构与完善，须以科学的原则为导向，不断推进体系的建设与完善。

另一方面，高校思想政治理论课内涵式发展，要积极利用评价的"指挥棒"，发挥对课程导向和激励、鉴定和诊断、调节和监督的作用。目前，围绕着高校思想政治理论课建设，已出台了相关的"建设标准""基本要求"，如《高等学校思想政治理论课建设标准》（教社科〔2015〕3号）《新时代高校思想政治理论课教学工作基本要求》（教社科〔2018〕2号）《普通高等学校马克思主义学院建设标准（2019年本）》（教社科〔2019〕9号）等。这些"标准"和"要求"，既是教育部门对课程及其要素进行考核、评估和评价的主要依据，也是课程自评的参考标准。以《课程标准》为依据的考核性评价是目前对课程进行整体评价的一种有效方法，能比较客观地反映出课程建设的整体情况和水平，具有普遍的可操作性。在课程发展建设中，关键还要充分利用考核性评估的鉴定和诊断结果，查找不足，归结问题，推进有效的改进；要充分利用考核过程的调节和监督的作用，对标课程标准和要求，补齐弱项和短板，发挥优势和长处，推进课程制度的完善与发展；要通过评估树立先进典型并给予课程质量的认定或表彰，以发挥对全国课程建设的激励和导向作用，对不达标不合格课程给予警示，并督促课程整改与整顿建设，在对正反两方面经验和教训的总结评价中，积极发挥课程评价的激励和导向作用，推进课程质量的提升与科学发展。

三 获取外部环境的支持与保障

高校思想政治理论课建设是内因动力与外力扶持的有机统一，高校思想政治理论课内涵式发展须从顶层设计上强化对课程的宏观指导和有力支撑，并加大对环境资源的有效利用与资源盘活，推进全党全社会努力办好思政课的良好氛围，形成国家、社会、高校协同推动思政课建设的合力，积极推进课程发展建设。

（一）依靠党和国家的顶层设计

思想政治理论课是国家课程，高校思想政治理论课内涵式发展即以马克思主义为指导，始终围绕立德树人的根本任务，通过课程的开设及其教育和引导而为党和国家接续培养合格的社会主义建设者和接班人。为此，高校思想政治理论课建设必须坚持党和国家的统一领导与发展部署，只有不断加强、完善党和国家对课程教育与课程建设发展的顶层设计与规划部署，才能确保课程发展的正确方向与教育任务的完成。

党和国家要大力加强对高校思想政治理论课程建设的部署，分别从政策、制度和经费等方面为课程建设提供保障。

首先，从为中国特色主义事业培育建设者和接班人的高度，统筹推进和完善课程系统及其各要素建设的统一部署。在这方面，已提出《高等学校思想政治理论课建设标准》《普通高等学校马克思主义学院建设标准》《关于深化新时代学校思想政治理论课改革创新的若干意见》《新时代高等学校思想政治理论课教师队伍建设规定》等方面的规划部署，还需在此基础上继续完善对课程体系发展建设的规划部署，如从意识形态建设大局、高校育人体系全局、高校思想政治工作整体和大学生思想政治教育现实出发，从各自领域去确立思政课建设的特殊使命，并完善相关方面如何支持、配合与推进思政课建设的具体规划部署，实现思政课建设与外部环境的积极互动，为高校思想政治理论课有效带动其他类课程同向同行、领航高校其他育人体系建设提供具体的规划与政策保障，大力拓展课程建设的发展格局，为高校思想政治理论课育人主力作用的发挥提多方资源与力量的支持，推进立德树人任务的全方位落实。

其次，在总体规划中加强课程建设的分类指导。当前全国各个地区、各类高校的思政课程的建设与发展并不均衡，这与不同地区与院校各自课程建设和发展的历史背景和现实条件相关，因此，要坚持全国一盘棋的总体规划，保证课程建设在总体上平衡，推进东部与西部地区、公办与民办高校、重点院校与普通高校、人文综合类与理工科大学等各类高校，以及本科与艺术、体育、高职院校思想政治理论课建设的协调发展；又要依据课程各自的实际状况与发展要求而进行具体的规划，如打造示范性的课程建设标杆，搞好课程建设的试点工程，推进课程对口支援和帮扶政策，大力支持落后地区和课程发展薄弱高校的思政课建设，补齐全国性课程建设系统的发展短板与弱项，推进课程建设朝着全面均衡与特色发展的方向迈进。

最后，加大国家财政性拨款力度，为课程建设提供充足的经费保障。高校思想政治理论课程的公益性和非营利性，决定了课程建设的资金来源主要是以国家的财政性拨款为主，包括中央财政、地方财政和行业主管部门调拨的基本经费与专项经费等。资金投入是保障高校思想政治理论课程系统要素运行的前提条件，是课程发展与建设的物质基础和必要前提。新时代，经历了中国改革开放"富起来"到"强起来"的发展转变，中国经济建设取得了令人瞩目的成就，国家经济水平的提升，为加大课程教育经费的投入提供了现实可能。而且，围绕高校思想政治理论课建设的教育经费投入也实现了空前的增长，在国家对重点马院、重点学科的专项扶持中，个别高校在马克思主义学院、马克思主义理论学科和高校思想政治理论课程建设方面根本"不差钱"，而亟须的是进一步去激发课程的内生动力。但是这并不能代表全部，从全国总体来看，国家经费的投入"仍不能适应高校思想政治理论课程建设开展的需要""加强对思想政治理论课程建设的经费支持仍是新形势下高校思想政治理论课程教学改革和建设发展进程中亟待解决的一个问题。"① 因此，一方面要加大政府对课程建设经费的投入，

---

① 郭凤至：《高校思想政治理论课程建设研究》，北京师范大学出版社，2020，第336页。

而且这方面的工作正在逐步推进，如 2019 年提出"本科院校按在校生总数每生每年不低于 40 元，专科院校按每生每年不低于 30 元的标准提取专项经费，用于思政课教师的学术交流、实践研修等"①，比之先前"20 元"的经费标准，有了较大幅度的增长；另一方面，高校思想政治理论课建设还要争取社会资金的支持，包括校企合作、接受社会捐赠、适度理财等形式，使经费支持进入多元良性的循环轨道。

　　另外，还要完善对课程教育规划，为课程建设提供一体化的宏观指导。高校思想政治理论课不同于其他课程的显著特征表现为，它是通过系统的马列主义理论教育，而对大学生的世界观人生观价值观进行引导和建塑的过程，要为大学生的人生成长奠定科学的理论基础和价值原则，是开展国家主流意识形态的思想与理论教育的课程。因此，必须依靠国家顶层设计的大力推动，从贯通国民教育全程的维度，去完善高校思想政治理论课与中小幼各学段螺旋一体化的课程教育规划。在课程教育体系规划中，既要从各学段的教育特点出发，适度地拉开各学段在教育目标、教育内容、教育方式上的差距和"间距"，又要有效衔接、一气贯通地推进时代新人的培育工程，坚持以习近平新时代中国特色社会主义思想铸魂育人为主线，科学地规划课程教育目标、内容与具体教育实践，螺旋上升地开展和实施课程教育，推进大学生人才全面发展。同时，进一步规划构建大中小学思政课一体化建设工作机制，包括推进建立健全大中小学思政课教师一体化备课机制、大中小学思政课一体化建设领导管理体制等，真正地发挥国民教育一体化的育人合力。

（二）依托社会环境的有利氛围

　　高校思想政治理论课内涵式发展，固然是以内因为主要动力的发展模式，但也离不开外因方面的积极作用和影响，应是内外因共同作用的结果。高校思想政治理论课建设，须依托外界的环境基础与有利氛围。社会经济政治文化等方面建设状况与发展成就是高校思想政治理论课内涵式发展的环境基础，是客观而不以人的意志为转移的前提条件。但可在此客观基础

---

① 中共中央办公厅、国务院办公厅：《关于深化新时代学校思想政治理论课改革创新的若干意见》，2019 年 8 月 14 日。

之上，大力营造有利于高校思想政治理论课发展的环境氛围，作为课程发展的重要依托。习近平总书记强调，"推动形成全党全社会努力办好思政课、教师认真讲好思政课、学生积极学好思政课的良好氛围"[①]。从社会环境氛围看，要大力推进主流价值的社会宣传与思想认同，营造全社会关心、关注、支持高校思想政治理论课的有利氛围，以此坚定课程建设的决心，增强课程建设的信心，提升教师的职业自豪感和工作积极性，增强课程教育的亲和力和感染力。这是推进高校思想政治理论课内涵式发展的有利前提。

第一，依托全社会对主流价值的积极宣传与有效认同，以此而为高校思想政治理论课建设积累正能量。高校思想政治理论课是就主流意识形态而开展的理论教育活动，全社会对主流价值的思想态度与行为选择会直接影响到高校思想政治理论课程教育教学的感召力、说服力和引导力。因此，要把正舆论导向，在全社会积极推进对马克思主义真理性、社会主义核心价值观的导向性、中国特色社会主义的"四个自信"与中华民族伟大复兴中国梦等主流价值的思想宣传，"唱响主旋律，壮大正能量，做大做强主流思想舆论，把全党全国人民士气鼓舞起来、精神振奋起来，朝着党中央确定的宏伟目标团结一心向前进。"[②] 坚决抵制和避免各自错误思想观念与多元社会思潮对主流价值的否定和销蚀，弘扬主旋律、传播正能量，由此而为高校思想政治理论课内涵式发展营造风清气正的良好氛围。

第二，依托全社会对高校思想政治理论课关注、关心和支持的舆论氛围，大力推进课程的发展建设。虽然高校思想政治理论课是针对大学生而开展的教育工作，但是高校思想政治理论课程建设不是闭门造车，高校也不是封闭的孤岛，社会思想舆论导向、文化氛围，以及公众对高校思想政治理论课程的态度都会对课程发展建设产生正、负方面的重大影响。因此，一方面需积极营造全社会关心、关注和支持高校思想政治理论课程的环境氛围，在舆论宣传方面，既要在业内进行宣传推广，又要社会领域广泛地运用电视、报纸、广播、期刊和网络等宣传媒体，大力传播思政课建设的先进经验和典型案例、思政课教学的标兵人物和先进事迹、大学生思政课学习的表率事例；另一方面，要在全社会各单位系统形成支持高校思想政

---

① 习近平：《思政课是落实立德树人根本任务的关键课程》，人民出版社，2020，第24页。
② 《习近平谈治国理政》第3卷，外文出版社，2020，第312页。

治理论课建设的思想观念，尤其在一些体现传统文化、红色革命文化的文物保护单位，走在改革开放前列、体现时代创新精神的企事业单位，要以其独特的教育素材和资源去大力支持思想政治理论课程建设，为课程建设提供实践教学基地和条件，形成全社会支持思政课建设的合力。

第三，对于高校思想政治理论课内涵式发展而言，还需依托家庭教育的有力支持，形成学校、家庭、社会协同推动思政课建设的合力。"三方合力"的形成对课程的发展建设不无裨益，如以色列不仅同中国一样重视家庭，而且还"形成了家庭教育、社会教育与学校教育多渠道联合互动的典型模式"，推进"形成了价值观教育的合力机制。"① 在家庭教育与家庭氛围中营造对主流价值的思想观念认同与积极追求，推进对高校思想政治理论课的观念认同、地位认同和价值认同，形成家校共育的合力，是高校思想政治理论课建设环境与氛围中不可忽视的重要领域。

（三）挖掘高校平台的育人资源

高校思想政治理论课内涵式发展的最终目的落脚于大学生人才素养提升上，而大学生人才素养的培育与提升正是高校整体工作的核心，亦是一项系统的工程。2017 年 12 月，教育部印发的《高校思想政治工作质量提升工程实施纲要》指出，"充分发挥课程、科研、实践、文化、网络、心理、管理、服务、资助、组织等方面工作的育人功能，挖掘育人要素，完善育人机制，优化评价激励，强化实施保障，切实构建'十大'育人体系。"② 这就启示我们，高校思想政治理论课内涵式发展必须立足高校平台，统筹利用和挖掘高校在育人方面已有或是潜藏的各类资源，推动高校育人体系及其育人合力的形成，积极配合高校思想政治理论课教书育人的职责与使命，合力培养德智体美劳全面发展的社会主义建设者与接班人、培养担当民族复兴大任的时代新人，推进立德树人根本任务的全面落实。

第一，盘活高校其他课程的育人之力，推进形成思政课同其他的专业课程、通识教育类的文化课程的教育合力。当前在高校先后开启并持续而

---

① 孟茹玉、韩丽颖：《以色列价值观教育的历史与实践》，《思想教育研究》2019 年第 5 期。

② 中共教育部党组：《关于印发〈高校思想政治工作质量提升工程实施纲要〉的通知》（教党〔2017〕62 号），2017 年 12 月 4 日。

普遍推进的"课程思政"大转向，意在发挥思政课程引领力的同时，积极推进其他各类课程同思政课程的教育合力，有效盘活其他课程的育人之力。高校思想政治理论课，既具有通识教育的基础性、广博性，还具有社会主义教育的政治特色和意识形态属性，思想政治理论课在整个高等教育系统中处于思想引领的地位，通过"大思政"建设，像撒盐一样将社会主义主流意识形态渗透到高等教育的庞大课程体系之中，推进中国特色高等教育的内涵发展。习近平总书记在全国高校思想政治工作会议上明确指出："其他各门课都要守好一段渠、种好责任田，使各类课程与思想政治理论课同向同行，形成协同效应。"①要想"守好一段渠、种好责任田"，就必须充分挖掘各类课程的思想政治教育元素，调动师生参与到课程思政的建设中来，解决好各类课程和思想政治理论课相互配合的问题。在高校的常规课程和课堂教育教学中，专业课程和课堂的教育教学比例远远超出思想政治理论课程和课堂所占比例。因此，通过各种专业课程、专业课堂和教学方式中蕴含的思想政治教育资源进行的教育教学活动，如同春风化雨润物无声，有利于更好地实现思想和价值引领，实现立德树人的目的。需要指出的是，课程思政没有统一模式，需要结合各种专业、各门课程的具体实际去探索适应，更需要思想政治理论课程的方向性引领。因此，必须解决好各类课程和思想政治理论课相互配合的问题，如此才能充分体现出课程思政隐性教育与思想政治理论课程显性教育所具有的目标追求一致性、教育教学方式接近性和教育教学效果互补性，构建起同向同行的课程生态共同体，相互促进、相互补充，更好地推进高校思想政治理论课的内涵式发展。在这方面，上海的一些经验值得借鉴和推广。如复旦大学推出的"中国系列课程"、同济大学的"中国道路"课等。总之，要在思政课程的引领下，大力发挥各门课程的积极作用，推进高等校育人事业不断进步。

第二，除课程（包括高校思想政治理论课与其他课程）外，高校"十大"育人体系中其他方面也存有广泛的育人之力，要以思政课为中心，协同高校其他部门、组织、人员，其他育人环节、途径和平台的育人合力，积极盘活育人体系中的资源存量，共同推进德智体美劳全面发展时代新人的培育工程。

"十大"育人体系涵盖了多个责任主体，在多个责任主体中，除思想政

---

① 《习近平谈治国理政》第 2 卷，外文出版社，2017，第 378 页。

治理论课专职教师外，还包括高校其他专业课教师、党政干部和共青团干部、辅导员班主任、心理健康咨询教师队伍以及科研管理人员、后勤服务人员等教职员工的育人责任，或者由他们作为开展课堂教学的重要补充力量，通过他们的讲授去丰富课程的教学内容与形式，激发课程教育的活力。《普通高等学校马克思主义学院建设标准（2019 年本）》（教社科〔2019〕9 号）就规定，"党委书记、校长要带头走进课堂，每学期讲授思政课不少于 2 次，领导班子其他成员每学期讲授思政课不少于 1 次"①。或者凭借他们进行"日常思想政治教育"，以此作为对高校思想政治理论课课堂教学的有效补充，发挥各自的优势和长处，全员性地开展灵活多样的大学生思想政治教育活动。在构建全员育人的整体格局时，要注重厘清责任清单，压实职责范围，划定职业边界，构筑不同责任主体协调交流的工作机制，真正实现全员育人的合力汇聚。

还要将育人理念全方位地渗透到"十大"育人体系的其他环节和领域。高校的不同领域都储存有育人资源，具备育人功能，关键要以思政课程为导向，凝聚育人合力。"教育、宣传、文化、网信等相关部门应加强信息沟通，实现政策协同，强化高校思政理论课和大学生思政教育工作的顶层设计。"② 全方位育人注重从高校"十大"育人体系的整体出发，去追踪学生在课期间、在校期间与毕业离校后的思想状况、道德修养、价值取向与行为动态，弥补高校思想政治理论课课堂教学在时空境遇上的局限性，为检验评价高校思想政治理论课的教学实效提供现实基础，也为及时调整高校思想政治理论课的课程安排，规避教学盲区提供了现实指引。此外，还要统筹利用高校的网络、心理、管理、服务、资助、实践、文化等环节的思想政治教育资源，积极拓展课程的育人格局，推进"课上课下、网上网下、校内校外、知识教育与价值教育、思政小课堂与社会大课堂等无缝对接和同向同行"③，统筹网络课堂、校园文化、第二课堂等环节和途径去拓展课堂教学空间，丰富课堂教学内容，切实激发各个环节同思政课程的育人合力。

---

① 教育部：《关于印发〈普通高等学校马克思主义学院建设标准（2019 年本）〉（教社科函〔2019〕9 号）的通知》，2019 年 4 月 17 日。

② 刘川生：《高校要提升思想政治理论课的亲和力和针对性》，《中国高教研究》2018 年第 12 期。

③ 韩华、张丹丹：《新时代思想政治理论课建设的辩证法》，《高校辅导员》2019 年第 2 期。

结　语

　　高校思想政治理论课是学界持续关注、常研常新的理论课题。本书对高校思想政治理论课内涵式发展的研究，是从课程建设和发展的规律与经验出发的，着眼发现和解决高校思想政治理论课发展中的问题与难题，目的是推进高校思想政治理论课的科学化发展，以满足国家经济社会发展的相应需要。通过文献梳理的研究，可深切地感知高校思想政治理论课内涵式发展的必要性与紧迫性。

　　高校思想政治理论课不是普通的课程，其"主渠道""重要阵地""关键课程""中心环节"的发展定位，实则凸显了课程在国家建设各个领域中的重要地位与特殊作用。因此，高校思想政治理论课内涵式发展，不仅意味着高校思想政治理论课建设的重心从课程规模的扩张，转移到对课程质量、实效与功能的发展要求上来，还关系到课程建设发展的方向问题；也关乎社会主义意识形态大局的稳固、关切"培养什么人、怎样培养人、为谁培养人"根本问题的解决等方面。从党的十八大、党的十九大做出的关于"高等教育内涵式发展"的政治部署，以及习近平总书记在思想政治课建设专项会议上提出的"推动思政课建设内涵式发展"的具体部署来看，"高校思想政治理论课内涵式发展"已然被当作一项重大的战略工程来抓。

　　"高校思想政治理论课内涵式发展"的重大战略工程建设，必然离不开理论的研究和指导，针对目前理论研究中的不足，本书通过对内涵式发展思想的学理溯源与理论解析，并将之融合于高校思想政治理论课建设思路中来，指出高校思想政治理论课内涵式发展的概念，认为高校思想政治理论课内涵式发展，是以马克思主义为指导、聚焦立德树人根本任务、以激发课程发展的内生动力为主，同时协调外部力量形成建设合力的课程发展模式，是课程发展思路与建设实践的有机统一。

　　高校思想政治理论课内涵式发展绝不仅仅是简单的讲好一门思政课程，

而应具备战略的眼光、战略的思维，并推进战略工程建设。高校思想政治理论课内涵式发展作为新时代特定课程的建设理念，站在为中国特色社会主义培养建设者和接班人的战略高度，坚持以马克思主义为指导，聚焦立德树人根本任务，注重提升课程主体的积极性、主动性、创造性，坚持将内生动力作为课程发展的根本动力，关注课程的教育教学实效，以培养担当民族复兴大任的时代新人、德智体美劳全面发展的社会主义建设者和接班人为己任。高校思想政治理论课内涵式发展作为新时代特定课程的建设模式，旨在运用一系列举措以激发课程内生动力，并自觉统合来自党和国家的发展扶持、社会环境的包容支持、学校的配套资源与条件，以及课程自身要素提质增效等内外部力量，以推进形成课程建设合力，是具有系统性和前瞻性的课程建设实践。

高校思想政治理论课内涵式发展，既要着眼未来，推进课程的发展转型；又要立足当下，去应对和解决课程发展中的特殊问题与难题。一方面，高校思想政治理论课内涵式发展面临有利的发展机遇。我国当前经济、政治、文化、社会发展，以及高校思想政治理论课历史发展中积累的规律与经验，为高校思想政治理论课内涵式发展奠定了有利的基础，高校思想政治理论课内涵式发展，要积极应对新时代大学生发展的新特点与成长成才中的新困惑新问题新需求，因势而谋、应势而动、顺势而为，积极推进自身的发展升级与转型。另一方面，高校思想政治理论课内涵式发展也遭遇发展的瓶颈与难题，要立足当下，去应对和解决课程发展中的"包袱"问题，既包括历史以来的发展诉求与发展难题，又包括现实中的具体矛盾关系与发展困难问题，以及思想中的错误观点和歪曲认识问题。只有从逻辑上疏通和破解了各类问题的症结和关键，才能有效地厘清高校思想政治理论课内涵式发展的建设思路，更好地优化和完善高校思想政治理论课内涵式发展的建设工程。

推进高校思想政治理论课内涵式发展，要以理念为先导、人为要素为主体、内生动力为根本，并统合内外因要素以推进课程的建设实践。在系统工程中，发挥思政课教师队伍的积极性、主动性、创造性是推进高校思想政治理论课内涵式发展的"双关键"要素，即关键要素的关键方面。选择成为一名思政课教师，就要具备思想政治教育者的能力与担当。思政课程的教育难度与教育特殊性，决定了思政课教师崇高的职责使命与全面的综合素养要求，要朝着"思想家+政治家+教育家"的方向努力，具备饱满的教育热情，将"六要"的要求作为职业发展的自觉追求；具备职业的定力与韧性，坚定马克思主义信仰，坚持马克思主义的基本原则、立场与方向，克服教育教学的困难，持之以恒地改善教学，切实推进课程教学实效的不断提升；将自我的主动担当与外界的支持理解与认同相结合，自觉以习近平新时代中国特色社会主义思想铸魂育人，争做对党和人民负责任的思政课教师，努力完成党和人民的重托。高校思想政治理论课内涵式发展系统工程建设的其他方面，都要围绕着教师的教育教学工作来开展。

总体而言，秉持系统与要素相统一、理论与实践相契合、历史与现实相观照、问题与策略相匹配的原则，本书就高校思想政治理论课内涵式发展进行了较为系统的理论研究，但依然会有理论的漏洞和研究不足的方面，有待在今后的研究中继续深化、补充和完善。

参考文献

著作类：

［1］《马克思恩格斯选集》第 1～3 卷，人民出版社，2012。

［2］《马克思恩格斯全集》第 24 卷，人民出版社，1972。

［3］《列宁选集》第 1～4 卷，人民教育出版社，2012。

［4］《列宁全集》第 55 卷，人民出版社，2017。

［5］《毛泽东选集》第 1～4 卷，人民出版社，1991。

［6］《邓小平文选》第 1～3 卷，人民出版社，1993～1994。

［7］《江泽民文选》第 1～3 卷，人民出版社，2006。

［8］《胡锦涛文选》第 1～3 卷，人民出版社，2016。

［9］《习近平谈治国理政》，外文出版社，2014。

［10］《习近平谈治国理政》第 2、3、4 卷，外文出版社，2017～2022。

［11］习近平：《决胜全面建成小康社会　夺取新时代中国特色社会主义伟大胜利——在中国共产党第十九次全国代表大会上的报告》，人民出版社，2017。

［12］金岳霖：《形式逻辑》，人民出版社，1979。

［13］刘国光：《社会主义再生产问题》，生活·读书·新知三联书店，1980。

［14］中国《资本论》研究会综合学术组编《〈资本论〉与社会主义经济》，人民出版社，1983。

［15］宋涛：《政治经济学（下卷）》，人民出版社，1985。

［16］谈松华、陈芙泉：《大学思想政治教育简史》，上海交通大学出版社，1989。

［17］李海文：《周恩来研究述评》，中央文献出版社，1997。

［18］许启贤:《中国共产党思想政治教育史》,中国人民大学出版社,1999。

［19］沈壮海:《思想政治教育有效性研究》,武汉大学出版社,2001。

［20］王瑞荪:《比较思想政治教育学》,高等教育出版社,2001。

［21］靳诺、郑永廷、张澎军:《新时期高校思想政治工作理论与实践》,高等教育出版社,2003。

［22］项久雨:《思想政治教育价值论》,中国社会科学出版社,2003。

［23］张耀灿、徐志远:《现代思想政治教育学科论》,湖北人民出版社,2003。

［24］沈壮海:《思想政治教育的文化视野》,人民出版社,2005。

［25］张耀灿、郑永廷、吴潜涛,骆郁廷等:《现代思想政治教育学》,人民出版社,2006。

［26］张耀灿等:《思想政治教育学前沿》,人民出版社,2006。

［27］张耀灿:《中国共产党思想政治教育史论》,高等教育出版社,2006。

［28］石云霞:《高校思想政治理论课程建设史研究》,武汉大学出版社,2006。

［29］陈秉公:《思想政治教育学原理》,高等教育出版社,2006。

［30］顾海良:《高校思想政治教育导论》,武汉大学出版社,2006。

［31］顾海良、佘双好:《高校思想政治理论课程教学改革研究》,武汉大学出版社,2006。

［32］骆郁廷:《高校思想政治理论课程论》,武汉大学出版社,2006。

［33］刘思华:《生态马克思主义经济学原理》,人民出版社,2006。

［34］罗洪铁:《思想政治教育专题研究》,中共文献出版社,2007。

［35］靳江好、王郅强:《和谐社会建设与社会矛盾调节机制研究》,人民出版社,2008。

［36］宋永平、李秀珍、任培秦:《社会基本矛盾的历史作用与当代表现》,陕西人民出版社,2009。

［37］冯刚、沈壮海:《中华人民共和国学校德育编年史》,中国人民大学出版社,2010。

［38］骆郁廷:《当代大学生思想政治教育》,中国人民大学出版

社，2010。

[39] 沈壮海、佘双好：《学校德育问题研究》，大象出版社，2010。

[40] 王树荫、王炎：《新中国思想政治教育史纲（1949-2009）》，人民出版社，2010。

[41] 王伟光：《社会矛盾论——我国社会主义现阶段阶级、阶层和利益群体的分析》，中国社会科学出版社，2010。

[42] 郑永廷：《思想政治教育方法论》，高等教育出版社，2010。

[43] 陈立思：《比较思想政治教育》，中国人民大学出版社，2011。

[44] 王铁仙、刘福勤：《瞿秋白传》，人民出版社，2011。

[45] 罗洪铁、周琪、王斌等：《思想政治教育学学科理论体系演变研究》，中国社会科学出版社，2012。

[46] 黄蓉生等：《改革开放 30 年大学生思想政治教育论》，中国社会科学出版社，2012。

[47] 吴潜涛、徐柏才、阎占定：《高校思想政治教育的理论与实践》，人民出版社，2012。

[48] 张烨：《中国高等教育发展路径研究》，人民出版社，2012。

[49] 陈万柏：《思想政治教育学原理》，中国人民大学出版社，2013。

[50] 李丽娜、李久林：《大学生思想政治教育整合与创新研究》，首都经济贸易大学出版社，2013。

[51] 陈万柏、张耀灿：《思想政治教育学原理（第三版）》，高等教育出版社，2014。

[52] 黄蓉生：《改革开放以来大学生思想政治教育论纲》，人民出版社，2014。

[53] 杨芷英：《思想政治教育心理学》，中国人民大学出版社，2014。

[54] 涂又光：《中国高等教育史论（第三版）》，华中科技大学出版社，2014。

[55] 赵兴宏：《思想政治教育理论与实践若干问题研究》，社会科学文献出版社，2015。

[56] 李维昌等：《现代思想政治教育学理论基础探微》，中国社会科学出版社，2015。

[57] 张斌贤、王晨：《外国教育史（第 2 版）》，教育科学出版

社，2015。

[58] 戴钢书：《高校思想政治理论课实践教学论》，中国人民大学出版社，2015。

[59] 郑永廷、刘书林、沈壮海：《思想政治教育学原理》，高等教育出版社，2016。

[60] 王伟光：《纵论意识形态问题》，社会科学文献出版社，2016。

[61] 林小波：《坚定"四个自信"六讲》，人民出版社，2016。

[62] 张耀灿：《思想政治教育学科建设研究》，中国人民大学出版社，2017。

[63] 王展飞：《亲历与思考高校思想政治理论课建设与改革研究》，中国人民大学出版社，2017。

[64] 冷树青：《从社会基本矛盾观到人类系统观——和平发展思想理论创新论》，江西人民出版社，2017。

[65] 刘建军：《寻找思想政治教育的独特视角》，中国人民大学出版社，2017。

[66] 佘双好：《思想政治理论课程教学方法探析》，中国人民大学出版社，2018。

[67] 张雷声：《思想政治理论课教学的新境界》，中国人民大学出版社，2018。

[68] 骆郁廷：《思想政治教育引论》，中国人民大学出版社，2018。

[69] 彭付芝：《新中国成立 70 年高校思想政治理论课建设》，知识产权出版社，2019。

[70] 郭凤至：《高校思想政治理论课程建设研究》，北京师范大学出版社，2020。

[71]〔德〕马克斯·韦伯：《新教伦理与资本主义精神》，黄晓京等译，四川人民出版社，1986。

[72]〔美〕约翰·杜威：《民主主义与教育》，王承绪译，人民教育出版社，1990。

[73] Peter Riesenberg, Citizenship in Western Tradition, Raleigh：the University of North Carolina Press，1992.

[74]〔加〕克里夫·贝克：《人间价值世界》，詹万生译，中央编译

局，1997。

［75］〔美〕塞缪尔·亨廷顿：《文明的冲突与世界秩序的重建》，周琦等译，新华出版社，1998。

［76］〔德〕卡尔·曼海姆：《意识形态与乌托邦》，黎鸣、李书崇译，商务印书馆，2000。

［77］〔美〕迈克尔·W. 阿普尔：《意识形态与课程》，黄忠敬译，华东师范大学出版社，2001。

［78］Joel Spring, The American school：1642-2000, New York：The McGraw-Hill Companies, Inc, 2001.

［79］〔美〕威廉·F. 派纳等著《理解课程》，张华等译，教育科学出版社，2003。

［80］〔德〕大卫·休谟：《道德原理研究》，周晓亮译，中国法制出版社，2011。

［81］〔德〕马克斯·韦伯：《社会科学方法论》，韩水法、莫茜译，商务印书馆，2013。

［82］〔美〕威廉·戴蒙主编《品格教育新纪元》，刘晨、康秀云译，人民出版社，2015。

［83］〔美〕伊丽莎白·基斯、〔美〕J. 彼得·尤本主编《反思当代大学的德育使命》，孙纪瑶、段妍译，人民出版社，2017。

文件类：

［84］全国普通高校"两课"教育教学调研工作领导小组：《普通高校思想政治教育课程文献选编（1949—2003）》，中国人民大学出版社，2003。

［85］段忠桥：《建国以来普通高校马克思主义理论课和思想品德课课程设置及教学内容历史沿革资料汇编》（上编、下编），高等教育出版社，2004。

［86］教育部思想政治工作司组编《加强和改进大学生思想政治教育文件选编（1978—2008）》，中国人民大学出版社，2008。

［87］《国家中长期教育改革和发展规划纲要（2010—2020 年）》，中国法制出版社，2010。

［88］教育部思想政治工作司组编《加强和改进大学生思想政治教育重要文献选编（1978—2014）》，知识产权出版社，2015。

［89］国务院学位委员会：《关于进一步加强高校马克思主义理论学科建设的意见》（学位〔2012〕17 号），2012 年 6 月 6 日。

［90］教育部：《普通高等学校思想政治理论课教师队伍培养规划（2013—2017 年）》（教社科〔2013〕4 号），2013 年 6 月 25 日。

［91］中宣部等部门：《普通高校思想政治理论课建设体系创新计划》（教社科〔2015〕2 号），2015 年 7 月 27 日。

［92］教育部：《高等学校思想政治理论课建设标准》（教社科〔2015〕3 号），2015 年 9 月 10 日。

［93］中共中央国务院：《关于加强和改进新形势下高校思想政治工作的意见》（中发〔2016〕31 号），2017 年 2 月 27 日。

［94］教育部：《2017 年高校思想政治理论课教学质量年专项工作总体方案》，2017 年 5 月 11 日。

［95］教育部：《高等学校马克思主义学院建设标准（2017 年本）》（教社科〔2017〕1 号），2017 年 9 月 14 日。

［96］中共教育部党组：《关于印发高校思想政治工作质量提升工程实施纲要的通知》（教党〔2017〕62 号），2017 年 12 月 4 日。

［97］教育部：《新时代高校思想政治理论课教学工作基本要求》（教社科〔2018〕2 号），2018 年 4 月 12 日。

［98］教育部：《高校思想政治理论课教师队伍建设专项工作总体方案》，2018 年 4 月 25 日。

［99］教育部：《普通高等学校马克思主义学院建设标准（2019 年本）》（教社科函〔2019〕9 号），2019 年 4 月 17 日。

［100］教育部：《普通高等学校思想政治理论课教师队伍培养规划（2019—2023 年）》（教社科函〔2019〕10 号），2019 年 4 月 17 日。

［101］中共中央办公厅、国务院办公厅：《关于深化新时代学校思想政治理论课改革创新的若干意见》，2019 年 8 月 14 日。

［102］教育部：《新时代高等学校思想政治理论课教师队伍建设规定》（中华人民共和国教育部令第 46 号），2020 年 1 月 16 日。

［103］教育部办公厅：《教育部办公厅关于学习宣传和贯彻实施〈新时

代高等学校思想政治理论课教师队伍建设规定〉的通知》（教社科厅函〔2020〕1 号），2020 年 2 月 24 日。

［104］教育部办公厅：《关于印发深化新时代学校思想政治理论课改革创新先行试点工作方案的通知》（教社科厅函〔2020〕2 号），2020 年 3 月 12 日。

报纸类：

［105］习近平：《在北京大学师生座谈会上的讲话》，《人民日报》2014 年 5 月 5 日。

［106］习近平：《做党和人民满意的好老师》，《光明日报》2014 年 9 月 10 日。

［107］冯刚：《以改革创新理念推动思想政治教育质量提升》，《中国教育报》2016 年 1 月 5 日。

［108］习近平：《在哲学社会科学工作座谈会上的讲话》，《人民日报》2016 年 5 月 19 日。

［109］习近平在全国高校思想政治工作会议上强调：《把思想政治工作贯穿教育教学全过程　开创我国高等教育事业发展新局面》，《人民日报》2016 年 12 月 9 日。

［110］《牢牢掌握党对高校工作的领导权——六论学习贯彻习近平总书记高校思想政治工作会议讲话精神》，《中国教育报》2016 年 12 月 15 日。

［111］中共中央国务院印发《关于加强和改进新形势下高校思想政治工作的意见》，《人民日报》2017 年 2 月 28 日。

［112］艾四林：《打赢提高思政课质量和水平的攻坚战》，《中国教育报》2017 年 5 月 18 日。

［113］本报记者焦以璇：《思政课堂点亮青年信仰——高校思政课教学质量年专项工作述评》，《中国教育报》2018 年 2 月 27 日。

［114］习近平：《在北京大学师生座谈会上的讲话》，《人民日报》2018 年 5 月 3 日。

［115］习近平：《习近平总书记在纪念马克思诞辰 200 周年大会上的讲话，《人民日报》2018 年 5 月 5 日。

［116］人民日报评论员：《让党的旗帜在宣传思想战线高高飘扬——论

学习贯彻习近平总书记在全国宣传思想工作会议重要讲话精神》，《人民日报》2018 年 9 月 2 日。

[117] 习近平在全国教育大会上强调：《坚持中国特色社会主义教育发展道路　培养德智体美劳全面发展的社会主义建设者和接班人》，《人民日报》2018 年 9 月 11 日。

[118]《谱写立德铸魂的奋进篇章——全国高校思想政治工作会议以来学校思想政治理论课建设综述》，《人民日报》2019 年 3 月 18 日。

[119] 习近平主持召开学校思想政治理论课教师座谈会强调：《用新时代中国特色社会主义思想铸魂育人　贯彻党的教育方针落实立德树人根本任务》，《人民日报》2019 年 3 月 19 日。

[120] 本报评论员：《办好思想政治理论课关键在教师》，《光明日报》2019 年 3 月 19 日。

[121] 光明日报评论员：《理直气壮开好思政课》，《光明日报》2019 年 3 月 20 日。

[122]《思政课改革创新应深刻把握"八个相统一"》，《光明日报》2019 年 3 月 21 日。

[123] 吴漫琪：《那堂坚定信念的思政课》，《光明日报》2019 年 3 月 26 日。

[124] 任仕廷：《那些直抵心灵的思想政治理论课》，《光明日报》2019 年 3 月 26 日。

[125] 艾四林：《新时代如何办好思想政治理论课》，《光明日报》2019 年 4 月 19 日。

[126] 白显良：《思想政治理论课改革创新的方法论》，《光明日报》2019 年 4 月 19 日。

[127] 佘双好：《办好思想政治理论课关键在教师》，《光明日报》2019 年 4 月 19 日。

[128] 杨晓慧：《思政课如何才能有魅力》，《光明日报》2019 年 7 月 9 日。

[129] 杭育新：《办好思想政治理论课重在落细落小落实》，《中国教育报》2019 年 8 月 1 日。

[130] 靳诺：《新时代高校思政课如何改革创新》，《光明日报》2019

年 12 月 24 日。

论文类：

[131] 艾四林、康沛竹：《中国社会主要矛盾转化的理论与实践逻辑》，《当代世界与社会主义》2018 年第 1 期。

[132] 白显良：《以课堂为主战场　打好提高思政课质量和水平的攻坚战》，《思想理论教育导刊》2017 年第 9 期。

[133] 别敦荣：《论高等教育内涵式发展》，《中国高教研究》2018 年第 6 期。

[134] 陈宝生：《全面系统谋划高校思想政治工作切实把贯彻落实全国高校思想政治工作会议精神引向深入》，《中国大学生就业》2017 年第 7 期。

[135] 陈金龙：《新时代思想政治理论课建设的文化力量》，《马克思主义理论学科研究》2019 年第 3 期。

[136] 陈坤、马辉：《高校思想政治理论课评价指标体系的构建》，《思想理论教育导刊》2018 年第 4 期。

[137] 陈雯、许鸿文、江立华：《高校思想政治理论课堂注意力与教学模式改革的有效性研究——基于图像识别跟踪技术的 Cox 回归生存分析》，《思想理论教育导刊》2018 年第 9 期。

[138] 陈鹏：《运用马克思主义"精神需要—生产理论"构建思想政治理论课教学共同体》，《思想理论教育导刊》2018 年第 10 期。

[139] 陈锡喜、张濠：《推动高校思想政治理论课建设内涵式发展的要义和路径》，《思想理论教育》2019 年第 11 期。

[140] 陈占安：《改革开放以来高校思想政治理论课教材建设的回顾与展望》，《思想理论教育导刊》2018 年第 10 期。

[141] 陈占安：《论高校马克思主义学院重在建设》，《学校党建与思想教育》2019 年第 5 期。

[142] 董梅昊、佘双好：《新中国 70 年来思想政治理论课教学研究回顾与展望》，《思想理论教育导刊》2019 年第 10 期。

[143] 冯刚、高静毅：《思想政治理论课教学研究 2018 年度聚焦与展望》，《思想理论教育导刊》2019 年第 5 期。

[144] 冯刚、高静毅：《中华人民共和国成立以来中国共产党对高校思

想政治理论课的认识和探索》，《思想教育研究》2019 年第 9 期。

［145］冯刚、金国峰：《新中国成立 70 年来高校思想政治教育的发展动力、经验和展望》，《思想理论教育》2019 年第 10 期。

［146］冯秀军：《守正创新：让思政课"时时在线、永不掉线"》，《社会主义核心价值观研究》2019 年第 2 期。

［147］龚克：《立德树人、素质教育与内涵式发展》，《中国高等教育》2013 年第 2 期。

［148］高建广、靳文娟：《加强大学文化建设是高校践行立德树人的重要途径》，《学校党建与思想教育》2013 年第 12 期。

［149］高德毅、宗爱东：《课程思政：有效发挥课堂育人主渠道作用的必然选择》，《思想理论教育导刊》2017 年第 1 期。

［150］高德毅：《高校"形势与政策"课质量提升：规范化建设与综合改革》，《思想理论教育导刊》2017 年第 9 期。

［151］盖逸馨、赵如玥、李杰：《新时代高校思想政治理论课守正创新的价值意蕴与实践探析》，《思想教育研究》2019 年第 11 期。

［152］顾海良：《新时代高校思想政治教育的理论指导和发展理念——学习习近平新时代中国特色社会主义思想》，《思想理论教育导刊》2018 年第 1 期。

［153］顾钰民：《高校思想政治理论课发展和建设的四个基本关系》，《思想理论教育导刊》2015 年第 1 期。

［154］顾钰民：《铸造让学生终身受益的高校"思政课"》，《红旗文稿》2015 年第 3 期。

［155］顾钰民：《新时代思想政治理论课传统优势同信息技术高度融合研究》，《思想理论教育导刊》2018 年第 9 期。

［156］顾钰民：《以教师科研能力提高促进思想政治理论课改革创新》，《理论与改革》2020 年第 1 期。

［157］郝平：《深入学习贯彻习近平新时代中国特色社会主义思想　加快"双一流"建设 实现高校内涵式发展》，《中国高教研究》2017 年第 12 期。

［158］郝立新：《如何看待我国社会主要矛盾的转化》，《中国高等教育》2017 年第 22 期。

[159] 韩喜平：《以问题导向推动马克思主义理论学科发展》，《理论与改革》2019 年第 3 期。

[160] 韩振峰、李辰洋：《新中国成立 70 年来高校思政课课程建设的发展历程及经验启示》，《北京交通大学学报（社会科学版）》2019 年第 8 期。

[161] 侯惠勤：《意识形态的历史转型及其当代挑战》，《马克思主义研究》2013 年第 12 期。

[162] 侯惠勤：《意识形态话语权初探》，《马克思主义研究》2014 年第 12 期。

[163] 胡涵锦：《"及时跟进学"：新时代思想政治理论课教师"政治要强"的理论自觉和专业素养》，《学校党建与思想教育》2019 年第 17 期。

[164] 胡树祥：《顺应新变局，着力新动能，思想政治理论课教师队伍建设出新招》，《思想理论教育导刊》2019 年第 5 期。

[165] 胡子祥：《思想政治理论课教学质量内涵辨析》，《思想理论教育》2017 年第 9 期。

[166] 黄建军：《高校思想政治理论课内涵式发展的模式探索》，《中国高等教育》2019 年第 11 期。

[167] 靳诺：《深入贯彻落实全国高校思想政治工作会议精神　进一步提升研究生思想政治理论课教学质量》，《思想理论教育导刊》2017 年第 9 期。

[168] 靳诺：《新时代思政课改革发展的保障、动力及使命》，《北京教育（高教）》2019 年第 11 期。

[169] 康秀云：《习近平高校思想政治工作重要论述论纲》，《东北师大学报（哲学社会科学版）》2019 年第 2 期。

[170] 李梁：《新中国成立以来高校思想政治理论课教材建设的探索历程和基本经验》，《思想理论教育导刊》2010 年第 1 期。

[171] 李梁、刘翔宇：《机制：大中小学思政课一体化建设的重要保障》，《北京工业大学学报（社会科学版）》2020 年第 1 期。

[172] 李睿：《青年教师讲好思想政治理论课的三大支柱》，《思想理论教育导刊》2018 年第 4 期。

[173] 李虹：《加强新时代高校思想政治理论课教师队伍建设的思考》，

《思想理论教育导刊》2018 年第 5 期。

[174] 李立国：《"双一流"高校的内涵式发展道路》，《国家教育行政学院学报》2018 年第 9 期。

[175] 李久林：《牢牢把握两个"关键"着重解决三大问题》，《思想理论教育导刊》2019 年第 5 期。

[176] 李建华、张响娜：《思想政治理论课改革的理性之道》，《学校党建与思想教育》2019 年第 7 期。

[177] 李辽宁：《新中国成立 70 年来思想政治教育的发展历程、成就与经验》，《思想理论教育导刊》2019 年第 8 期。

[178] 李忠军：《用习近平新时代中国特色社会主义思想铸魂育人》，《中国高校社会科学》2019 年第 3 期。

[179] 李蕉：《论思想政治教育工作的统一性和多样性——基于历史视角的考察》，《思想理论教育导刊》2019 年第 11 期。

[180] 梁冰：《提升新时代高校思政课亲和力和针对性的对策选择——学习中国共产党的十九大报告体会》，《思想政治教育研究》2018 年第 4 期。

[181] 刘贵芹：《深入贯彻落实全国高校思想政治工作会议精神 切实增强大学生对思政课的获得感——访教育部社会科学司司长刘贵芹》，《思想理论教育导刊》2017 年第 5 期。

[182] 刘武根：《论新时代高校思想政治理论课建设的主要矛盾》，《思想理论教育导刊》2018 年第 5 期。

[183] 刘承功：《高校"三全育人"的核心要求、目标任务和实现路径》，《思想理论教育》2019 年第 11 期。

[184] 陆晓娇：《整体规划与协同效应：新时代学校思政课改革创新的内在逻辑》，《中国青年社会科学》2019 年第 38 期。

[185] 骆郁廷、秦玉娟：《新中国 70 年高校思想政治理论课建设的回顾与展望》，《思想理论教育导刊》2019 年第 11 期。

[186] 麻海山、程恩富：《中国马克思主义理论研究 70 年》，《毛泽东邓小平理论研究》2019 年第 12 期。

[187] 牟蕾：《提升高校思政课教师马克思主义素养的实践路径》，《学校党建与思想教育》2018 年第 16 期。

[188] 逄锦聚：《提高质量是思想政治理论课教学的生命线——以"马

克思主义基本原理概论"课为例》，《思想理论教育导刊》2017 年第 9 期。

［189］彭庆红：《培养和造就一批马克思主义理论教育的实干家》，《思想理论教育导刊》2018 年第 6 期。

［190］佘双好：《构建与课堂教学相互促进的思想政治理论课实践教学体系》，《思想理论教育导刊》2015 年第 11 期。

［191］佘双好：《改革开放以来高校思想政治理论课教学方法的创新发展》，《思想理论教育导刊》2018 年第 10 期。

［192］佘双好：《在服务思想政治理论课建设中实现马克思主义理论学科发展》，《理论与改革》2019 年第 3 期。

［193］佘双好：《新中国成立 70 年来马克思主义理论教育的创新性发展与历史性反思》，《青年发展论坛》2019 年第 5 期。

［194］孙蚌珠：《理论为本·内容为王·因材施教——提升思想政治理论课教学质量的思考》，《思想理论教育导刊》2017 年第 9 期。

［195］沈壮海：《讲出思想政治理论课应有的精彩》，《求是》2019 年第 16 期。

［196］沈壮海、董祥宾：《论新时代思想政治理论课的改革创新》，《思想理论教育》2019 年第 5 期。

［197］石云霞：《新中国 70 年高校思想政治理论课建设基本经验与未来展望》，《思想理论教育》2019 年第 9 期。

［198］宋友文、王易：《高校思想政治理论课教材体系向教学体系转化研究》，《中国高等教育》2019 年第 6 期。

［199］孙英：《高校思想政治理论课教学供给侧改革论析》，《思想理论教育导刊》2017 年第 5 期。

［200］孙英：《改进高校思想政治理论课的问题意识研究》，《思想理论教育导刊》2018 年第 1 期。

［201］孙宗伟：《研究生思想政治理论课教学的"三重特色"——以中国人民大学为例》，《思想教育研究》2019 年第 10 期。

［202］唐景莉、李石纯：《怎样加强新时代思政课建设？——对话高校六位思政课教师》，《中国高等教育》2019 年第 9 期。

［203］汤志华、廖青清：《新时代高校思想政治理论课实践教学创新研究》，《思想理论教育导刊》2019 年第 11 期。

［204］田芬：《新时代地方高校思政课程改革的路径研究》，《教育教学论坛》2019 年第 46 期。

［205］王炳林：《提升"中国近现代史纲要"课教学质量的调研与建议》，《思想理论教育导》2017 年第 9 期。

［206］王红艳：《论正确认识新时代我国社会主要矛盾转化的三个维度》，《社会主义研究》2018 年第 4 期。

［207］王磊、景飞：《用革命文化资源提高思政课水平》，《思想政治工作研究》2019 年第 6 期。

［208］王宁：《做好意识形态工作的几个着力点》，《红旗文稿》2018 年第 16 期。

［209］王树荫：《守正创新　立德树人》，《社会主义核心价值观研究》2019 年第 2 期。

［210］王岩、殷文贵：《思想政治教育的春天与阻碍发展的八大因素》，《思想理论教育导刊》2019 年第 6 期。

［211］王永和：《围绕"认知、认可、认同"构建思想政治理论课课堂教学方法体系》，《思想理论教育导刊》2013 年第 10 期。

［212］吴林龙：《论新时代学生思想政治教育系统化及其进路》，《思想教育研究》2019 年第 8 期。

［213］谢地、刘佳丽：《中国社会主要矛盾转型与经济发展方式转变》，《四川大学学报（哲学社会科学版）》2010 年第 6 期。

［214］肖巍：《解决社会主要矛盾的改革方法论问题》，《南京师大学报（社会科学版）》2018 年第 4 期。

［215］肖映胜、曾文：《"新中国成立 70 年高校思想政治理论课历史回顾与时代展望"高端论坛综述》，《思想理论教育导刊》2019 年第 11 期。

［216］徐蓉、王梦云：《提升高校思想政治理论课教学质量的多维思考》，《思想理论教育》2017 年第 9 期。

［217］徐方平、昌灏：《论新时代社会主要矛盾的变化与供给侧改革》，《湖北大学学报（哲学社会科学版）》2018 年第 5 期。

［218］许慎：《全媒体时代思想政治理论课教学方法的综合创新》，《思想理论教育》2019 年第 12 期。

［219］杨威：《论新时代思想政治理论课教师队伍建设的六对关系》，

《思想理论教育导刊》2019 年第 7 期。

[220] 叶荣国、钱广荣：《建国以来思想政治理论课教学质量建设的基本经验》，《思想政治教育研究》2014 年第 1 期。

[221] 宇文利：《思想政治教育课程论：现状、问题与发展》，《思想理论教育》2014 年第 4 期。

[222] 张传辉、欧文希：《聚焦重点 把握关键 发挥思政课立德树人的主渠道作用》，《思想理论教育导刊》2017 年第 9 期。

[223] 张静：《高校思想政治理论课的课程论审思与教学策略选择》，《思想政治教育研究》2018 年第 6 期。

[224] 张雷声：《改革开放以来思想政治理论课教师队伍建设论析》，《思想理论教育》2018 年第 10 期。

[225] 张雷声：《站在新的历史起点上建设马克思主义理论学科》，《理论与改革》2019 年第 3 期。

[226] 张正光：《提升思想政治教育亲和力的有效路径》，《思想理论教育导刊》2017 年第 5 期。

[227] 张凯：《新时代高校思政课教师队伍建设探究》，《学校党建与思想教育》2019 年第 7 期。

[228] 张欣：《把握思想政治理论课理论性与实践性相统一的深刻内涵》，《学校党建与思想教育》2019 年第 13 期。

[229] 周金华、刘睿：《论增强"大学生思想政治理论课获得感"》，《思想政治教育研究》2019 年第 2 期。

[230] 钟飞燕、高德胜：《高校思想政治理论课的时代定位》，《思想教育研究》2019 年第 8 期。

[231] 左殿升、张莉、冯锡童：《新中国成立 70 年来高校德育的发展进程及启示》，《学校党建与思想教育》2019 年第 19 期。

[232] 陈华文：《立德树人维度下的大学生社会主义核心价值观教育研究》，博士学位论文，中国地质大学（武汉），2016。

[233] 刘晨：《加拿大核心价值观教育研究》，博士学位论文，东北师范大学，2018。

[234]〔越〕范诚忠（PHAM THANH TRUNG）：《越南高校思想政治理论课课程建设研究》，博士学位论文，湖南大学，2018。

附录　国家各个时期出台的有关高校思想政治理论课建设的指导意见与改革方案（节选）

1. 教育部关于华北区各高等学校 1951 年度上学期进行"辩证唯物论与历史唯物论"等课教学工作的指示（节选）

（1951 年 9 月 10 日）

华北区各高等学校两年来通过"社会发展史"、"新民主主义论"和"政治经济学"三门课目的教学工作，进行思想政治教育，是收到一定的效果的，今后仍须对学生加强马克思、列宁主义、毛泽东思想的教育。

上述三门课目，是改造学生的思想，树立科学的世界观，革命的人生观和全心全意为人民服务的最基本的课程，各高校必须重视并注意建立正规的和完备的教学组织，丰富系统理论的讲授内容，以克服过去有些学校将革命的思想政治教育和一般业务课程对立起来片面进行、不相联系的现象。

2. 中央人民政府高等教育部关于改"新民主主义论"为"中国革命史"及"中国革命史"的教学目的和重点的通知（节选）

（1953 年 6 月 17 日）
（53）政生杨字第七一号

全国解放以来，高等学校开设"新民主主义论"课程，结合三年来的各种政治运动，对学生的政治认识有显著的提高。鉴于目前高级中学三年级已开设"共同纲领"课程，"新民主主义论"的政策部分与之重复，且影响新民主主义革命史部分的充分讲授；同时"新民主主义论"的经济部分，又与"政治经济学"的新民主主义经济部分重复。因此，我部决定自一九五三年度起，将高等学校一年级开设的"新民主主义论"一律改为"中国革命史"，其讲授、课堂讨论和自学时数，同"新民主主义论"课程原规定。希各校接得通知后，做好准备工作，于今年秋季开始实行。

3. 中华人民共和国教育部关于 1961—1962 学年度上学期高等学校共同政治理论课安排的几点意见（节选）

（1961 年 7 月 24 日）

（61）教政周字第 129 号

各省、市高教、教育厅（局）：

最近各地高等学校来电、来信、来人询问有关共同政治理论课程设置和教材问题的日益增加，我们意见：

一、请你们即将中央教材编选计划会议制定的"改进高等学校共同政治理论课程教学的意见"转发给各高等学校进行讨论，并参照上述文件的精神，研究下半年课程的开设。

二、在教材未出版以前，各地可根据具体情况，采取下列一些过渡办法：

（1）哲学、政治经济学，可采用中央宣传部或中央局宣传部编写的教材。中央宣传部编写的教材出版时间和供应办法，俟后另行通知。理、工、农、医院校，在"马克思列宁主义概论"未编出前，也可采用上述两本教材。

（2）中共党史和中国现代革命史教材未出版前可先选读毛泽东同志的有关著作，刘少奇"马克思列宁主义在中国的胜利"、"在庆祝中国共产党成立四十周年大会上的讲话"，胡乔木"中国共产党的三十年"等，同时可选择一本现有的较好的党史教材作为参考读物。

（3）文科各系的政治学，在教材未出版以前，最好暂缓开设。如果要开设，可参考江苏一些高等学校的办法，先选读"共产党宣言"、"马克思主义的三个来源与各组成部分"、"列宁主义基础"、"关于正确处理人民内部矛盾的问题"等著作,进行讲授。

请你们根据本省高等学校的具体情况,参考上述意见,研究一个过渡性的措施,经省、市委宣传部同意后,通知各校执行。

4. 中华人民共和国教育部关于高等学校共同政治理论课
教学安排的几点意见（节选）

（1962 年 5 月 26 日）

（61）教二周政字第 975 号

各省、市、自治区高教（教育）厅（局），直属高等学校：

1961 年 8 月 1 日,本部（61）教政周字第 129 号通知（《关于 1961—1962 学年度上学期高等学校共同政治理论课程安排的几点意见》），对 1961—1962 年上学期政治理论课教学的安排,提出了一些过渡办法。鉴于高等学校共同政治理论课程的部分教材在较短时间内尚不能编出,现对今后一段时间内高等学校政治理论课的教学的安排,提出如下意见:

（一）理、工、农、医院校的《马克思列宁主义概论》教科书,短时期内不能编出,各院校可暂开哲学、政治经济学和中共党史三门课程。哲学教科书可用艾思奇主编的《辩证唯物主义历史唯物主义》;政治经济学教科书,可用于光远、苏星主编的《政治经济学》,并可根据理、工、农、医等专业的具体情况,适当压缩。

（二）《中共党史》教科书,短时期内也不能编出,各校可仍按（61）教政周字第 129 号通知,选读毛泽东同志的有关著作,刘少奇同志的"马克思列宁主义在中国的胜利"、"在庆祝中国共产党成立四十周年大会上的讲话";同时以胡乔木同志的"中国共产党的三十年"作为教学提纲,并选择一本已经公开出版的党史著作作为参考读物。参考读物的供应问题,将由新华书店解决。各校可向当地新华书店预定（具体办法,由新华书店通知）。

（二）政治经济学的社会主义部分,中共党史中有关建国以后的部分,还没有适当的教材。前者可暂时采取专题讲授的办法。后者可以暂时不讲,或者在思想政治教育报告中讲,也可以请各地有关部门的负责同志或本校教师做专题报告。

......

（五）共同政治理论课程（包括马克思列宁主义基础理论和思想政治教育报告）的学习时间，教育部直属高等学校暂行工作条例（草案）已规定："政治理论课程的教学时间，理、工科占总学时的百分之十左右；文科一般占总学时的百分之二十左右"，鉴于各类专业的总学时多少不一，为便于对政治理论课程进行统一安排，我们意见：思想政治教育报告，一般平均每月六学时左右（可用两学时左右作为阅读文件时间）。马克思列宁主义基础理论的上课时数，各校可根据上述规定自行安排。理、工、农、医各专业和艺术、体育院校中学制较长或上课总学时较多的学校，也以不超过二百一十学时为宜。自习时间和上课时间的比例大体上一比一。至于马克思列宁主义基础理论课程中各门课程之间的比例和安排次序，也可由各校根据具体情况自行规定。

请你们根据本省（市）高等学校的具体情况，参照上述意见，研究一个切实可行的措施，一面报我们，一面通知各校执行。

5. 中华人民共和国教育部试行"关于高等学校研究生政治理论课的规定"（草案）的通知（节选）

（1963 年 8 月 9 日）

（63）教二蒋政字第 1231 号

中央各有关业务部门，各省、市、自治区高教（教育）厅（局），全国培养研究生的高等学校：

兹发下"关于高等学校研究生政治理论课的规定"（草案），请各培养研究生的高等学校试行。试行中的情况和问题，望及时报我们，以便研究进一步修改。

附件一：

关于高等学校研究生政治理论课的规定（草案）

一、高等学校研究生的政治理论课，包括：（1）马克思列宁主义理论；

（2）思想政治教育报告。

二、马克思列宁主义理论课，主要是选读马克思列宁主义经典作家和毛泽东同志的著作，同时也选读部分当前国际共产主义运动中的重要文件。学习这些著作和文件的方式，应以自学为主，适当进行辅导（包括答疑和必要的辅导报告）。

三、马克思列宁主义理论课的学习时间，文科各专业一般可按 250—300 小时安排，理、工、农、医各专业一般可按 160—200 小时安排。

四、为了使研究生学习马克思列宁主义理论有一个阅读范围，特根据文科和理、工、农、医各专业的不同情况，制定"研究生马克思列宁主义理论课阅书目"（见附件二）。学校可以根据需要和可能，指定其中的一部分作为最低限度的必读书，在上述规定时间内阅读，其余由研究生自由选读。

6. 教育部办公厅关于加强高等学校马列主义理论教育的意见 全国教育工作会议征求意见稿（节选）

（1978 年 4 月）

二十八年来，全国高等学校的马列主义理论课（以下简称理论课）对帮助学生逐步树立无产阶级的世界观，提高应用马列主义的立场、观点、方法去分析问题和解决问题的能力，起了重要的作用。广大理论课教师，在传播马列主义、毛泽东思想的基本理论方面，作了大量的工作，付出了辛勤的劳动，成绩是主要的。

……

为了充分发挥理论课对转变学生思想的作用，培养又红又专的人才，现就加强马克思主义理论教育问题提出几点意见。

……

二、关于马列主义理论课的目的和任务问题

马列主义理论课的主要任务在于系统地对学生进行马克思主义三个组成部分的基本理论教育，武装学生的头脑。理论课教学的目的，就是遵照毛主席"认真看书学习、弄通马克思主义"的教导，培养学生"力求完整地而不是零碎地、准确地而不是随意地、实际地而不是空洞地把马克思列宁主义、毛泽东各个方面的基本原理掌握起来"（华主席）；就是培养学生初步学会"应用马列主义的精神与方法去分析问题与指导实践"（《中共中央关于延安干部学校的决定》）。

辩证唯物主义与历史唯物主义是无产阶级的世界观、认识论和方法论。它是研究宇宙、社会、思维最一般规律的科学。开设这门课是为了培养学生树立无产阶级世界观，贯彻毛主席所教导的进行"认识论的教育，以便端正思想，善于调查研究，总结经验，克服困难，做好工作，努力奋斗，建设社会主义的伟大强国"。开设这门课，是为了培养学生在一切工作中，坚持唯物主义，反对唯心主义；坚持辩证法，反对形而上学；坚持历史唯物主义，反对历史唯心主义。

上述马列主义理论课与政治运动、形势教育、劳动教育、政治工作等，从不同角度对学生进行马列主义思想教育。各有侧重，不宜相互代替。不要用"三政合一"（政治课、政治运动、政治工作合一）的办法削弱和取消理论课，凡是因特殊情况占用理论课教学时间的，必须补上。

关于马列主义课的设置和学时问题，一般认为，今后高等学校应开设哲学、政治经济学和中共党史。理、工、农、医专业有条件的还应开设自然辩证法。文科应另加国际共产主义运动史。理工农医专业，要不要开或如何开国际共运史的问题，各校可以酌情处理。也有不少人认为，停开国际共运史，改为科学社会主义，构成马克思主义三个组成部分，和哲学、政治经济学一起，是所有高等学校的必修课。文科另加党史。上述两种意见，均可由各校根据条件试行，暂不做统一规定。对各门马克思主义理论课开设的顺序问题，一般是党史、政治经济学、哲学、共运史。

理论课的学时问题，应根据专业性质和学制长短确定。理、工、农、医专业的理论课，一般应占教学计划总学时的10%；文科专业一般应占20%左右。至于政治、法律、哲学、历史、财经等各科，根据培养目标的需要，学时比例还可相应增加。为了保证学生对理论课的自习时间，也可以文科每周课程表上排六节课，理工科排四节课，包括讲授与自学。

……

五、关于教师队伍的建设问题

由于各类专业的理论课学时有多有少，学校规模有大有小（学生数目有多至数千，少至一二百的），有的可以上大课，有的如留学生、研究生等只能上小课，无法做出统一的师生比例来。但是，学生在千人以上的学校，师生比例在理工科一般可以 1：80，文科一般可以 1：60。学生数目不满千人的，每门理论课至少配备教师二至三人。至于外国留学生、研究生的比例，可另算。

目前高等学校理论课教师队伍，一般说，数量缺、水平低、任务重、后继乏人。有的院校由于教师缺乏，有些理论课一直开不出来。有的院校一门理论课只有一个教师，教师一病，只好停课。有的院校虽然也开设了四门理论课，但由于缺乏教师，只好拉行政干部或技术课教师临时凑数。还应指出：理论课教师的教学任务比"文化大革命"前加重了，他们除了担负学生的教学任务外，还担负了全校职工以及校外工农理论队伍的理论学习辅导等任务。但是，许多院校理论课教师不仅没有相应增加，反而减少了。由于教学任务过重，加上生活上的一些困难，许多教师身体素质越来越差，有的教师只好长期带病坚持工作。有的院校因病全休或半休的教师，有时竟达四分之一。不能上台讲课的教师，一般占百分之三十以上。这说明，目前高等学校理论课教师队伍的问题，是相当严重的。

7. 中共中央宣传部、教育部关于印发《关于加强和改进高等院校马列主义理论教育的若干规定》的通知（节选）

（1984 年 9 月 4 日）

中宣发文〔1984〕36

各省、自治区、直辖市党委宣传部、科教部、人民政府教育厅（局），国务院各部委教育局，总政宣传部，各大专院校：

现将《关于加强和改进高等院校马列主义理论教育的若干规定》发给你们，请结合实际情况，认真贯彻执行。在执行中有何意见和问题，请及时上报。

附件：

《关于加强和改进高等院校马列主义理论教育的若干规定》

党的十一届三中全会以来，全国高等院校恢复了正规化的马列主义理论教育。在上级党委的领导下，广大马列主义课教师，在解放思想，拨乱反正，进行四项基本原则教育，宣传党的路线、方针和政策，培养学生的无产阶级世界观和共产主义道德等方面，做了大量工作。但是，目前高等院校的马列主义理论教育还不能适应社会主义现代化建设的需要，在贯彻理论联系实际的方针、领导体制、课程设置、教学环节、教学方法、师资队伍建设等方面，还存在不少问题需要改进；有些地区或学校的领导，还没有把加强和改进马列主义理论教育列入重要议事日程，没有把它看作是加强学生思想工作的核心。为了贯彻十一届三中全会以来中央有关思想理论工作的指示精神，加强和改进马列主义理论教育工作，特作如下规定。

……

二、坚持理论联系实际的方针，改革课程设置和教材内容

马克思主义是发展的科学，它的生命力就在于同各个时代、各个国家的具体实际相结合，回答实践提出的重大问题。马克思主义理论教育应充分体现这一基本特点。它只有紧密结合时代和科学技术的发展，紧密结合社会主义现代化建设的实践和党的路线方针政策，紧密结合学生中普遍存在的思想认识问题进行讲授，才能启迪人、教育人。为了适应教育要面向现代化、面向世界、面向未来的需要，现行的课程设置和教材必须进行改革。改革的原则是：坚持理论联系实际的方针，增强课程体系和教材内容的科学性和现实性，使马克思主义理论真正成为学生认识世界和改造世界的思想武器，帮助他们形成无产阶级的世界观。为了增强马列主义理论教育的现实性，现在着手准备在全国高等院校增设《中国社会主义建设基本问题》课程，在新的课程设置未确定和新教材未编之前，现行课程不变。少数民族地区院校开设的《马克思主义民族理论和党的民族政策》课程，仍按中宣部和教育部 1982 年的规定执行。

马列主义公共理论课的教学时数：文科四年制本科（含艺术院校的理论、创作、编导专业）一般占总学时的 20% 左右，每门课最低不少于 105学时；四年制外语专业按文科开设马列主义的各门课程，每门课最低不少于 80 学时；理工农医等四年制本科和艺术院校的技巧、表演专业占总学时的 10% 左右，每门课最低不少于 70 学时；五年制和六年制本科，要相应地增加学时。自习与课堂教学时间的比例为一比一，要列入课程表，由任课教师掌握。任何学校和个人都不能任意减少和侵占马列主义理论课的时间。

研究生和大学专科的课程设置和学时另定。

8. 国家教育委员会关于在高等学校进一步贯彻《中共中央关于改革学校思想品德和政治理论课程教学的通知》的意见（节选）

（1986 年 3 月 20 日）

（86）教政字 005 号

各省、自治区、直辖市教育委员会、高教（教育）厅（局），国务院有关部委教育司（局），国家教委直属院校：

一九八五年八月，中发〔1985〕18 号《中共中央关于改革学校思想品德和政治理论课程教学的通知》（以下简称《通知》）发出以后，许多省、自治区、直辖市和高等学校进行了传达、学习，并制定了贯彻落实的措施。

……

我们设想，从一九八六年起，用二至五年时间进行政治理论课教学改革工作，逐步开设出新的课程。具体步骤是：

"中国革命史"：一九八六年，总结清华大学等校改"中共党史"课为"中国革命史"课的试点经验；组织编写供不同类型院校使用的示范性大纲，推动教材建设。一九八七年，在较多的学校开设"中国革命史"课；评审推荐全国试用教材。一九八八年，在全国多数高等学校开设"中国革命史"课。

"中国社会主义建设"：一九八六年，完成由中宣部理论局和国家教委政教司共同组织编写的"中国社会主义建设"试用教材和教学参考大纲；进行教学试点；并组织科研攻关。一九八七年，总结试点经验，扩大试点范围；修改试用教材和教学参考大纲。一九八八年，评审推荐全国试用教材，在全国多数学校开设"中国社会主义建设"课。

"马克思主义原理"：一九八六年，初步探讨"马克思主义原理"课的教学内容和体系，组织科研攻关。一九八七年，在科研攻关的基础上，编写教学大纲和试用教材，进行教学试点。一九八八年，总结试点经验，扩大试点范围，编写示范性大纲，修改试用教材。一九八九年，评审推荐全国试用教材。一九九○年，在全国多数学校开设"马克思主义原理"课。

"世界政治经济和国际关系"：有条件的地区和学校要组织力量，进行研究，可以在试点院校先开展专题讲授或组织讲座。

预计从一九九〇年起，全国多数高等学校政治理论课的课程设置可基本上实现中央《通知》的要求，教学内容也将得到充实、提高，各校在新课程没有开设以前，继续按原有课程组织教学，但课程内容应按中央《通知》的精神进行改革。同时，要努力改革教学方法和考试方法，注意总结新经验。理工农医院校政治理论课的学时总计应不少于二百一十学时。

9. 国家教育委员会关于进一步改革高等学校马克思主义理论课（公共课）教学的意见

（1987 年 3 月 17 日）

（87）教政字 004 号

1985 年 8 月，中央发出《中共中央关于改革学校思想品德和政治理论课程教学的通知》（以下简称《通知》）。一年多来，大部分省市和高等学校按照《通知》精神，本着先易后难、由点到面的原则，对马克思主义理论课（公共课，下同）教学进行了改革，取得了初步成效。1986 年暑假后，全国约有半数左右的院校开设了"中国革命史"课，大多数省市都有一些院校开设了"中国社会主义建设"课，进行试点。有少数学校开设了"马克思主义原理"课。原有的"哲学"、"政治经济学"课也贯彻理论联系实际的方针，对教学内容作了调整和充实，增加了关于历史唯物主义、当代资本主义、我国社会主义现代化建设和改革，以及当代西方哲学、政治、经济思潮评介等方面的内容。新教材的编写和师资培训也有了一定进展。

……

根据《中共中央关于社会主义精神文明建设指导方针的决议》（以下简称《决议》）和中共中央中发〔1987〕1、2、3、4、6 号文件精神，结合高等学校的实际情况，现就进一步改革高等学校马克思主义理论课教学提出以下意见：

……

马克思主义理论专业和财经、政法类专业要根据《通知》的要求，结合本专业的情况，与专业理论课统筹考虑，确定马克思主义理论课的课程设置。

三年制的大专，可以开设"中国革命史"和"中国社会主义建设"课；两年制的大专，可以开设"中国革命和建设的基本问题"课。

国家教委政教司拟于今年上半年组织高等学校马克思主义理论课教师，根据《决议》和《通知》的要求，制定"中国革命史"课示范性教学大纲和"中国社会主义建设"、"马克思主义原理"两门课的教学要点。开设"哲学"、"政治经济学"课的学校，要根据"中国社会主义建设"和"马克思主义原理"的教学要点，调整、充实教学内容。

三、切实保证马克思主义理论课必要的教学时数

《通知》规定，对马克思主义理论课程必要的学时，要有一个基本的统一规定。

根据《通知》的要求，马克思主义理论课教学内容不比原来的三门课少，因此应维持原有的教学时数。理工农医专业四年制的本科马克思主义理论课，以三门课学习三年、每周按两学时计算，仍需 210 学时，占教学计划总学时的 9% 左右。一般文科专业（包括外语专业）四年制本科马克思主义理论课，以四门课学三年、每周按三学时计算，仍需 315 学时，占教学计划总学时的 13% 左右。马克思主义理论专业的公共理论课学时另行规定。

二年制、三年制大专学生马克思主义理论课（公共课）的学时，分别为 70 学时和 140 学时。

10. 关于高等学校研究生马克思主义理论课（公共课）教学的若干规定（节选）

（1987 年 6 月 15 日）

《中共中央关于改革学校思想品德和政治理论课程教学的通知》（中发〔1985〕18 号）要求，"研究生阶段的思想理论教育，应当在大学本科的基础上继续提高，并注意与专业学习适当地结合起来。"现就改进和加强高等学校研究生马克思主义理论课教学作出以下规定：

一、研究生马克思主义理论课的任务

研究生的马克思主义理论课，是《中华人民共和国学位条例暂行实施

办法》中规定的硕士、博士研究生必修的学位课程之一。开设这类课程是全面贯彻社会主义教育方针的重要组成部分。马克思主义理论课要坚决贯彻执行理论联系实际的方针，加强教学的针对性，帮助研究生切实解决好根本的政治方向和政治原则问题，树立马克思主义世界观，并用以观察社会问题，分析社会思潮以及指导科学研究。

二、研究生马克思主义理论课的课程设置

对所有的硕士研究生都要开设"科学社会主义的理论与实践"课（课内安排 36 学时）。学生自学规定的科学社会主义理论文献，特别是党的十一届三中全会以来的重要文献，教师进行专题辅导讲授。

对文科各专业的硕士研究生还要开设"马克思主义经典著作选读"课（课内安排 70 学时）。学生自学规定的马克思主义原著，教师进行专题辅导讲授。

对理工农医科各专业的硕士研究生还要开设"自然辩证法概论"课（课内安排 54 学时）。

硕士研究生马克思主义理论课的学习时间，原则上按课内外 1：1 安排，在一年内学完。

研究生班研究生的马克思主义理论课，可参照硕士研究生教学的规定执行。

对文科各专业的博士研究生开设"马克思主义与当代社会思潮"课程。在学生自己学习马克思主义有关原著和选读当代社会科学名著的基础上，进行专题研讨，并由教师进行专题讲授。经过学习和研讨，在教师指导下由学生根据马克思主义基本观点，结合本专业的特点撰写一篇评述当代社会思潮的论文。

对理工农医科各专业的博士研究生开设"现代科学技术革命与马克思主义"课程。在学生自己学习马克思主义哲学有关原著和选读现代科学技术革命有关代表著作的基础上，进行专题研讨，并由教师进行专题讲授。经过学习和研讨，在教师指导下由学生根据马克思主义基本观点，结合本专业的特点撰写一篇课程论文。

文科和理工农医科各类专业博士研究生马克思主义理论课的教学，均按 200 学时（包括课内外）安排，其中教师讲授和集体讨论应不少于 50 学时。

开设研究生马克思主义理论课，必须有切合实际的教学计划和教学纲要，确定基本的阅读书目，并在教学中严格实施。研究生马克思主义理论课规定的教学时间必须给以保证；对研究生马克思主义理论课的学分规定，也应与课程内容和学时基本适应。

11. 中共中央宣传部、教育部关于印发《关于普通高等学校"两课"课程设置的规定及其实施工作的意见》的通知（节选）

（1998 年 6 月 10 日）

各省、自治区、直辖市党委宣传部、教育委员会、教育厅，国务院有关部委教育司（局），部属各高等学校：

经报请党中央同意，现将《关于普通高等学校"两课"课程设置的规定及其实施工作的意见》印发给你们，请认真贯彻执行，执行中遇到的问题请报告教育部。

附件：

关于普通高等学校"两课"课程设置的规定及其实施工作的意见

根据党的十五大精神和《中共中央关于进一步加强和改进学校德育工作的若干意见》，现对普通高等学校马克思主义理论课和思想品德课（简称"两课"）的课程设置及有关实施工作提出如下意见。

一、适应深化"两课"教学改革的需要，进一步加强"两课"课程建设

普通高等学校开设的"两课"，是对大学生系统进行思想政治教育的主渠道和主阵地，在培养他们成为社会主义事业的建设者和接班人方面具有重要作用。

……

二、普通高等学校"两课"的课程设置

（一）专科的课程设置

二年制专科马克思主义理论课：

1."马克思主义哲学原理"（36 学时）；

2."邓小平理论概论"（64 学时）。

三年制专科马克思主义理论课：

1."马克思主义哲学原理"（50 学时）；

2."毛泽东思想概论"（40 学时）；

3."邓小平理论概论"（60 学时）。

二年制和三年制专科思想品德课：

1."思想道德修养"（40 学时）；

2."法律基础"（28 学时）。

（二）本科的课程设置

本科马克思主义理论课：

1."马克思主义哲学原理"（54 学时）；

2."马克思主义政治经济学原理"（理工类 40 学时；文科类 36 学时）；

3."毛泽东思想概论"（理工类 36 学时；文科类 54 学时）；

4."邓小平理论概论"（70 学时）；

5."当代世界经济与政治"（文科类开设，36 学时）。

本科思想品德课：

1."思想道德修养"（51 学时）；

2."法律基础"（34 学时）。

"职业道德"课，除师范、医学等一些特殊专业要作为专业基础课纳入教学计划外，其它专业可作为选修课或作为"思想道德修养"课的一部分安排教学。

有关院校政治理论专业和财经类、政法类专业，可根据本"意见"的规定，与专业基础课统筹考虑，在覆盖"两课"教学基本要求的前提下，确定本校此类专业的课程设置。教育部将推荐若干指导性课程方案，供参照执行。

（三）研究生的课程设置

硕士生马克思主义理论课：

1."科学社会主义理论与实践"（36 学时）；

2."自然辩证法概论"（理工类开设，54 学时）；

3."马克思主义经典著作选读"（文科类开设，72 学时）。

博士生马克思主义理论课：

1. "现代科学技术革命与马克思主义"（理工类开设，54 学时）；

2. "马克思主义与当代社会思潮"（文科类开设，54 学时）。

各层次各科类学生都要开设"形势与政策"课。"形势与政策"课要列入教学计划，平均每周 1 学时，一般按专题进行；实行学年考核制度，纳入学籍管理。

以上所列课程为高等学校各层次教学的公共必修课，必须充分保证各门课程的学时。

12. 中共中央、国务院关于进一步加强和改进大学生思想政治教育的意见（节选）

（2004 年 8 月 26 日）

……

二、加强和改进大学生思想政治教育的指导思想和基本原则

5. 加强和改进大学生思想政治教育的指导思想是：坚持以马克思列宁主义、毛泽东思想、邓小平理论和"三个代表"重要思想为指导，深入贯彻党的十六大精神，全面落实党的教育方针，紧密结合全面建设小康社会的实际，以理想信念教育为核心，以爱国主义教育为重点，以思想道德建设为基础，以大学生全面发展为目标，解放思想、实事求是、与时俱进，坚持以人为本，贴近实际、贴近生活、贴近学生，努力提高思想政治教育的针对性、实效性和吸引力、感染力，培养德智体美全面发展的社会主义合格建设者和可靠接班人。

6. 加强和改进大学生思想政治教育的基本原则是：（1）坚持教书与育人相结合。学校教育要坚持育人为本、德育为先，把人才培养作为根本任务，把思想政治教育摆在首要位置。（2）坚持教育与自我教育相结合。既要充分发挥学校教师、党团组织的教育引导作用，又要充分调动大学生的积极性和主动性，引导他们自我教育、自我管理、自我服务。（3）坚持政治理论教育与社会实践相结合。既重视课堂教育，又注重引导大学生深入社会、了解社会、服务社会。（4）坚持解决思想问题与解决实际问题相结

合。既讲道理又办实事，既以理服人又以情感人，增强思想政治教育的实际效果。（5）坚持教育与管理相结合。把思想政治教育融于学校管理之中，建立长效工作机制，使自律与他律、激励与约束有机地结合起来，有效地引导大学生的思想和行为。（6）坚持继承优良传统与改进创新相结合。在继承党的思想政治工作优良传统的基础上，积极探索新形势下大学生思想政治教育的新途径、新办法，努力体现时代性，把握规律性，富于创造性，增强实效性。

13. 中共中央宣传部　教育部关于进一步加强和改进高等学校思想政治理论课的意见（节选）

教社政〔2005〕5 号

根据《中共中央国务院关于进一步加强和改进大学生思想政治教育的意见》（中发〔2004〕16 号）精神，经党中央同意，现就加强和改进高等学校思想政治理论课提出如下意见。

……

四、不断完善高等学校思想政治理论课的课程体系

科学的课程设置是加强和改进思想政治理论课教育教学的基本环节。高等学校思想政治理论课课程设置，要体现马克思主义与时俱进的理论品格，更好地适应时代发展的要求；要突出重点，更好地吸收理论和实践发展的最新成果；有利于更好地用马克思主义理论武装大学生头脑。

要以马克思主义中国化的理论成果毛泽东思想、邓小平理论和"三个代表"重要思想为中心内容，完善思想政治理论课课程体系。立足于对大学生进行系统的马克思列宁主义、毛泽东思想、邓小平理论和"三个代表"重要思想教育，进一步推动邓小平理论和"三个代表"重要思想进教材、进课堂、进大学生头脑工作，帮助学生掌握中国特色社会主义理论的科学体系和基本观点，指导学生运用马克思主义世界观和方法论去认识和分析问题。开展马克思主义人生观、价值观、道德观和法制观的教育，引导学生树立高尚的理想情操和养成良好的道德品质，树立体现中华民族优秀传

统和时代精神的价值标准和行为规范。开展中国近现代史的教育，帮助学生了解国史、国情，深刻领会历史和人民是怎样选择了马克思主义，选择了中国共产党，选择了社会主义道路。开展党的路线、方针和政策的教育，帮助学生正确认识国内外形势。通过充实教学内容，完善课程设置，形成结构合理、功能互补、相对稳定的课程体系。

四年制本科的课程设置：

4 门必修课

1. 马克思主义基本原理

2. 毛泽东思想、邓小平理论和"三个代表"重要思想概论

3. 中国近现代史纲要

4. 思想道德修养与法律基础

同时，开设"形势与政策"课。

另外，开设"当代世界经济与政治"等选修课。

中宣部、教育部要在本科学生思想政治理论课课程体系基础上，进一步研究确定专科层次和硕士生、博士生层次的思想政治理论课课程设置。有关高等学校政治理论和财经类、政法类专业，开设思想政治理论课相关课程时，在覆盖思想政治理论课教学基本要求的前提下，可根据本"意见"的规定，与专业基础课统筹考虑。各成人高等学校和其他高等教育机构要参照上述规定，规范课程设置和教学内容。

14. 中共中央宣传部、教育部关于印发《〈中共中央中宣部、教育部关于进一步加强和改进高等学校思想政治理论课的意见〉实施方案》的通知（节选）

（2005 年 3 月 9 日）

为贯彻落实《中共中央、国务院关于进一步加强和改进大学生思想政治教育的意见》（中发〔2004〕16 号）和全国加强和改进大学生思想政治教育工作会议精神，充分发挥高等学校思想政治理论课在大学生思想政治教育中的主渠道作用，现就《中共中央宣传部、教育部关于进一步加强和改进高等学校思想政治理论课的意见》（教社政〔2005〕5 号）（以下简称

《意见》）提出如下实施方案：

一、高等学校思想政治理论课（简称"思政课"）的课程设置

（一）本科课程设置

4门必修课：

1. 马克思主义基本原理（简称"原理"）3学分

2. 毛泽东思想、邓小平理论和"三个代表"重要思想概论（简称"概论"）6学分

3. 中国近现代史纲要（简称"纲要"）2学分

4. 思想道德修养与法律基础（简称"基础"）3学分

另外，开设"当代世界经济与政治"等选修课。

（二）专科课程设置

2门必修课：

1. 毛泽东思想、邓小平理论和"三个代表"重要思想概论4学分

2. 思想道德修养与法律基础3学分

（三）本、专科学生都要开设"形势与政策"课，本科2学分，专科1学分。有关具体要求按照《中共中央宣传部、教育部关于进一步加强和改进高等学校学生形势与政策教育的通知》（教社政〔2004〕13号）规定执行。

（四）民办高等学校和中外合作高等学校的课程设置，按照本规定执行。

（五）成人高等学校的课程设置，参照本规定执行。

（六）研究生（包括硕士生、博士生）的课程设置，另行通知。

二、本科、专科必修课程的基本内容

（一）"马克思主义基本原理"，着重讲授马克思主义的世界观和方法论，帮助学生从整体上把握马克思主义，正确认识人类社会发展的基本规律。

（二）"毛泽东思想、邓小平理论和'三个代表'重要思想概论"，着重讲授中国共产党把马克思主义基本原理与中国实际相结合的历史进程，充分反映马克思主义中国化的三大理论成果，帮助学生系统掌握毛泽东思想、邓小平理论和"三个代表"重要思想基本原理，坚定在党的领导下走中国特色社会主义道路的理想信念。

（三）"中国近现代史纲要"，主要讲授中国近代以来抵御外来侵略、争取民族独立、推翻反动统治、实现人民解放的历史，帮助学生了解国史、

国情，深刻领会历史和人民是怎样选择了马克思主义，选择了中国共产党，选择了社会主义道路。

（四）"思想道德修养与法律基础"，主要进行社会主义道德教育和法制教育，帮助学生增强社会主义法制观念，提高思想道德素质，解决成长成才过程中遇到的实际问题。

三、课程设置实施工作的基本要求和时间安排

高等学校思想政治理论课课程设置实施工作是一项政治性、政策性和科学性很强的工作，要严格按照《意见》和本方案实施。要尊重教育教学规律，充分考虑本科、专科教学的特点和内容要求，充分考虑新课程设置方案与师资队伍、原有课程的衔接，从当前实际出发，着眼于教学秩序的稳定，按照整体推进、分类指导，先试点、后推广，突出重点、逐步过渡的原则，积极稳妥地做好实施工作。

高等学校思想政治理论课新课程设置方案，从 2005 级学生开始，在中宣部、教育部的领导下进行试点；从 2006 级学生开始，全国普通高等学校普遍实施。除试点学校外，2005 级（含 2005 级）以前的学生，仍按照"98方案"开设相关课程。

成人高等学校、民办高等学校和中外合作高等学校的本科、专科同类课程的开设时间可参照上述相关规定执行。

研究生（包括硕士生、博士生）的课程设置在没有作出新安排前，仍按照"98 方案"开设相关课程。

15. 中共中央宣传部　教育部关于高等学校研究生思想政治理论课课程设置调整的意见（节选）

教社科〔2010〕2 号

各省、自治区、直辖市党委宣传部、教育厅（教委），新疆生产建设兵团党委宣传部、教育局，有关部门（单位）教育司（局），教育部直属各高等学校：

根据《中共中央国务院关于进一步加强和改进大学生思想政治教育的意见》（中发〔2004〕16 号）和《中共中央宣传部　教育部关于进一步加

强和改进高等学校思想政治理论课的意见》（教社政〔2005〕5 号）精神，为适应研究生教育改革和加强研究生思想政治理论课建设的需要，现就高等学校研究生思想政治理论课课程设置调整提出如下意见……

三、研究生思想政治理论课课程设置调整的内容

（一）硕士研究生思想政治理论课课程设置。

硕士研究生开设 1 门必修课程（占 2 学分，36 个学时），1 门选修课程（占 1 学分，18 个学时）。

必修课程：硕士研究生均开设以下必修课程。

"中国特色社会主义理论与实践研究"课。主要是在当代世界和当代中国背景下，分专题研究和介绍当前中国特色社会主义实践中的重大问题，深化和拓展本科阶段思想政治理论课的学习，进一步掌握中国特色社会主义理论体系，坚定中国特色社会主义信念。

选修课程：硕士研究生须从以下两门课程中选择 1 门作为选修课程。

1. "自然辩证法概论"课。主要进行马克思主义自然辩证法理论的教育，帮助硕士生掌握辩证唯物主义的自然观、科学观、技术观，了解自然界发展和科学技术发展的一般规律，认识科学技术在社会发展中的作用，培养硕士生的创新精神和创新能力。

2. "马克思主义与社会科学方法论"课。主要进行马克思主义社会科学方法论教育，通过深入学习马克思主义观察和分析社会历史的立场、观点和方法，培养硕士生的理论思维能力，帮助硕士生掌握学习和研究哲学社会科学的科学方法。

（二）博士研究生思想政治理论课课程设置。

博士研究生开设 1 门必修课程（占 2 学分，36 个学时），1 门选修课程（列入学校博士生公共选修课）。

必修课程：博士研究生开设以下必修课程。

"中国马克思主义与当代"课。主要运用当代中国马克思主义的基本观点，深入分析当代世界重大社会问题和国际经济政治热点问题、当代科学技术前沿问题和科技社会问题、当代重大社会思潮和理论热点等，帮助博士生进一步提高运用马克思主义立场观点方法分析和解决问题的能力。

选修课程：博士研究生可开设以下选修课程。

"马克思主义经典著作选读"课。主要选取马克思主义经典作家代表性

的原著，通过对经典著作的研读和教师讲授，帮助博士生学习马克思主义基本原理，深化对当代中国马克思主义的理解和掌握。

16. 中共中央办公厅、国务院办公厅印发《关于深化新时代学校思想政治理论课改革创新的若干意见》（节选）

为深入贯彻落实习近平新时代中国特色社会主义思想和党的十九大精神，贯彻落实习近平总书记关于教育的重要论述，特别是在学校思想政治理论课教师座谈会上的重要讲话精神，全面贯彻党的教育方针，解决好培养什么人、怎样培养人、为谁培养人这个根本问题，坚持不懈用习近平新时代中国特色社会主义思想铸魂育人，现就深化新时代学校思想政治理论课（以下简称思政课）改革创新提出如下意见……

二、完善思政课课程教材体系

4. 整体规划思政课课程目标。在大中小学循序渐进、螺旋上升地开设思政课，引导学生立德成人、立志成才，树立正确世界观、人生观、价值观，坚定对马克思主义的信仰，坚定对社会主义和共产主义的信念，增强中国特色社会主义道路自信、理论自信、制度自信、文化自信，厚植爱国主义情怀，把爱国情、强国志、报国行自觉融入坚持和发展中国特色社会主义事业、建设社会主义现代化强国、实现中华民族伟大复兴的奋斗之中。大学阶段重在增强使命担当，引导学生矢志不渝听党话跟党走，争做社会主义合格建设者和可靠接班人。高中阶段重在提升政治素养，引导学生衷心拥护党的领导和我国社会主义制度，形成做社会主义建设者和接班人的政治认同。初中阶段重在打牢思想基础，引导学生把党、祖国、人民装在心中，强化做社会主义建设者和接班人的思想意识。小学阶段重在启蒙道德情感，引导学生形成爱党、爱国、爱社会主义、爱人民、爱集体的情感，具有做社会主义建设者和接班人的美好愿望。

5. 调整创新思政课课程体系。加强以习近平新时代中国特色社会主义思想为核心内容的思政课课程群建设。在保持思政课必修课程设置相对稳定基础上，结合大中小学各学段特点构建形成必修课加选修课的课程体系。全国重点马克思主义学院率先全面开设"习近平新时代中国特色社会主义思想概论"课。博士阶段开设"中国马克思主义与当代"，硕士阶段开设

"中国特色社会主义理论与实践研究"，本科阶段开设"马克思主义基本原理概论"、"毛泽东思想和中国特色社会主义理论体系概论"、"中国近现代史纲要"、"思想道德修养与法律基础"、"形势与政策"，专科阶段开设"毛泽东思想和中国特色社会主义理论体系概论"、"思想道德修养与法律基础"、"形势与政策"等必修课。各高校要重点围绕习近平新时代中国特色社会主义思想，党史、国史、改革开放史、社会主义发展史，宪法法律，中华优秀传统文化等设定课程模块，开设系列选择性必修课程。高中阶段开设"思想政治"必修课程，围绕学习习近平总书记最新重要讲话精神开设"思想政治"选择性必修课程。初中、小学阶段开设"道德与法治"必修课程，可结合校本课程、兴趣班开设思政类选修课程。

6. 统筹推进思政课课程内容建设。坚持用习近平新时代中国特色社会主义思想铸魂育人，以政治认同、家国情怀、道德修养、法治意识、文化素养为重点，以爱党、爱国、爱社会主义、爱人民、爱集体为主线，坚持爱国和爱党爱社会主义相统一，系统开展马克思主义理论教育，系统进行中国特色社会主义和中国梦教育、社会主义核心价值观教育、法治教育、劳动教育、心理健康教育、中华优秀传统文化教育。遵循学生认知规律设计课程内容，体现不同学段特点，研究生阶段重在开展探究性学习，本专科阶段重在开展理论性学习，高中阶段重在开展常识性学习，初中阶段重在开展体验性学习，小学阶段重在开展启蒙性学习。

17. 中共中央宣传部　教育部关于印发《新时代学校思想政治理论课改革创新实施方案》的通知

教材〔2020〕6 号

各省、自治区、直辖市党委宣传部、党委教育工作部门、教育厅（教委），新疆生产建设兵团党委宣传部、教育局，有关部门（单位）教育司（局），部属各高等学校、部省合建各高等学校：

为深入贯彻中共中央办公厅、国务院办公厅《关于深化新时代学校思想政治理论课改革创新的若干意见》精神，中央宣传部、教育部制定了《新时代学校思想政治理论课改革创新实施方案》，现印发给你们，请认真贯彻执行，贯彻落实情况请及时报教育部。

中共中央宣传部　教育部

2020 年 12 月 18 日

新时代学校思想政治理论课改革创新实施方案（节选）

为全面贯彻党的教育方针，深入落实中共中央办公厅、国务院办公厅《关于深化新时代学校思想政治理论课改革创新的若干意见》精神，充分发挥思想政治理论课（以下简称思政课）在立德树人中的关键课程作用，循序渐进、螺旋上升地开设好大中小学思政课，现就新时代学校思政课课程教材改革创新提出如下实施方案。

……

三、课程体系

根据学生成长规律，结合不同年龄段学生的认知特点，构建大中小学一体化思政课课程体系。在小学及初中阶段"道德与法治"、高中阶段"思想政治"、大学阶段"思想政治理论课"中落实课程目标要求，重点推进习近平新时代中国特色社会主义思想融入课程，实现整体设计、循序渐进、逐步深化，切实提高课程设置的针对性实效性。

（一）小学、初中阶段

小学、初中阶段开设"道德与法治"必修课程，课程教学内容主要包括中国特色社会主义、品德、法律常识、中华文化、心理健康等，课时占小学、初中阶段九年总课时的 6%～8%。

（二）高中阶段

1. 普通高中课程设置

立足学习习近平总书记最新重要讲话精神，普通高中开设"思想政治"必修课程和选择性必修课程。

必修课程教学内容包括中国特色社会主义、经济与社会、政治与法治、哲学与文化，共 6 学分。

选择性必修课程围绕当代国际政治与经济、法律与生活、逻辑与思维等开展教学，共 6 学分。

2. 中等职业学校课程设置

中等职业学校（含技工学校）开设"思想政治"必修课程和选修课程。

必修课程教学内容包括中国特色社会主义、心理健康与职业生涯、哲学与人生、职业道德与法治，共 144 学时。

围绕时事政策教育，中华优秀传统文化、革命文化、社会主义先进文化教育，法律与职业教育，国家安全教育，民族团结进步教育，就业创业创新教育，公共卫生安全教育等教学内容，开设选修课程，不少于 36 学时。

（三）大学阶段

大学阶段开设"思想政治理论课"必修课程和选择性必修课程。

1. 大学阶段必修课程

本科课程设置：

（1）马克思主义基本原理 3 学分

（2）毛泽东思想和中国特色社会主义理论体系概论 5 学分

（3）中国近现代史纲要 3 学分

（4）思想道德与法治 3 学分

（5）形势与政策 2 学分

在全国重点马克思主义学院率先全面开设"习近平新时代中国特色社会主义思想概论"课，学分按有关要求执行。

高等职业学校专科课程设置：

（1）毛泽东思想和中国特色社会主义理论体系概论 4 学分

（2）思想道德与法治 3 学分

（3）形势与政策 1 学分

硕士研究生课程设置：

新时代中国特色社会主义理论与实践 2 学分

博士研究生课程设置：

中国马克思主义与当代 2 学分

2. 大学阶段选择性必修课程

各高校结合本校实际，统筹校内通识类课程，围绕马克思主义经典著作、党史、新中国史、改革开放史、社会主义发展史，中华优秀传统文化、革命文化、社会主义先进文化，宪法法律等，开设本科及高等职业学校专科选择性必修课程，确保学生至少从"四史"中选修 1 门课程；围绕习近平新时代中国特色社会主义思想专题研究、马克思恩格斯列宁经典著作选读、马克思主义与社会科学方法论、自然辩证法概论等，开设硕士、博士研究生选择性必修课程，硕士研究生至少选择 1 学分课程。各高校要安排选择性必修课程必要学时，充分发挥马克思主义学院统筹审核把关作用。

各高校要规范实践教学，把思想政治教育有机融入社会实践、志愿服务、实习实训等活动中，切实提高实践教学实效。

18. 教育部关于印发《高等学校课程思政建设指导纲要》的通知

教高〔2020〕3 号

各省、自治区、直辖市教育厅（教委），新疆生产建设兵团教育局，有关部门（单位）教育司（局），部属各高等学校、部省合建各高等学校：

《高等学校课程思政建设指导纲要》已经教育部党组会议审议通过，现印发给你们，请结合实际认真贯彻执行。

教育部

2020 年 5 月 28 日

高等学校课程思政建设指导纲要（节选）

为深入贯彻落实习近平总书记关于教育的重要论述和全国教育大会精神，贯彻落实中共中央办公厅、国务院办公厅《关于深化新时代学校思想政治理论课改革创新的若干意见》，把思想政治教育贯穿人才培养体系，全面推进高校课程思政建设，发挥好每门课程的育人作用，提高高校人才培养质量，特制定本纲要。

……

四、科学设计课程思政教学体系

高校要有针对性地修订人才培养方案，切实落实高等职业学校专业教学标准、本科专业类教学质量国家标准和一级学科、专业学位类别（领域）博士硕士学位基本要求，构建科学合理的课程思政教学体系。要坚持学生中心、产出导向、持续改进，不断提升学生的课程学习体验、学习效果，坚决防止"贴标签""两张皮"。

公共基础课程。要重点建设一批提高大学生思想道德修养、人文素质、科学精神、宪法法治意识、国家安全意识和认知能力的课程，注重在潜移默化中坚定学生理想信念、厚植爱国主义情怀、加强品德修养、增长知识见识、培养奋斗精神，提升学生综合素质。打造一批有特色的体育、美育类课程，帮助学生在体育锻炼中享受乐趣、增强体质、健全人格、锤炼意志，在美育教学中提升审美素养、陶冶情操、温润心灵、激发创造创新活力。

专业教育课程。要根据不同学科专业的特色和优势，深入研究不同专业的育人目标，深度挖掘提炼专业知识体系中所蕴含的思想价值和精神内涵，科学合理拓展专业课程的广度、深度和温度，从课程所涉专业、行业、国家、国际、文化、历史等角度，增加课程的知识性、人文性，提升引领性、时代性和开放性。

实践类课程。专业实验实践课程，要注重学思结合、知行统一，增强学生勇于探索的创新精神、善于解决问题的实践能力。创新创业教育课程，要注重让学生"敢闯会创"，在亲身参与中增强创新精神、创造意识和创业能力。社会实践类课程，要注重教育和引导学生弘扬劳动精神，将"读万卷书"与"行万里路"相结合，扎根中国大地了解国情民情，在实践中增长智慧才干，在艰苦奋斗中锤炼意志品质。

19. 思政课是落实立德树人根本任务的关键课程（节选）

习近平

今天，我们在这里召开学校思想政治理论课教师座谈会。参加会议的主要是大中小学思政课一线教师。首先，我向在座各位老师，向全国大中小学思政课教师，致以诚挚的问候！

……

下面，我就几个问题讲点意见，同大家交流。

第一个问题：办好思想政治理论课意义重大

我们党历来高度重视思政课建设。在革命、建设、改革各个历史时期，我们党对思政课建设都作出过重要部署。新民主主义革命时期，我们党在红军大学、苏维埃大学、抗日军政大学、陕北公学等高校开设"党的建设"、"中国革命运动史"、"马列主义"、"辩证唯物主义"、"科学社会主义"等课程，在列宁小学开设"社会工作"课程，在解放区的小学、陕甘宁边区的中学开设"政治常识"课程。新中国成立后，我们党就把"中国革命常识"、"共同纲领"列入中学教学计划，在高校开设"中国革命史"、"马列主义基础"、"政治经济学"、"辩证唯物论与历史唯物论"等课程，强调中高等学校政治理论课的任务是用马克思列宁主义、毛泽东思想武装青年，培养坚强的革命接班人。我上中学时，学的政治课本叫《做革命的接班人》，书上讲的"热爱生产劳动，艰苦奋斗，用自己的双手建设富强的社会主义祖国"，"立雄心壮志，做革命的接班人"等，影响了我们这一代人的理想信念和人生选择。改革开放以来，党中央先后出台 10 多个关于学校思想政治工作的文件，对思政课建设提出明确要求，不断推动思政课改革。

......

要把统筹推进大中小学思政课一体化建设作为一项重要工程，坚持问题导向和目标导向相结合，坚持守正和创新相统一，推动思政课建设内涵式发展。要针对不同学段，根据思想政治理论教育规律和学生成长规律科学设置具体教学目标，抓好教学目标设计、课程设置、教材编写、教学改革、教师培养、考核评价等环节，既不能揠苗助长、操之过急，又不能刻舟求剑、故步自封。课程设置要相对稳定，坚持大中小学纵向主线贯穿、循序渐进，各类课程横向结构合理、功能互补的原则，确保教材的政治性、科学性、时代性、可读性。

学校思想政治工作不是单纯一条线的工作，而应该是全方位的。要完善课程体系，解决好各类课程和思政课相互配合的问题，鼓励教学名师到思政课堂上讲课，解决好推动其他教职员工和思政课教师相辅相成的问题，推动思想政治工作贯通人才培养体系，发挥融入式、嵌入式、渗入式的立德树人协同效应。思政课的学习效果和家长、家庭、家风的作用密切相关，要注重家校合作。民办学校、中外合作办学也要把思政课建设摆在重要位置，按照要求办好思政课，在这方面没有例外。各地区各部门负责同志要积极到学校去讲思政课，这是对马克思主义水平的一个考验。能不能讲好思政课，也是一个领导干部政治素质、理论水平、工作作风的体现。

中央教育工作领导小组要把思政课建设纳入重要议事日程。教育部、中宣部等部门要牵头抓思政课建设。相关部门要增强工作合力。思政课建设情况要纳入学校党的建设工作考核、办学质量和学科建设评估等，督促学校切实把这项工作抓起来、抓到位。

来源：《求是》2020/17

后　记

　　思想政治教育是我的专业，高校思想政治教育是我的研究方向，高校思想政治理论课教学与研究是我的本职工作。本书既包含我从教十余年的心得体会，又是学术生涯中不断攀登和思想淬炼的阶段性成果。写作的过程就是艰苦的跋涉，时常感知自身的局限和贫乏，逼促自己不要停步，错了纠正、不完善再改，主动向外寻求帮助以发现自身的不足并及时弥补；当然，这个过程也伴随每取得一点小的进步便感到由衷的欢欣与雀跃。因此，本书不仅见证了自我的学术成长，也促进了思想的历练和人生的丰盈。

　　书稿在博士学位论文原有基础上加以修改完成，从博士学位论文开题、写作、答辩到后期书稿的修改完善历时五年多，在此过程中受到张澍军教授、佘双好教授、冯秀军教授和包括导师康秀云教授等在内的马克思主义学部其他老师与同仁的帮助与指导，在此表示衷心的感谢。与此同时感谢我的两届研究生，她们对书稿进行了仔细的校对和修补，使得书稿的文字更加准确、流畅。感谢东北师范大学马克思主义学部对著作出版的资助。

　　在出版过程中，非常感谢社会科学文献出版社政法传媒分社总编辑曹义恒，在疫情反复导致居家办公、邮寄中断、沟通困难的情况下，历经曲折最终促成出版合同的签约完成和顺利寄达；感谢吕霞云编辑的认真审稿和多次的意见交换，促进了本书质量的进一步提升；感谢出版社其他人员为本书出版付出的辛勤汗水。

王爱莲

2022.12

图书在版编目(CIP)数据

高校思想政治理论课内涵式发展研究／王爱莲著
. --北京：社会科学文献出版社，2023.1(2024.5 重印)
ISBN 978-7-5228-1069-0

Ⅰ.①高⋯　Ⅱ.①王⋯　Ⅲ.①高等学校-思想政治教
育-教学研究-中国　Ⅳ.①G641

中国版本图书馆 CIP 数据核字(2022)第 215779 号

高校思想政治理论课内涵式发展研究

著　　者／王爱莲

出 版 人／冀祥德
组稿编辑／曹义恒
责任编辑／吕霞云
责任印制／王京美

出　　版／社会科学文献出版社·马克思主义分社 (010)59367126
　　　　　地址：北京市北三环中路甲 29 号院华龙大厦　邮编：100029
　　　　　网址：www.ssap.com.cn
发　　行／社会科学文献出版社 (010)59367028
印　　装／唐山玺诚印务有限公司

规　　格／开 本：787mm×1092mm　1/16
　　　　　印 张：13　字 数：211 千字
版　　次／2023 年 1 月第 1 版　2024 年 5 月第 2 次印刷
书　　号／ISBN 978-7-5228-1069-0
定　　价／88.00 元

读者服务电话4008918866